国家自然科学基金资助项目（批准号：71472095）

基于交换理论的
企业劳资伙伴关系的
动态均衡与演化研究

陈浩 许鸿坤 张立富 / 著

Analysis of the Dynamic Equilibrium and Evolution of Labor Management Relationship in the Enterprise-Based on Exchange Theory

中国财经出版传媒集团
经济科学出版社
Economic Science Press

图书在版编目（CIP）数据

基于交换理论的企业劳资伙伴关系的动态均衡与演化
研究／陈浩，许鸿坤，张立富著 . —北京：经济科学
出版社，2018.8
ISBN 978 - 7 - 5141 - 9574 - 3

Ⅰ.①基… Ⅱ.①陈… ②许… ③张… Ⅲ.①企业
管理 - 劳资关系 - 研究 Ⅳ.①F272.92

中国版本图书馆 CIP 数据核字（2018）第 171165 号

责任编辑：崔新艳
责任校对：杨 海
版式设计：齐 杰
责任印制：王世伟

基于交换理论的企业劳资伙伴关系的动态均衡与演化研究
陈 浩 许鸿坤 张立富 著
经济科学出版社出版、发行 新华书店经销
社址：北京市海淀区阜成路甲 28 号 邮编：100142
经管中心电话：010 - 88191335 发行部电话：010 - 88191522
网址：www. esp. com. cn
电子邮件：espcxy@ 126. com
天猫网店：经济科学出版社旗舰店
网址：http://jjkxcbs. tmall. com
北京季蜂印刷有限公司印装
710×1000 16 开 13.25 印张 230000 字
2018 年 8 月第 1 版 2018 年 8 月第 1 次印刷
ISBN 978 - 7 - 5141 - 9574 - 3 定价：50.00 元
（图书出现印装问题，本社负责调换。电话：010 - 88191510）
（版权所有 侵权必究 举报电话：010 - 88191586
电子邮箱：dbts@ esp. com. cn）

本研究系国家自然科学基金项目：
中国企业劳资合作机制、模式及应用研究（71472095）资助

PREFACE 前言

　　西方两次工业革命推动了资本主义生产力的巨大发展和社会生产方式的巨变，但同时也加剧了产业工人和资本家之间的矛盾，劳资双方常常围绕生产控制权、薪酬福利待遇等问题发生激烈冲突。历次资本主义国家经济危机的周期性爆发都引发了严重的劳资冲突，使社会和经济处于不稳定之中，并给政府带来巨大压力。20 世纪 80 年代以来，企业组织为了应对愈发不确定和不稳定的全球市场竞争环境，改变了组织内外部群体间的联结形式及原有的以标准雇佣模式为主的稳定状态，各种非标准雇佣方式快速发育，如劳务派遣式用工、租赁式用工、临时式用工与其他非正式用工方式等。激烈的市场竞争环境对企业组织的效率及成本都提出了更高的要求，组织承受了前所未有的压力。为了提高效率和降低运营成本，组织中的管理者在员工工作方式、工作地点、工作模式等方面不断谋求变革以适应环境的冲击，提升竞争力。

　　在产业快速更迭及现代市场竞争环境下，企业组织改变了机器大工业的生产及经营模式，雇员不再是附着在工业机器上的"零件"，而成为现代组织中能动的创新主体，雇员尤其是核心雇员在组织中的地位提升了。劳动者能够主动地将外部信息进行加工，推动组织绩效和个人绩效的提高，雇员的人力资本成为组织真正的"利润中心"。在新的经济社会环境下，当代雇员的就业观和工作方式都发生了巨大变化，自主的就业、灵活的工作安排及平等的劳资关系氛围等成为新一代雇员的主流价值观。随着雇员价值的增大及地位的上升，组织中各行为主体的权利和偏好越来越被组织和管理层所尊重和重视，精细化、个性化和弹性化的管理方式越来越普遍。

　　为了在更为激烈的全球市场竞争中保持竞争优势，企业和政府都在积极谋求直接的劳资合作甚至劳资伙伴关系建设。为了能够更精准、更灵活地处理组织绩效和个人绩效的关系，企业组织通过劳资伙伴关系将组织和个人的权利和利益等捆绑在一起，以谋求目标的统一及创新能力的提升。为此，一些劳资关系专家和管理学领域的专家将劳资合作及劳资伙伴关系作为重点课题展开研究并取得了丰硕成果。学者们从不同的视角、运用不同的研究范式开展劳资伙伴关系的相关理论和实证的研究，互惠、劳资伙伴关系和自愿主义等成为劳资管理理论新的研究方向。

本书运用交换理论分析了劳资伙伴关系的动态演化与均衡过程；分析了组织中劳资伙伴间或群际间所蕴含的交换关系，并嵌入了群际间的交换关系等变量，从合作意愿、合作基础、合作稳定性等维度搭建了劳资伙伴关系的模型框架。同时，作者从环境和资源这两个方面探讨了其对劳资各方交换关系的扰动过程，并将劳资伙伴关系的自组织与他组织形式引入到模式的分析中。

为了分析劳资伙伴关系的动态演化过程，本书的一项重要工作是提出了弱环境与低资源依赖条件和强环境与高资源依赖条件这两个路径，并进而提出了劳资伙伴关系动态模型的六种形态及不同要素的运动轨迹，即：在弱环境与低资源依赖条件中，交换关系变化而合作期望相对固定条件下的均衡、合作期望变化而交换关系相对固定条件下的均衡、交换关系与合作期望均变化的条件下的均衡；在强环境与高资源依赖条件中，交换关系变化而合作期望相对固定条件下的均衡、合作期望变化而交换关系相对固定条件下的均衡、交换关系与合作期望均变化的条件下的均衡。

对于企业劳资伙伴关系的管理实践，本书通过分析不同行业和不同地域企业组织的劳资伙伴关系特征，概括、总结和比较在实际管理实践过程中劳资伙伴关系的共性特征与个性化运作机制。最后，本书提出了一系列较有特色的管理建议，如在组织内部构建反馈回路、完善群际间协调沟通机制、优化劳资伙伴关系治理结构、建立适合组织特点的合作层次及合作方式等。

中国本土对劳资伙伴关系的研究尚处于起步阶段，对相关理论与实践问题的分析大体上要落后于对劳资关系的研究，但可以预见，将会有大量的学者关注和从事该领域的研究。一方面，我国某些地区和行业的劳资关系问题已经引起了政府、学者和企业管理者的关注，劳资纠纷与劳资冲突会影响经济和社会稳定。党的十九大报告明确提出要"完善政府、工会、企业共同参与的协商协调机制，构建和谐劳动关系"。另一方面，企业组织提高竞争力和绩效，以及员工实现个人价值和目标，都需要构建更为紧密的劳资合作关系及劳资伙伴关系。

劳资伙伴关系是一个非常有价值和有前途的研究领域。本书所做的分析是基于作者对该领域的研究兴趣和积极的探索，分析过程和研究结论尚存在不成熟不完善的地方，敬请同行专家指正。书中引用了大量国内外相关领域专家的研究成果，在此致以诚挚的谢意！

　　本书是张立富主持的国家自然科学基金项目"中国企业劳资合作机制、模式及应用研究"（71472095）的研究成果之一。全书共分八章，各章节分工如下：

　　第一章：张立富、陈浩

　　第二章：陈浩、许鸿坤

　　第三章：许鸿坤、陈浩

　　第四章：许鸿坤、张立富

　　第五章：陈浩、张立富

　　第六章：许鸿坤、陈浩

　　第七章：陈浩、许鸿坤

　　第八章：许鸿坤、陈浩

陈浩、许鸿坤、张立富

于南开大学商学院

2018 年 6 月

CONTENTS 目录

第一章
劳资伙伴关系的形成及相关研究

20 世纪 80 年代末到 90 年代初，市场的国际化和复杂化推动了企业组织内部劳资治理结构的调整。劳资伙伴关系的构建作为组织劳资治理结构的一项重要变革，无论是在理论研究、企业管理实践还是政策调整方面均取得了重要进展。

劳资伙伴关系通过将雇主、雇员、工会及政府等各主体的权力与利益捆绑在一起，兼顾各方的目标，给予各方最大限度的自由空间，同时提高组织绩效和个人绩效。劳资伙伴关系适应了组织内部雇佣关系与雇佣行为的多元化、集体谈判机制衰落与工会参与率的降低、内部工会的兴起与工会职能的演变、人力资源管理技术的普及与个性化雇员的成长等诸多方面的变化，是企业组织在激烈的市场竞争中获得创新能力与竞争优势的综合选择。

本章重点介绍劳资伙伴关系理论的发展过程、国内外现有的劳资伙伴关系理论研究成果及本书的架构与安排。

第一节　从劳资契约关系到劳资伙伴关系

随着劳动力市场的转型与分化、社会环境与社会制度的变迁、组织内劳资关系的不断调整，劳资关系理论经历了从契约关系到合作关系，再从合作关系到劳资伙伴关系的发展过程。其理论发展过程大致可分为四个阶段，即早期劳资契约理论研究阶段、劳资关系系统理论研究阶段、劳资合作理论研究阶段、劳资伙伴关系理论研究阶段。

早期劳资契约理论研究者，如康芒斯（Commons，J. R.，1950）、帕尔曼（Perlman，S.，1950）、帕森斯（Parsons，K. H.，1950）等将劳资冲突视作组织中一种正常的行为现象，将劳资关系视为行为主体间力量对比较量及互动的过程。[1] 劳资关系系统理论研究者，如邓洛普（Dunlop, J. T., 1985）提出了劳资关系系统模型，将劳资关系视作一种"投入产出"关系，并在分析框架中将政府、资方和工会视为劳资关系的主要行动主体，同时将环境、意识形态和规则纳入劳资关系系统模型中进行分析。[2] 此外，还有寇肯（Kochan, T. A., 1985）、卡茨（Katz, H. C., 1985）、麦克西（Mckersie, R. B., 1985）提出的战略选择理论，[3] 冈德森（Gunderson, M., 1995）提出的劳资关系系统改进模型等。[4] 劳资合作理论研究者，如巴德（Budd, J. W., 2017）将劳资合作理论的经典模型应用于劳动关系的理论分析，主张重视劳动关系中效率、公平和发言权的平衡。[5] 劳资伙伴关系理论研究者，如寇肯等人（1976, 2008）提出了劳资伙伴关系分析框架与基于利益关系的集体谈判；[6] 库克（Cooke, W. N., 1990, 1994）提出了员工—主管关系协同效应的内隐模型；[7] B. 鲁宾（Rubin, B., 2007）和 R. 鲁宾（Rubin, R., 2007）提出了劳资伙伴关系五阶段模型等。[8]

[1] Commons J R, Perlman S, Parsons K H. economics of collective action [M]. New York: Macmillan, 1950.

[2] Dunlop J T, Industrial Relations Systems [M]. New York: Henry Holt, 1958.

[3] Kochan T A, Katz H C, Mckersie R B. The transformation of American industrial relations [M]. New York: Basic Books, Inc Publishers, 1985.

[4] Gunderson M. Union-management relations in Canada (3rd) [M]. Boston: Addison-Wesley, 1995.

[5] Budd J W. Labor Relations: Striking a Balance 5th Edition [M]. Columbus, US: McGraw-Hill Education, 2017.

[6] Kochan T A, Dyer L. A Model of Organizational Change in the Context of Union-Management Relations [J]. Journal of Applied Behavioral Science, 1976, 12 (1): 59 – 78. Eaton A E, Rubinstein S A, Kochan T A. Balancing acts: dynamics of a union coalition in a labor management partnership [J]. Industrial Relations, 2008, 47 (1): 10 – 35. Kochan T A, Adler P S, Mckersie R B, et al. The potential and precariousness of partnership: the case of the Kaiser Permanente labor management partnership [J]. Industrial Relations, 2008, 47 (1): 36 – 65. Mckersie R B, Sharpe T, Kochan T A, et al. Bargaining theory meets interest-based negotiations: a case study [J]. Industrial Relations, 2008, 47 (1): 66 – 96.

[7] Cooke W N. Factors influencing the effect of joint union-management programs on employee-supervisor relations [J]. Industrial and Labor Relations Review, 1990, 43 (5): 587 – 603. Cooke W N. Employee Participation Programs, Group-Based Incentives, and Company Performance: A Union-Nonunion Comparison [J]. Industrial and Labor Relations Review, 1994, 47 (4): 594 – 609.

[8] Rubin B, Rubin R. Service Contracting and Labor-Management Partnerships: Transforming the Public Sector [J]. Public Administration Quarterly, 2007, 31 (1/2): 192 – 217. Rubin B, Rubin R. Municipal service delivery, collective bargaining, and labor-management partnerships [J]. Journal of Collective Negotiations in the Public Sector, 2003, 30 (2): 91 – 112.

一、从劳资契约关系到劳资合作关系

劳资契约关系建立的关键在于劳资双方所签订的劳资契约，以及契约订立后的执行与监管过程。劳资契约是劳资双方就各自的权利与义务关系达成一致意见并确立劳资关系的交易行为，它不仅包含劳动者个体与组织签订的劳动合同，而且也包括劳动者群体或工会与雇主或雇主群体签订的集体协议。围绕劳资契约（个体的劳动合同与集体谈判协议）的阐释、适用条件以及问题冲突的解决就成为处理劳资契约关系的核心内容。①

劳资契约关系表现为如下几个特点：（1）集体谈判制度在组织内部或行业内部广泛确立并得以实施和执行，并且国家从法律制度层面通过劳动立法的形式约束并规范劳资双方在法律上的权利义务关系。（2）劳动者群体在组织内部或行业内部建立工会组织与资方或雇主群体进行对抗以获取自身更多的收益或权益，而且劳动者参与工会的热情与积极性较为高涨，工会组织逐渐发展并在行业层面或国家层面建立相应的组织机构。（3）政府、资方、工会三方为主体构成了劳资关系系统，在三方劳资关系系统中各个主体凭借其自身所具有的经济和政治力量互相博弈，并且系统的产出结果受到主体之间关系变化的影响。②

在劳资契约关系框架内，劳资双方在集体谈判协议的约束下开展各自的行动，并在行动结束后按照集体协商的标准获取相应的报酬。但由于集体合同或集体协议本身具有不完备性，即集体合同或集体协议的约束力不能覆盖组织中劳资关系所有可能发生的情形，那么未能覆盖的情景就有可能成为劳资纠纷或劳资争议的引爆点。同时集体协议或集体谈判是资方与工会关于工作条件、劳动报酬和权利义务关系等问题进行谈判和交涉后所达成的约束，通常被视为双方在未来一段时期内的行动规范，往往达成调节劳资关系的一份纸质协议。协议的签订、执行和调整都需劳资双方同意并且达成一致意见，但集体协议或集体合同不可能时时刻刻反映组织内劳资关系的发展变化，往往具有滞后性，当集体协议或集体合同与劳资关系实际发展状况不同步时，因集体协议或集体合同出现的滞后性就导致其约束能力和公信力逐步降低。

---

① Budd J W. Labor Relations：Striking a Balance 5th Edition ［M］. Columbus，US：McGraw-Hill Education，2017.

② Dunlop J T. Industrial Relations Systems ［M］. New York：Henry Holt, 1958.

以集体谈判和集体谈判协议为基础建立的劳资契约关系并不能完全协调劳资间的矛盾与冲突，集体谈判协议未能约束的部分就需要用其他方式进行补充，以弥合劳资之间的对立关系。一种可行的弥合方式是组织可以从劳资冲突的基本利益分歧入手，为劳资双方设立一个共同追求的效益目标，并由双方共同分享实现目标后所带来的经济利益。劳资合作关系通过柔性管理手段，将资方或雇主的利益与工会或劳动群体的利益进行直接或间接的捆绑，形成利益共享、风险共担的合作模式，从整体上推动组织效益的增长。在工会层面，资方或管理层与工会除签订集体谈判协议外，还鼓励并支持工会领导层或工会管理者参与组织重大决策的制定过程。部分组织的资方或管理者甚至通过建立劳资合作治理委员会的形式来促使工会领导者全面了解组织的整体经营状况，并将组织经营责任、经营风险与工会进行捆绑，以便工会支持管理层的管理决策和管理决定。在雇员层面，建立劳资合作关系的组织通常从雇员层面出发，制定并实施一些管理政策和管理措施，以此来激活雇员参与组织生产建设的积极性，并降低劳资之间发生直接冲突的可能性。组织在雇员层面可选择的措施有很多，如资方或管理层通过收益分享计划、利润分享计划、平衡工作与家庭生活关系、员工援助计划等方式，减少影响雇员健康的因素，提高工作生活质量和直接收益，改善雇员的工作环境与工作条件，保障雇员在组织内部平等的社会地位，从而间接地改善组织整体的生产能力、服务水平与整体收益。

二、从劳资合作关系到劳资伙伴关系

劳动者合作参与意愿低、合作效果差、合作的不稳定性愈发强烈、内部劳动力结构变化与劳动群体异化等因素影响着组织内的传统劳资合作关系，进而阻碍劳资合作关系向合作关系更为紧密的劳资伙伴关系的转变。劳资合作的稳定性问题至关重要。

安格尔（Angle，H. L.），佩里（Perry，J. L.），从组织承诺视角出发，认为雇员与雇主、工会共同建立的合作关系会促使雇员产生双重承诺（即雇员对雇主的承诺、雇员对工会的承诺）的困境，而且安格尔和佩里（1986）研究也指出较高合作氛围（cooperative climates）组织中雇员双重承诺的问题明显高于较低合作氛围的组织。① 合作水平越高的组织，雇员双重承诺的问题就

---

① Angle H L, Perry J L. Dual Commitment and Labor-Management Relationship Climates [J]. Academy of Management Journal, 1986, 29 (1): 31–50.

会越突出，合作群体沟通渠道联结数量和信息来源的差异性增加了雇员排除非必要信息的困难，双重承诺也会影响组织中劳资合作关系持久健康的发展。

另一部分学者则从合作群体的稳定性出发，来分析合作关系不稳定状态产生的原因。互联网时代旧的交换模式和交换行为发生改变，旧的劳动管理体制和劳资合作机制也应该做出相应的调整变革，适应新生代的雇员群体。从专家型雇员（expert employee）突起的层面来看，产业结构的升级与企业技术的更新换代刺激了企业劳动关系结构的重组，并诱发了劳动群体内部之间的分化，专家型雇员成为企业的核心资本要素。芬查姆（Fincham，R.，2012）提炼了专家型雇员的内涵，将专业型服务（professional services）、商业服务（business services）与知识型工作（knowledge work）概括为专家型雇员群体所涉及的工作范围。① 专家型雇员群体为组织提供特殊的专业服务、商业服务、知识型服务等工作，组织会为专家型群体提供开展工作所需的资源、服务与政策。另一些劳动群体（如新生代农民工）则被边缘化，劳动群体的这种横向分化会造成组织的资本投入（包含物质资本、人力资本与财务资本等相关资本投入）偏向于某一特定的内部劳动群体，这种两极分化的状况有可能造成不同群体间的冲突。

专家型雇员群体实际上控制着企业生产资料所有权，从而在组织内部雇佣关系中形成了独特的垄断群体。作为企业核心要素的专家型雇员群体，这部分人的参与意识和参与强度影响着伙伴关系的建立与发展。相对于专家型雇员，被边缘化的劳动群体可能具有参与伙伴关系建设的意识，但是由于其缺乏相应的参与能力，劳资伙伴关系建设的主体也就被专家型雇员群体所取代。因此，劳资伙伴关系理论的健全和发展还需要未来的研究者进行持续不断地探索，如改善参与群体间的联结结构、培养劳资参与各方积极的合作意识、创造有利于劳资伙伴关系构建的制度环境与任务环境等。

互联网技术改变了组织成员的联结方式，网络联结促进了组织内合作参与者的平等性，相对平等的网络联结模式也逐渐打破传统的官僚制和层级制度，降低了组织内部人员的信息获取成本，在这种情况下，依靠信息不对称和控制资源渠道的传统方式来获取权力，并操控组织内其他群体也愈来愈难。虽然互联网削弱了人们获取知识和信息的壁垒，使得组织内部人员有更加均等的机会去获取相应的资源，但在庞大的信息资源中获取有价值的信息，并将这些信息

---

① Fincham R. Expert labor as a differentiated category: Power, knowledge and organization [J]. New Technology Work and Employment, 2012, 27 (3): 208 - 223.

转化为生产价值的能力却仍然是不均衡的。要想获取有价值的信息并把这些信息转化为生产价值，组织不仅需要掌握相关技术资源、智力资源及社会资源，还需拥有一批能够将资源转化为生产价值的核心雇员。为此，应在原有蓝领与白领群体中将这部分核心雇员进一步分化出来，他们便成为组织在激烈的竞争环境中实现技术创新与管理创新并打造组织核心竞争力的中坚力量。

鉴于有能力打造组织核心竞争力的劳动群体异常宝贵，组织往往将这部分人员与其他人员进行区别对待。如果从组织雇佣关系的变化来看待劳动群体的分化情况，不难发现一个现象，即组织为了增加劳动力群体的灵活性而采取了多元化的雇佣方式和多元化的雇佣政策。多元化的雇佣方式和多元化的雇佣政策确实增加了劳动力市场和就业方式的灵活性，但同时也增加了劳动者群体及企业组织结构的不稳定性。与此同时，组织柔性化与组织结构的扁平化等趋势又促使组织采取更加灵活的柔性雇佣方式来应对组织结构和劳资关系的变化，于是，劳动力群体在同一平面内出现了横向分化。

市场环境和劳资关系的快速变化及不确定因素的增多，使新一代劳动力群体产生更大的社会压力和更强烈的社会冲突感知。[①] 新一代劳动力群体在受教育水平、社会地位、生活压力、组织认同、价值偏好等方面，明显区别于老一代劳动力群体。成员代际的转换与社会结构发生的变化，使得组织内不同代际间行为主体在工作价值取向、行为偏好、生活需求等方面都存在一定的差异，组织内部劳动群体出现层级分化，这种分化属于组织内部劳动群体的纵向分化。

随着互联网技术对组织联结方式的冲击，雇佣政策和雇佣方式越来越多元化，新生代雇员已经成为劳动力市场的主力军，加剧了组织的不稳定性。这种情况的出现和增多，冲击着以吸纳长期雇佣为目标的工会在组织内部劳动力群体中的代表性及发言权，因而工会参与率与集体谈判数量也呈现逐年下降的趋势。[②] 而传统的劳资契约模式是在集体谈判框架内以资方与工会为主体展开的一种运行架构，劳动者或雇员只能通过工会与资方或雇主在收益、权利等方面进行洽谈和博弈。因此，在诸多因素叠加形成的压力下，要想保持或提高劳资合作的有效性，就需要扩大参与主体的范围，吸纳组织内部非正式雇佣群体及

---

① 李培林，田丰. 中国新生代农民工：社会态度和行为选择 [J]. 社会，2011，31（3）：1 – 23.

② Dobbins T, Dundon T. The Chimera of Sustainable Labour-Management Partnership [J]. British Journal of Management，2017，28（3）：519 – 533.

组织外部的利益相关者、第三方机构等更广泛的群体参与到劳资合作中去。另外，组织中的政策制定者和合作参与者也需要共同协作，在合作意识、合作基础与合作稳定性等方面进一步深化与变革，建立一种稳定牢靠的伙伴关系。

劳资伙伴关系是合作参与者之间在共享价值观基础上构建的一种新型合作关系。这种新型合作关系是以充分尊重组织内每一个合作者或参与者的自身价值为前提的，有助于充分激发伙伴关系中的每一个个体积极参与组织创新与发展的积极性。劳资伙伴关系客观上需要管理者重新审视组织内不同群体间的利益关系，转变合作意识和合作方式，在相互认可的合作关系框架下，最大限度地给予各群体平等的权力与地位，尊重各群体的权力、主张、利益和劳动成果，并给予最大限度的保护。总之，在劳资伙伴关系框架下，价值共享成为各主体共同认可和遵循的理念和原则，参与合作的各主体能够更加平等的获取和分配资源，组织的合法性得到更充分的尊重。

第二节 劳资伙伴关系的内涵及研究视角

一、劳资伙伴关系的内涵及相关范畴

劳资伙伴关系是 20 世纪 80 末到 90 年代初劳资关系理论研究领域的新兴研究范畴和研究主题，由于研究视角和研究领域不同，学者在劳资伙伴关系基本范畴的阐释上存在一些差异。为了更加全面、深入地理解劳资伙伴关系，这里对劳资合作关系、社会伙伴关系与劳资伙伴关系这三个相近的范畴作比较分析。无论是现有劳资关系理论的研究，还是传统劳资合作关系的剖析，抑或是对劳资伙伴关系的阐释，都离不开对基本概念、概念范围及概念外延的深入分析。因此，在系统阐述劳资伙伴关系理论及构建劳资伙伴关系研究模型之前，首先需要分析并厘清劳资伙伴关系的内涵及其与传统的劳资合作关系的差别及特征，并进一步阐释劳资伙伴关系理论的发展现状及研究范围。这项工作不仅是构建劳资伙伴关系研究框架的基础和前提，也能够为后续的模型构建及管理政策的制定提供充分的理论依据。

（一）劳资合作关系（labor-management cooperation）

劳资合作关系是建立在劳资双方通过协调一致的行动来实现互利共赢目标

基础之上的，这一关系从本质上说以利益谈判为前提（Dilts, D. A., 1993）。[1]
与传统集体谈判不同的是劳资合作关系中的谈判和协商是综合考虑雇主、雇员、工会、政府、利益相关者等多方群体利益所进行的，群体的行动目是实现共同收益和权益。柯兰（Crane, D. P., 1992）则进一步指出了劳资合作关系与传统集体谈判的区别，即劳资双方对建立相互合作关系的重视超越了谈判本身，合作参与各方认识到并正视彼此差异的存在，劳资双方也愿意在一些问题上采取妥协退让的策略，同时双方也采取一些建设性的方法来减少劳资冲突或劳资争议的发生。[2] 普罗夫尼克（Plovnick, M. S., 1985）和蔡森（Chaison, G. N., 1985）的研究也证实了劳资间的互相妥协行为与合作计划的开展能够提高组织中行为主体对劳动关系质量改善的感知。[3] 这种合作关系一般是组织从雇员层面制定相应的管理措施或管理手段，如工会领导参与组织决策（decision making）、建立劳资管理委员会（labor-management committees）、双赢式谈判（mutual gains bargaining）和实施员工工作生活平衡方案（work-life programs）等，而不是从管理架构、劳资治理结构等组织层面进行劳资关系的调整。[4]

（二）社会伙伴关系（social partnership）

伙伴关系（partnership）涉及行为主体间或群体间建立的具有一定信任程度的权益交换与合作关系，这种合作关系将行为主体或利益群体间的权利与义务进行紧密联结，并形成共同的行动目标、行动标准、收益分配机制，在行为主体或利益群体间建立一种利益共享、风险共担的交换与合作关系。社会伙伴关系通过特定的组织结构使伙伴关系、雇佣关系和劳资关系中部分一致性的特质得到了衔接。[5] 事实上，这些一致性的特质为伙伴关系的建立提供了可能性，也是伙伴关系得以持续的基础。

---

① Dilts D A. Labor-Management Cooperation: Real or Nominal Changes in Collective Bargaining? [J]. Labor Law Journal, 1993 (3): 124 – 128.

② Crane D P. Patterns of labor-management cooperation [J]. Employee Responsibilities & Rights Journal, 1992, 5 (4): 357 – 367.

③ Plovnick M S, Chaison G N. Relationships between Concession Bargaining and Labor-Management Cooperation [J]. Academy of Management Journal, 1985, 28 (3): 697 – 704.

④ Balser D B. Worker Behavior on the Job: A Multi-Methods Study of Labor Cooperation with Management [J]. Journal of Labor Research, 2012, 33 (3): 388 – 413.

⑤ Idowu S O. Encyclopedia of Corporate Social Responsibility [M], Berlin, Germany: Springer-Verlag Berlin Heidelberg, 2013: 2235 – 2238.

在西欧与北美，各国为了维护劳动力市场的稳定，通过国家立法或行业协会行为规范等方式推动企业内部建立新的合作型劳资关系，从而协调不同社会团体间的利益关系，这种合作型伙伴关系也称作社会伙伴关系。艾兹赫德（Adshead，M.）认为社会伙伴关系就是通过国家政策的制定来促进不同社会参与主体或机构间利益整合的过程，① 而 J. 凯莉（Kelly，J.）强调了社会伙伴关系的三个核心组成部分：工会在一个或几个方面（任务、时间、薪酬或人员配置水平）的灵活性上对雇主的让步、赋予工会对组织战略决策的知情权和咨询权，以及对雇员的工作或就业享有保障的承诺。② 马斯特斯（Masters，M. F.）和奥尔布赖特（Albright，R. R.）则探讨了从国家层面立法的方式推动行业内部社会伙伴关系的建立与维系：在北美，美国总统克林顿（Clinton，W. J.）签署了第 12871 号总统令，从国家层面推动社会伙伴关系在行业内部广泛建立以缓解社会利益群体间的冲突与矛盾，并把行业社会伙伴关系建设作为联邦政府的一项长期指导政策；③ 在西欧，20 世纪 90 年代末英国政府支持英国工会联盟（Trades Union Congress）制定并推动伙伴关系的指导性原则。④

（三）劳资伙伴关系（labor management partnership）

劳资伙伴关系概念的表述是多样的，例如劳资合作伙伴关系（labor-management co-operation relationship）和工作场所伙伴关系（workplace partnership）

---

① Adshead M. Multi-level Governance and Social Partnership：Two Sides of the Same Coin? ［J］. Journal of Beijing Administrative College，2007（4）：108 – 112.

② Kelly J. Social Partnership Agreements in Britain：Labor Cooperation and Compliance ［J］. Industrial Relations A Journal of Economy & Society，2010，43（1）：267 – 292.

③ Masters M F，Albright R R，Eplion D. What did partnerships do? Evidence from the federal sector ［J］. Industrial and Labor Relations Review，2006，59（3）：367 – 385. Tobias R M. The future of federal government labor relations and the mutual interests of congress，the administration，and unions ［J］. Journal of Labor Research，2004，25（1）：19 – 41.

④ Evans C，Harvey G，Turnbull P. When partnerships don't match-up：an evaluation of labor-management partnerships in the automotive components and civil aviation industries ［J］. Human Resource Management Journal，2012，22（1）：60 – 75. Badigannavar V，Kelly J. Labor-management partnership in the non-union retail sector ［J］. The international Journal of Human Resource Management，2005，16（8）：1529 – 1544. Guest D E，Peccei R. Partnership at work：Mutuality and the balance of advantage ［J］. British Journal of Industrial Relations，2001，39（2）：207 – 236.

等。① 英国工会联盟（Trades Union Congress，TUC）提出了劳资伙伴关系的六条原则，这六项原则从一定程度上阐释了劳资伙伴关系的精髓：（1）关注工作生活质量；（2）雇主承诺的就业保障；（3）企业管理的透明程度和公开性；（4）对合法性收益差异的认识；（5）共同致力于企业的成功；（6）互惠原则，挖掘员工的工作动机、献身精神和创新能力，从而更加有趣地工作，增加公司的价值。② 为了更加深入地理解劳资伙伴关系的内涵及相关理论，本节从研究层面和研究视角两个方面对劳资伙伴关系的概念进行解析，然后进一步介绍不同学者对劳资伙伴关系概念的阐释。

劳资伙伴关系与劳资合作关系和社会伙伴关系这两个概念相比，还是有些许差异的。劳资合作关系通过劳资双方之间的协调一致的行为，聚焦共同利益的达成。劳资社会伙伴关系则着眼于从国家层面来推动雇主群体与工会组织间建立互惠互利的伙伴关系，同时依靠国家立法或行政命令来保障国家意志的贯彻实施。而劳资伙伴关系则从改善组织内部劳资关系治理结构层面出发，通过组织架构的变革与劳资治理结构的调整，在组织内部建立各行为主体或利益群体相互合作的伙伴关系，进而打通组织内部各层级、各利益群体间的壁垒。劳资伙伴关系研究者的研究焦点集中于企业或组织内部的劳动关系治理层面上，并以劳资双方合作氛围作为中介变量来探讨相关要素的影响机制，③ 组织内部伙伴关系参与主体的行为特征与合作形式成为研究所关注的对象，案例研究方式也被引入到劳资伙伴关系理论和实践研究中来。劳资伙伴关系更加强调组织内部的劳资关系变革，从参与主体看，劳资伙伴关系由雇员作为合作参与主体

① Dobbins A，Gunnigle P. Can voluntary workplace partnership deliver sustainable mutual gains？［J］. Social Science Electronic Publishing，2009，47（3）：546 – 570. Guest D E，Peccei R. Partnership at work：Mutuality and the balance of advantage［J］. British Journal of Industrial Relations，2001，39（2）：207 – 236. Geary J，Trif A. Workplace partnership and the balance of advantage：A critical case analysis［J］. British Journal of Industrial Relations，2011，49（6）：44 – 69.

② Guest D E，Peccei R. Partnership at work：Mutuality and the balance of advantage［J］. British Journal of Industrial Relations，2001，39（2）：207 – 236. Badigannavar V，Kelly J. Labor-management partnership in the non-union retail sector［J］. The international Journal of Human Resource Management，2005，16（8）：1529 – 1544. Johnstone S，Ackers P，Wilkinson A. The British partnership phenomenon：a ten year review［J］. Human Resource Management Journal，2009，19（3）：260 – 279. Watling D，Snook J. Works council and trade unions：complementary or competitive？The case of SAGCo［J］. Industrial Relations Journal，2003，34（3）：260 – 270.

③ Masters M F，Albright R R，Eplion D. What did partnerships do？Evidence from the federal sector ［J］. Industrial and Labor Relations Review，2006，59（3）：367 – 385. Deery S J，Iverson R D. Labor-management cooperation：Antecedents and impact on organizational performance［J］. Industrial and Labor Relations Review，2005，58（4）：588 – 609.

参与雇主与工会所主导的伙伴关系实践活动转变为由雇主、雇员、工会三方参与主体所共同主导的劳资伙伴关系实践；从参与程度看，由单纯的参加（participation）决策改进转变为雇主、雇员与工会三方深度卷入（involvement）共同制定决策的合作模式；① 从参与形式看，劳资伙伴关系的参与方式由以往的传统参与形式，如质量圈、产品改进小组、联合决策委员会（joint union-management cooperation committee）② 等形式，转变为自我管理小组（self-regulating work team）、③ 不同层级不同部门交叉参与等较新颖的形式，在参与过程中以开放沟通（open communications）、④ 参与管理决策、⑤ 安全和宽松的环境（security and flexibility）、提高雇员代表性和发言权（representative and employee voice）⑥ 等作为指导原则。

二、劳资伙伴关系的三种研究视角

不同研究者从不同视角分析劳资伙伴关系的理论和实践，有关劳资伙伴关系的研究总结起来可分为两类，一类是侧重于构建劳资伙伴关系的理论体系，另一类是侧重于剖析劳资伙伴关系管理实践案例的研究。从事理论研究的学者从构建劳资伙伴关系理论模型出发，探索劳资关系中不同的行为主体（雇主、雇员和工会）与组织绩效、劳资关系氛围等变量之间的影响关系。而从事案例研究的学者则在企业管理实践中归纳劳资伙伴关系的特征、构成要素和运作模式，研究通常以组织承诺水平、工会忠诚度、内源性激励程度等要素作

---

① Barrett R. Factors affecting perceptions of a workplace industrial relations climate ［J］. International Journal of Employment Studies，1995，3（2）：77 – 90. Roche W K，Geary J F. "Collaborative Production" and the Irish Boom：Work organization，partnership and direct Involvement in Irish workplaces ［J］. General Information，2000，31（1）：1 – 36.

② Bohlander G W，Campbell M H. Forging a labor-management partnership：the Magma Copper experience ［J］. Labor Studies Journal，1994，18（4）：3 – 20.

③ Barrett R. Factors affecting perceptions of a workplace industrial relations climate ［J］. International Journal of Employment Studies，1995，3（2）：77 – 90.

④ Guest D E，Peccei R. Partnership at work：Mutuality and the balance of advantage ［J］. British Journal of Industrial Relations，2001，39（2）：207 – 236. Deery S J，Iverson R D. Labor-management cooperation：Antecedents and impact on organizational performance ［J］. Industrial and Labor Relations Review，2005，58（4）：588 – 609.

⑤ Barrett R. Factors affecting perceptions of a workplace industrial relations climate ［J］. International Journal of Employment Studies，1995，3（2）：77 – 90.

⑥ Guest D E，Peccei R. Partnership at work：Mutuality and the balance of advantage ［J］. British Journal of Industrial Relations，2001，39（2）：207 – 236.

为核心变量。虽然劳资伙伴关系的研究者从不同的角度展开理论和实践研究，但归结以往的研究成果可得出三种研究视角，即侧重于组织管理视角、侧重于劳动关系视角和融合模式视角。本章从三个不同的研究视角出发，以劳资伙伴关系理论和管理实践的主要研究成果为两个分析维度建构了一个二维矩阵（见表1–1）。

表1–1　　　　　　　　劳资伙伴关系的三种研究视角的辨析

	相关理论研究	管理实践研究
侧重组织管理视角	以合作关系氛围、组织承诺和工会忠诚为中介，通过分析管理者、工会与雇员个体等内部变量因素对产量、服务质量和缺勤的影响，构建了劳资伙伴关系的组织绩效模型（迪瑞，艾弗森，2005） 以社会交换理论为基础，通过分析组织支持感对相关变量的影响来重新构建雇佣关系［西瓦加萨森（Sivalogathasan, V.），哈希姆（Hashim, A.），2013］	Victorian 汽车零件制造公司通过决策参与及自我管理团队的形式激发雇员参与，提高参与水平与承诺度，在雇主、雇员与工会之间构建坚实的伙伴关系（巴雷特，1995）
侧重劳动关系视角	将 Budd 的劳动关系模型（效率、公平、发言权）应用于劳资伙伴关系的构建［约翰斯顿（Johnstone, S.），2011］ 通过分析工会与企业相对力量、劳资合作结构、活动强度、组织约束之间的关系，构建了基于监管者与雇员的劳资合作模型（库克，1990）	非营利组织 Kaiser Permanente 在不同层次的集体谈判及多方合作关系的基础上构建了劳资伙伴关系（寇肯，阿德勒等人，2008）
融合研究视角	以劳动关系氛围为中介探讨劳资伙伴关系实践作为整体对产出的影响（劳动关系产出和组织绩效产出）（马斯特斯等人，2006）。通过互补性的冲突解决系统，以激励和权力为核心，将组织行为和劳动关系路径进行融合以解决劳资冲突，构建劳资伙伴关系（本德斯基，2003）	将重大项目协议（MPA）与多工会集体谈判机制的融合，劳资双方与多方工会成功在 Heathrow Terminal 5 建立了合作伙伴关系（迪肯，川崎，2009）

首先，侧重于组织管理的劳资伙伴关系研究视角。侧重于组织管理视角的研究将探寻焦点放在员工激励、参与的形式与强度、组织归属与组织承诺等微观社会心理视角和管理行为变量上。[1] 本德斯基（Bendersky, C.）认为激励（motivation）是组织管理视角研究的核心，通过研究得出激励可作为连接组织决策参与、群体依附等前因变量与员工满意度、合作强度、问题解决等结果变量的桥梁。[2] 侧重于组织管理视角的研究与传统"一元论"劳资关系研究有很多

---

[1]　Deery S J, Iverson R D. Labor-management cooperation: Antecedents and impact on organizational performance [J]. Industrial and Labor Relations Review, 2005, 58（4）: 588–609.

[2]　Bendersky C. Organizational dispute resolution systems: A complementarities model [J]. Academy of Management Review, 2003, 28（4）: 643–656.

重叠的地方，例如，侧重于组织管理视角的劳资伙伴关系研究与"一元论"劳资关系研究都认为，当组织让劳动者参与决策过程时，组织能协调资方与劳方利益的分歧点，利益分歧的弥合使得员工对组织的承诺水平也随之升高，从而使得劳资参与各方作为一个统一的利益整体来展开组织行动，协调一致的组织行动有助于组织绩效水平的提高，促使资方与劳方实现利益的最大化。[①] 而侧重于组织管理视角的劳资伙伴关系研究假设也有不同于"一元论"劳资关系研究假设的地方，例如"一元论"隐含的前提假设是忽视工会的存在与作用。侧重于组织行为视角的劳资伙伴关系研究在其假设中并不否认工会的作用与力量，有些研究甚至认为工会在企业内部劳资伙伴关系的形成过程中发挥着积极的作用。[②]

其次，侧重于劳动关系的劳资伙伴关系研究视角。侧重于劳动关系视角的研究通常假设劳资伙伴关系是不同利益群体基于共同目标所建立的合作型劳资关系，劳资伙伴关系建立的过程也是参与主体相互合作、利益融合的过程，[③]其研究重点放在劳资双方（主要指雇主与工会）集体谈判的博弈过程。部分研究也将劳资伙伴关系的行为主体作为主要研究对象，探讨利益相关主体在其他要素影响下（如合作环境氛围等）其合作机制的产生与运行过程，如库克（1990）的劳资合作模型通过分析工会力量、管理层力量和合作结构之间的相互作用，来判断它们对合作强度、劳资关系等变量的影响。[④] 虽然合作强度或合作紧密程度对组织内劳资伙伴关系的构建起着重要作用，但是合作伙伴双方建立合作意愿（积极的合作意愿与消极的合作意愿）对劳资伙伴关系的稳定与发展也会产生影响。寇肯等人（2008）则探讨了组织内部不同层次的集体谈判中雇主、雇员与工会建立的互利互惠机制（mutual gains）。[⑤] 侧重于劳动

① Guest D E, Peccei R. Partnership at work: Mutuality and the balance of advantage [J]. British Journal of Industrial Relations, 2001, 39 (2): 207 – 236.

② Eaton A E, Rubinstein S A, Kochan T A. Balancing acts: dynamics of a union coalition in a labor management partnership [J]. Industrial Relations, 2008, 47 (1): 10 – 35.

③ Guest D E, Peccei R. Partnership at work: Mutuality and the balance of advantage [J]. British Journal of Industrial Relations, 2001, 39 (2): 207 – 236.

④ Cooke W N. Factors influencing the effect of joint union-management programs on employee-supervisor relations [J]. Industrial and Labor Relations Review, 1990, 43 (5): 587 – 603.

⑤ Kochan T A, Adler P S, Mckersie R B, et al. The potential and precariousness of partnership: the case of the Kaiser Permanente labor management partnership [J]. Industrial Relations, 2008, 47 (1): 36 – 65. Kochan T A. Introduction to a Symposium on the Kaiser Permanente Labor Management Partnership [J]. Industrial Relations, 2008, 47 (1): 1 – 9. Eaton A E, Rubinstein S A, Kochan T A. Balancing acts: dynamics of a union coalition in a labor management partnership [J]. Industrial Relations, 2008, 47 (1): 10 – 35. Mckersie R B, Sharpe T, Kochan T A, et al. Bargaining theory meets interest-based negotiations: a case study [J]. Industrial Relations, 2008, 47 (1): 66 – 96.

关系视角的研究也通常认为参与组织劳资伙伴关系建设的行为主体不仅仅限于雇主与工会会员，其他更广泛的利益群体也都能参与到劳资伙伴关系治理机制构建的过程中，如非工会会员的雇员、股东和政府等行为主体。[①]

最后，融合模式视角下的劳资伙伴关系研究。本德斯基（2003）在研究组织内部争议解决系统时强调组织行为视角应与劳动关系视角进行互补融合，不同视角下争议解决机制的融合会增加争议问题的解决概率，进而促进组织内各行为主体共同参与组织问题的解决，[②] 实现互惠共赢。虽然本德斯基的研究也融合了两种研究视角，其理论框架将组织行为视角与劳动关系视角纳入到统一的互补性争议解决系统，但其理论框架过于宽泛，仅提供了劳资伙伴冲突解决机制的指导性原则，对于相关变量的内在关系与运作机理并未详细探讨。马斯特斯和奥尔布赖特等人以劳动关系氛围为中介变量，人口统计学与组织氛围（organizational climate）作为控制变量，研究了合作协议（或协议建立的合作伙伴关系）通过劳资互动实践（labor-management interactions）对产出变量的影响。[③] 马斯特斯和奥尔布赖特等人将产出变量分为两个部分，即产业关系产出与组织绩效产出。[④] 相对于本德斯基（2003）的模型来说，马斯特斯的模型既考虑了组织行为视角变量，如沟通、共同决策等，也兼顾了劳动关系视角变量，如合作协议（集体谈判协议）与劳动关系氛围等。[⑤] 马斯特斯的模型忽视了组织外部环境因素，尤其是制度环境因素对企业内部劳资伙伴关系的影响，而且也缺乏对劳资伙伴关系的形成及运作机理的探究，[⑥] 仅把劳资伙伴关系实践作为"黑匣子"来探讨其对其他变量要素的影响，但两者最大的贡献是在

① Kochan T A, Adler P S, Mckersie R B, et al. The potential and precariousness of partnership: the case of the Kaiser Permanente labor management partnership [J]. Industrial Relations, 2008, 47 (1): 36 – 65. Deakin S, Koukiadaki A. Governance processes, labor-management partnership and employee voice in the construction of Heathrow Terminal 5 [J]. Industrial Law Journal, 2009, 38 (4): 365 – 389. Guest D E, Peccei R. Partnership at work: Mutuality and the balance of advantage [J]. British Journal of Industrial Relations, 2001, 39 (2): 207 – 236.

② Bendersky C. Organizational dispute resolution systems: A complementarities model [J]. Academy of Management Review, 2003, 28 (4): 643 – 656.

③ Masters M F, Albright R R, Eplion D. What did partnerships do? Evidence from the federal sector [J]. Industrial and Labor Relations Review, 2006, 59 (3): 367 – 385.

④ Masters M F, Albright R R, Eplion D. What did partnerships do? Evidence from the federal sector [J]. Industrial and Labor Relations Review, 2006, 59 (3): 367 – 385.

⑤ Bendersky C. Organizational dispute resolution systems: A complementarities model [J]. Academy of Management Review, 2003, 28 (4): 643 – 656.

⑥ 彭娟, 刘善仕, 滕莉莉. 国外雇佣双方合作伙伴关系研究回顾与展望 [J]. 外国经济与管理, 2012, 34 (8): 50 – 56.

探索中开创了融合模式视角下的劳资伙伴关系研究。

第三节 劳资伙伴关系研究的理论模型及文献回顾

国内外学者从劳资伙伴关系构成的动因、原则、制度、运行机制、运作层次等不同方面对劳资伙伴关系问题进行了深入剖析，如寇肯和戴尔（Dyer, L.）的三阶段模型（1976）。部分学者还深入解析了劳资伙伴关系模型所涉及的自变量、因变量、中介变量和调节变量，如劳资关系氛围的中介效应。库克（1990，1994）的员工—主管关系协同效应的内隐模型则描述了要素之间的关系及要素与要素的交互影响，使劳资伙伴关系的研究得以量化。这些不同视角和不同层次模型的构建将劳资伙伴关系的研究系统化、理论化。本节通过对劳资伙伴关系的主要研究成果进行概括和提炼，将已有的劳资伙伴关系研究模型归结为三类，即阶段式模型、递进式模型和交互网络式模型，从基本观点、代表人物及理论、基本假设和特征等方面对不同类别的模型进行了归纳总结，如表1-2所示。

表1-2　　　　　　　　　劳资伙伴关系理论模型的梳理

	阶段式模型	递进式模型	交互网络式模型
基本观点	三阶段式：刺激因素（解冻）、项目小组（变革）、制度固化（冻结） 七阶段式：变革的共同承诺、选择咨询顾问、建立对话机制、培训参与人员、开发突破性项目、收益分享计划、劳资合作协议 五阶段式：推动阶段、启动阶段、实施阶段、整合阶段、制度化阶段	组织绩效的因果模型：假设一些积极的组织结果将导致合作的组织氛围，并通过组织承诺和工会忠诚，形成良好的组织产出，提高服务质量并降低离职倾向 伙伴关系模型：重点关注合作伙伴关系对劳动关系、劳资氛围、劳动关系和组织绩效产出结果的预期影响效应，及沟通、决策制定等合作运行机制	员工主管关系协同效应的内隐模型：劳资合作结构、劳资双方力量对比在组织约束的条件下，合作强度和劳资关系变化对组织绩效产出的影响及其变量间的动态博弈过程
代表人物及理论	寇肯和戴尔的三阶段模型（1976） 博兰德（Bohlander, G. W.）和坎贝尔（Campbell, M. H.）的七阶段模型（1994） B. 鲁宾和 R. 鲁宾的五阶段模型（2007）	拉克汉迪等（Lakhundi, S.）组织绩效的因果模型（2005） 马斯特斯和埃普里奥的伙伴关系概念模型（2006） 王德才（2015）伙伴关系实践与劳资冲突模型 席猛、赵曙明（2013）合作伙伴关系实践、劳动关系氛围与组织依附模型	库克的员工—主管关系协同效应的内隐模型（1990，1994） 迪肯和川崎重大项目协议（MPA）（2009）

续表

基本假设	阶段式模型	递进式模型	交互网络式模型
	多元主义	新多元主义	新一元主义
特征	1. 大部分都是基于对组织内部劳资伙伴关系实践研究的总结 2. 基本上都是刺激—解冻—变革—再冻结的过程 3. 仅限于对早期劳资伙伴关系建构的研究，没有研究劳资伙伴关系的实质和运作机理 4. 具有阶段式、时间线性等的特点	1. 将劳资伙伴关系实践视作整体影响要素，分析劳资伙伴关系实践对组织氛围、组织依附等要素的影响，但没有探究劳资伙伴关系的内部结构 2. 前提假设是劳资伙伴关系实践是有一定积极影响和积极作用的，但影响程度有待探究	1. 劳资伙伴关系的影响因素复杂，既有传统的劳资力量对比，同时添加结构因素及组织约束因素的影响 2. 各要素间不是线性结构而是网络结构 3. 循环往复模式，开始探究劳资伙伴关系内部的运作机制 4. 复杂的层次结构

一、阶段式劳资伙伴关系模型

阶段式劳资伙伴关系模型是劳资伙伴关系研究初期，研究者总结提炼企业伙伴关系计划而抽象概括的模型。该模型通常以企业构建新的信任关系或合作关系的实际发展过程为蓝本，劳资伙伴关系阶段模型也是劳资伙伴关系建立的过程。

最早研究阶段式劳资伙伴关系的是寇肯和戴尔。寇肯和戴尔（1976）描述了合作联盟建立的三个阶段：（1）参与各方面临着不能用传统方法来解决当前所遇到劳资冲突或矛盾的问题，这个现实问题刺激了参与各方不得不突破传统方式寻找新的方法去处理组织内的劳资问题；（2）组织内当事各方通过协商建立问题解决小组来处理劳资矛盾并制定联合的共同解决问题方案；（3）将新的劳资关系解决方案制度化并建立新的劳资沟通协调机制，促使新的劳资合作局面能长久得以维持。[①] 寇肯和戴尔的合作联盟三阶段模型是早期的劳资伙伴关系构建模型，模型只简要概述了矛盾—解决—巩固的三阶段解决过程，并未概括出劳资伙伴关系的特征及内涵。

典型的阶段式劳资伙伴关系模型是博兰德和坎贝尔（1994）在研究马格

---

① Kochan T A, Dyer L. A Model of Organizational Change in the Context of Union-Management Relations [J]. Journal of Applied Behavioral Science, 1976, 12（1）: 59 – 78. Hammer T H, Stern R N. A Yo – Yo Model of Cooperation: Union Participation in Management at the Rath Packing Company [J]. Industrial and Labor Relations Review, 1986, 39（3）: 337 – 349.

马铜（Magma Copper）公司劳资伙伴关系实践时所概括出的七阶段模型。马格马铜公司在面对劳资双方尖锐的对立关系和糟糕的财务状况时无法用传统的劳资合作方式解决组织问题，因此推动了劳资伙伴关系建设。马格马铜公司建立的劳资伙伴关系与以往的劳资合作不同，如长久的关系维持、员工广泛而深入的参与公司事务、工作民主与工作再设计、外部资讯顾问等，同时阐述了劳资伙伴关系发展的动力、形成和维持过程。该模型将劳资伙伴关系建立、形成、维持的过程分为七个阶段，即：变革的共同承诺（shared commitment for change）、选择咨询顾问（selection of consultants）、建立对话机制（forging a dialogue）、培训参与人员（educating the participants）、开发突破性项目（developing breakthrough projects）、收益分享计划（gainsharing program）、劳资合作协议（cooperative labor agreements）这七个阶段，① 如图 1-1 所示。

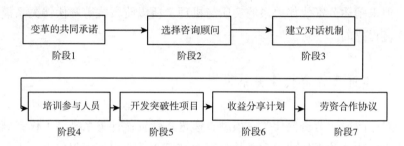

图 1-1　博兰德和坎贝尔劳资伙伴关系七阶段模型

资料来源：Bohlander G W, Campbell M H. Forging a labor-management partnership: the Magma Copper experience [J]. Labor Studies Journal, 1994, 18（4）: 3-20.

此外，还有 B. 鲁宾和 R. 鲁宾所建构的五阶段式劳资伙伴关系模型，这五个阶段分别为：推动阶段（impetus stage）、启动阶段（initiation stage）、实施阶段（implementation stage）、整合阶段（integration stage）、制度化阶段（institutionalization stage）。② B. 鲁宾和 R. 鲁宾的研究使得劳资伙伴关系研究实现了由定性向定量的过渡，B. 鲁宾和 R. 鲁宾的贡献在于用多元回归分析统计的手段计算了成功建立劳资伙伴关系的组织中有 88% 可以通过五阶段模型

---

① Bohlander G W, Campbell M H. Forging a labor-management partnership: the Magma Copper experience [J]. Labor Studies Journal, 1994, 18（4）: 3-20.

② Rubin B, Rubin R. Service Contracting and Labor-Management Partnerships: Transforming the Public Sector [J]. Public Administration Quarterly, 2007, 31（1/2）: 192-217. Rubin B, Rubin R. Municipal service delivery, collective bargaining, and labor-management partnerships [J]. Journal of Collective Negotiations in the Public Sector, 2003, 30（2）: 91-112.

来解释，同时他们在每一阶段提炼了一些可量化的变量并精确地定义了各阶段的变量。

早期的阶段式劳资伙伴关系模型具有以下特点：（1）建立劳资伙伴关系的组织一般都面临组织内部严重的劳资冲突或劳资对立，公司财务状况持续恶化，企业经营难以为继，传统劳资合作模式不能解决组织目前所面对的一系列问题，为了突破当时的僵局而采用新的手段和方法解决问题；（2）劳资伙伴关系各种方案的实施不是劳资各方所采取的主动策略，而是被动解决谈判僵局的过渡性措施，但这一解决方案却最终取得了巨大的成功；（3）参与主体多元化，参与劳资伙伴关系谈判的主体通常有资方、劳方、工会、政府、外部顾问等等；（4）这一时期的劳资伙伴关系研究都以劳资伙伴关系的发展过程为蓝本概括抽象出劳资伙伴关系发展过程模型，精确解释了劳资伙伴关系的发展过程，但未阐述劳资伙伴关系的实质与机理，所以阶段式劳资伙伴关系模型都是线性流程式的。

二、递进式劳资伙伴关系模型

相对于阶段式劳资伙伴关系模型，递进式劳资伙伴关系模型不仅突破了仅仅描绘劳资伙伴关系的建立和维持过程，其研究重心也不再仅仅聚焦于劳资双方谈判的过程、手段和方法，递进式劳资伙伴关系模型克服了只停留于总结概括管理实践过程等表面研究的缺陷。

递进式劳资伙伴关系模型将焦点放在了劳资伙伴关系的构成要素及影响劳资伙伴关系运行的变量上，且进一步深入探寻了劳资伙伴关系与组织绩效的关系。如马斯特斯等以集体发言权和冲突解决这两条主线构建了劳资伙伴关系的双路径模型，这两条路径完美阐释了合作关系与组织绩效的关系。[①] 这一双路径模型展示了在组织氛围和人口统计因素等变量的干扰下，合作协定、劳资互动、劳资氛围对劳资关系产出、组织绩效产出的递进影响关系，如图 1－2 所示。马斯特斯等用数据实际验证了模型的有效性，同时也验证了劳资伙伴关系对改善劳动关系氛围、劳资关系产出结果和组织绩效的有效性。[②] 劳资伙伴关

---

① Masters M F, Albright R R, Eplion D. What did partnerships do? Evidence from the federal sector [J]. Industrial and Labor Relations Review, 2006, 59 (3): 367–385.

② Masters M F, Albright R R, Eplion D. What did partnerships do? Evidence from the federal sector [J]. Industrial and Labor Relations Review, 2006, 59 (3): 367–385.

系的建立也为参与者提供了参与组织决策的平台，从而实现了组织民主，并保障了参与群体表达并实现自己意愿的权力。

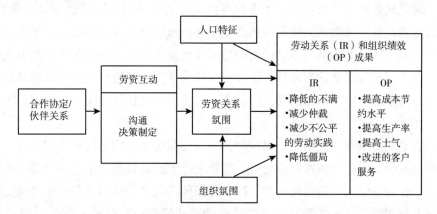

图1–2 马斯特斯劳资伙伴关系双路径模型

资料来源：Lakhundi S, Siddiqui R, Khan N A. Labor-Management Cooperation：Antecedents and Impact on Organizational Performance［J］. Social Science Electronic Publishing, 2005, 58（4）：588–609.

拉克汉迪等（2005）的组织绩效因果模型则以组织生产力水平（productivity）、服务质量（quality of service）和缺勤率（absenteeism）为劳资伙伴关系的结果变量，分析组织中管理层影响因素、工会层影响因素与独立影响因素对组织氛围、组织承诺、工会忠诚的影响，进而阐释了组织氛围、组织承诺、工会忠诚等变量对劳资伙伴关系结果变量的影响。拉克汉迪等（2005）以澳大利亚跨国银行为样本验证了模型要素之间的关系，通过实证研究得出劳资伙伴关系能够促进生产力与服务质量的提高。该研究也发现程序公正、工会建立合作型联盟的意愿及管理者共享信息的意愿对合作型劳资氛围的构建产生了积极的影响。

国内学者席猛、赵曙明（2013）在归纳前人研究的基础上进一步分析了合作伙伴关系实践、劳动关系氛围与组织依附之间的关系，并探讨了劳资关系氛围对合作伙伴关系实践与组织依附的中介作用。该模型将劳资关系氛围分为和谐的劳资关系氛围与敌对的劳资伙伴关系氛围，而组织依附则以组织承诺和离职意愿为构建变量。该模型将劳资关系氛围对合作伙伴关系实践与组织依附的中介关系分为两个路径，一个路径以和谐劳资关系氛围为中介变量，分析合作伙伴关系实践与组织承诺之间的关系；另一个路径则以敌对劳资关系氛围为中介变量，分析合作伙伴关系实践与离职意愿之间的关系。与此同时，席猛、赵曙明通过实证分析验证了在合作伙伴关系实践与组织承诺之间，和谐的劳资氛围为显著的中介变量；而在合作伙伴关系实践与离职意愿之间，敌对的劳资氛围则为显著的中介变量。①

递进式劳资伙伴关系模型主要探寻的是劳资伙伴关系与周边变量的关系，且以劳资伙伴关系和组织绩效为核心变量寻找组织其他要素对核心变量的正向影响关系，如马斯特斯的模型研究的是劳资伙伴关系、劳资关系氛围与组织绩效的关系；拉克汉迪的模型分析了劳资伙伴关系变量、组织氛围对组织绩效的影响；席猛和赵曙明的模型则探讨劳资关系氛围与合作伙伴关系、组织依附的中介关系。

递进式劳资伙伴关系模型以探讨变量与变量关系为模型构建基础，这一阶段模型的研究不是停留在对原始劳资伙伴关系实践的概括总结上，而是抽象出劳资伙伴关系实践中的变量要素，探索劳资伙伴关系实践的内在运作机制，用数据验证变量之间的关系和模型的有效性。此阶段模型有如下特点：（1）以劳资关系氛围为模型的中介变量，分析劳资伙伴关系实践与组织绩效变量的关系；（2）此阶段模型是对组织内部劳资伙伴关系实践的高度概括，以探讨变量与变量间的关系为基础，并用数据验证其有效性，因此，此阶段的模型大多运用了实证分析方法；（3）劳资伙伴关系实践不仅仅涵盖劳资双方如何建立信任等构建要素，还包括信息分析、开放沟通、直接参与等更深层次的构建要素。

三、交互网络式劳资伙伴关系模型

部分研究者认为，组织中劳资伙伴的构建应把焦点放在对组织的共同治理和提高组织绩效水平等更高的目标上，而不是放在应对对抗、敌对和斗争上，以更好的促使劳资各方共享组织绩效改进所带来的成果。② 研究发现，劳资伙伴关系构成要素之间的关系不仅仅是简单的线性关系。相关学者提出了交互式劳资伙伴关系模型，认为劳资伙伴关系模型中各构成要素之间的关系是网络交互式的关系，而不是传统的线性关系或递进式关系。在该网络交互式模型中，各要素位于交互式网络关系中的节点位置，要素及要素之间的关系是

---

① 席猛，赵曙明. 合作伙伴关系实践、劳动关系氛围与组织依附［C］. 第八届（2013）中国管理学年会——组织行为与人力资源管理分会场论文集，2013.

② 王君玲. 企业劳动关系状况与组织绩效关系的实证研究［M］. 复旦大学出版社，2013：30 - 32.

模型的核心。鉴于这种认识，越来越多的研究者将劳资伙伴关系模型构建的重点放在了交互网络式模型的构建上。交互网络式劳资伙伴关系模型的典型案例就是库克（1990，1994）的员工—主管关系协同效应的内隐模型，如图1-3所示。

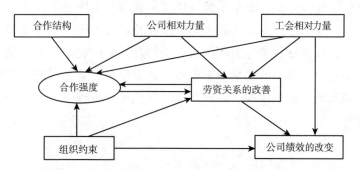

图 1-3　库克的员工—主管关系协同效应的内隐模型

资料来源：Cooke W N. Factors influencing the effect of joint union-management programs onemployee-supervisor relations [J]. Industrial and Labor Relations Review, 1990, 43 (5)：587 – 603. Cooke W N. Employee Participation Programs, Group-Based Incentives, and Company Performance：A Union-Nonunion Comparison [J]. Industrial and Labor Relations Review, 1994, 47 (4)：594 – 609. 王君玲. 企业劳动关系状况与组织绩效关系的实证研究 [M]. 复旦大学出版社，2013：30 – 32.

库克（1990，1994）假设了雇主相对力量的强弱、工会相对力量的强弱、劳资合作结构和组织约束会影响劳资间的合作强度，而劳资合作强度的改变会引发组织内劳资关系的改变，劳资关系状况和组织对内部的约束会对劳资合作强度与组织绩效产生影响，[①] 模型内的要素都是互相影响的，单个要素的改变也会引起系统内其他要素的变化。库克（1990，1994）在对制造业工厂的相关数据分析后得出，劳资伙伴关系确实会对组织绩效和组织内部劳资关系水平产生正向影响。在后续的研究过程中，库克（1990，1994）又丰富了员工—主管关系协同效应的内隐模型，在组织绩效的影响因素中又添加了员工参与项目和基于团队的激励模式这两个要素。[②]

---

① Cooke W N. Factors influencing the effect of joint union-management programs on employee-supervisor relations [J]. Industrial and Labor Relations Review, 1990, 43 (5)：587 –603.

② Cooke W N. Factors influencing the effect of joint union-management programs on employee-supervisor relations [J]. Industrial and Labor Relations Review, 1990, 43 (5)：587 –603. Cooke W N. Employee Participation Programs, Group-Based Incentives, and Company Performance：A Union-Nonunion Comparison [J]. Industrial and Labor Relations Review, 1994, 47 (4)：594 –609.

交互网络式劳资伙伴关系模型关注劳资伙伴关系参与主体间的力量互动及对比，将环境资源等约束性因素、组织绩效等结果性因素纳入理论分析中。在这一阶段的劳资伙伴关系模型中，不同变量或要素之间的关系是相互交错的，研究变量或要素不局限于行为主体或群体等微观层面，从更为宏观的层面进行搭建和分析，突出了劳资伙伴关系参与主体在组织中的行为互动过程。由于交互网络式劳资伙伴关系模型涉及参与主体间的连接模式，因而在模型中比较容易分析参与主体的权力结构及互动过程。然而，交互网络式劳资伙伴关系模型涉及的变量因素较多，且变量与变量之间的结构联结较为复杂，数据验证等较为困难。因此，在这种模型分析框架下，多局限于理论推演或构想。

第四节　本书的内容安排

一、研究方法及技术路径

（一）主要研究方法

一方面，本书运用文献研究法及比较研究法等对国内外关于劳资伙伴关系的研究成果及文献研究资料进行了梳理，概括和总结组织中劳资伙伴关系的运作特点，为模型的构建奠定基础。另一方面，本书将系统科学方法用于劳资伙伴关系的研究，运用系统动力学的经验和方法构建了劳资伙伴关系的动态模型，立足于构建持久稳定的劳资伙伴关系运行系统，分析了劳资伙伴关系的动态演化与均衡过程。

1. 文献研究法。文献研究法是针对某一研究目的，通过查找相关文献资料而实现对所研究问题进行全面掌握和分析的一种研究方法。文献研究法所需文献的来源是多样的，西尔弗曼（Silverman, D., 2013）给出了经典的文献来源的分类，即文档记录、统计记录、官方的会议记录、图像记录等四类。[①] 在研究过程中，根据需要对电子数据库（EBSCO、JSTOR、SAGE、Wiley、ScienceDirect、Springer Link、Emerald、中国知网等数据库）中的电子期刊、理论

---

① Silverman D. Interpreting Qualitative Data: Methods for Analyzing Talk, Text and Interaction (5 edition) [M]. London: Sage Publications Ltd, 2013.

专著、媒体报道等网路资源进行广泛而深入的检索分析，以提高资料的易得性，同时确保文献来源的广泛性。J. 斯科特（Scott，J.，1990）提出了文献研究法的文献质量控制标准，包括：真实性、可信性、代表性和富有意义性。① 本研究将已有的劳资伙伴关系及相关文献进行筛选，严格按照 J. 斯科特（1990）的文献控制标准进行文献梳理，同时查找顶级期刊上的文章、查找权威书籍和文献、查找会议研究成果、查找教学大纲和数字图书馆（秦宇、郭为，2011），② 对组织内劳资伙伴关系的特征进行总结和分析，并对劳资伙伴关系在组织内部的运行及发展规律进行归纳。鉴于文献研究法具有诸多优点，本研究采用文献综述法梳理劳资伙伴关系的发展脉络，分析已有研究的贡献与不足，为构建劳资伙伴关系的动态演化与均衡模型奠定了较为坚实的理论基础。

2. 比较研究法。贝希特和布兰德尔（Bechter，B. & Brandl，B.，2015）的研究指出，不仅不同国家和地域的劳资关系有着各自特点，而且不同行业的劳资关系也有很大差别，③ 为此劳资伙伴关系研究应该在不同行业、不同地域甚至是不同时间点上进行比较研究。对劳资伙伴关系的比较研究，不仅能够观测到不同行业、不同组织、不同阶段的劳资伙伴关系运行特征，还能够对劳资伙伴关系的运行模式进行分类，能够更深入的分析不同类型的伙伴关系的形成与发展过程，研究其特殊的经济、政治、法律、历史、文化等背景环境。本研究采用横向比较和纵向比较相结合的方式来探究劳资伙伴关系的内在规律，横向比较主要是从相对静止状态来剖析不同理论的异同，进而可以找到劳资伙伴关系理论发展的共同规律和特殊性；纵向比较主要是以时间序列为依据分析劳资伙伴关系的发展过程，揭示劳资伙伴关系发展规律。班伯（Bamber，G. J.）和兰斯伯里（Lansbury，R. D.）认为电子科技的发展促使美国、澳大利亚和英国等国家内部的劳资关系发生了不同程度的变化，如机器替代人工、白领（white collar）群体扩大等，虽然这几个国家有着相近的文化背景，但是本国文化传统和风俗习惯的细微差异使得不同国家的劳资关系发展状态有很大差

---

① Scott J. A Matter of Record: Documentary Sources in Social Research [M]. Cambridge, UK: Polity, 1990.

② 秦宇，郭为. 管理学文献综述类文章写作方法初探 [J]. 外国经济与管理，2011，33（9）：59–64.

③ Bechter B, Brandl B. Measurement and analysis of industrial relations aggregates: What is the relevant unit of analysis in comparative research? [J]. European Political Science, 2015, 14（4）：422–438.

别。① 用比较研究法来研究组织内的劳资伙伴关系，既可以归纳总结不同国家，不同地区，不同时间点上劳资伙伴关系发展的共同规律，同时也可以吸收其他国家研究成果和实践成果，总结不同国家和地区劳资伙伴关系发展的特征，克服系统移植过程中所发生的"水土不服"的现象。

3. 系统科学方法。张锡梅（1996）认为系统科学方法是把客体抽象为系统中的要素，用形式语言和数学方法描述在内外部因素影响下系统中要素间的连接方式与系统要素的连接结构，从而对系统的要素、结构、功能、环境与运动状态获得整体性认识。② 劳资伙伴关系的分析及模型建构涉及劳资关系诸多要素和变量，随着参与合作主体的增多，主体间的结构关系、功能和机制等也愈加复杂。为了实现模型全面性和简洁性的统一，在模型构建过程中将影响劳资伙伴关系的关键要素（如环境要素、资源要素）、交换关系要素（经济交换关系要素、社会交换关系要素、网络交换关系要素）及劳资伙伴关系期望涉及的合作要素（合作意愿、合作基础、合作稳定性）等要素或子系统作为模型建构的基础性要素，并将这些要素或子系统抽象为相关数学变量，统一表达规则和变换规则。在分析劳资伙伴关系动态演进的过程中，约束某些条件变量的变化情况，并以劳资伙伴关系期望为选定的目标函数，求得劳资伙伴关系在特定线性约束条件下的最优解，可以为组织决策和劳资伙伴关系政策的改良提供理论依据。

（二）本书的技术路径

本研究首先回顾了劳资伙伴关系理论的发展历程，并梳理国内外已有研究成果中有关劳资伙伴关系模型构建的情况，通过对文献的分析与梳理，分析由冲突到合作的发展进程、趋势、过程、本质与规律。本研究描述了劳资合作的三项基础要素并构建了劳资伙伴关系的基础模型，有针对性地将交换关系、环境因素、组织性态等变量引入到模型框架中，建立了劳资伙伴关系的动态分析模型，并以环境强弱与资源依赖程度为分析路径阐释了劳资伙伴关系的动态均衡过程。最后，结合劳资伙伴关系管理实践和模型演进过程，提出组织内部构建反馈回路、完善群际间协调沟通机制等有价值的建议。具体的技术路线图如图1-4所示。

---

① Bamber G J, Lansbury R D. Labor-Management Relations and Technological Change: Some International Comparisons between Australia and Britain [J]. Labor Law Journal, 1983, 83 (8): 510–523.

② 张锡梅. 系统科学方法与系统思维方式 [J]. 系统科学学报, 1996 (1): 53–56.

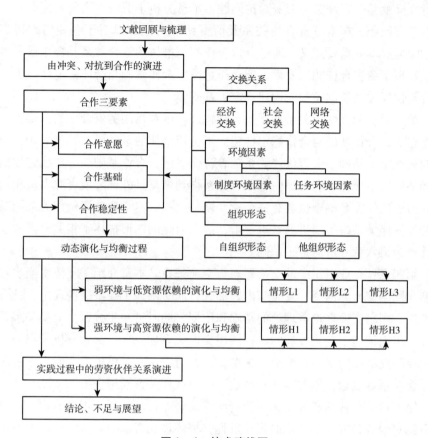

图 1-4　技术路线图

二、本书内容安排

本书共分为八章。

第一章：劳资伙伴关系的形成及相关研究。第一章也是本书的文献综述部分，本章首先回顾了劳资伙伴关系理论的发展，介绍了由契约关系发展为劳资关系、再由劳资关系发展到劳资伙伴关系的理论脉络，同时梳理了劳资伙伴关系管理实践和管理理论的发展过程。本章比较了劳资合作、社会伙伴关系与劳资伙伴关系概念中的联系与区别，通过比较研究劳资关系中的几个重要概念，进一步阐明劳资伙伴关系的内涵，并阐释了均衡与平衡这两种性态，为后续企业劳资伙伴关系动态均衡与演化的性态分析提供了依据。

第二章：劳资冲突到劳资合作及劳资伙伴关系。在企业组织中，劳资合作的对立面就是劳资冲突与劳资对抗问题，本章分析了劳资冲突的表现形式、诱发因素等问题，探索劳资合作关系及劳资伙伴关系建设对于企业组织提高绩效、降低成本的重要意义。通过分析合作参与群体的竞合关系及合作形式等问题，梳理了劳资合作的三要素，即合作意愿、合作基础与合作稳定性，为下一章劳资伙伴关系基础模型的构建奠定了基础。

第三章：劳资伙伴关系期望及运动轨迹。本章运用劳资合作的三要素，即合作意愿、合作基础与合作稳定性建立了劳资合作的基础模型，为引入劳资伙伴期望奠定了基础。劳资伙伴关系随着合作意愿、合作基础、合作稳定性的动态调整而发生变化，若组织内部原有关系得到恢复且外部环境资源力量相对减弱，劳资伙伴关系期望也会有一个形变恢复过程。本章将劳资伙伴关系期望作为劳资伙伴关系模型演进的基本要素，运用简化的图形描述了相关要素的运动轨迹，为第六章分析奠定了基础。

第四章：企业组织中的交换形态与交换关系。本章介绍了经济交换、社会交换与网络交换的内涵、发展与内容形式，同时阐述了经济交换理论、社会交换理论、网络交换理论等理论的基础和依据，同时进一步分析了交换关系是在怎样的组织情境下变化发展的。在阐述交换关系理论后，深入分析了组织中劳资伙伴间或群际间所蕴含的交换关系，并在劳资关系基础模型上嵌入了群际间的交换关系等变量，以此为基础搭建了劳资伙伴关系模型框架。

第五章：环境和资源变化对劳资伙伴关系的扰动过程。本章分别探讨环境和资源对劳资各方交换关系的扰动过程，将环境和资源引入劳资伙伴关系的动态分析框架，完善了伙伴关系模型的外部影响因子。在环境方面，将组织中劳资伙伴所处的环境分为制度环境和任务环境，并进一步分析组织制度环境和任务环境的构成、外部控制机制、组织的成功因素、对自主性的威胁等。通过分析制度环境和任务环境的影响机制，描述了其对组织中劳资伙伴关系的扰动过程。在资源依赖方面，提出了资源依赖的相关理论假设，剖析了组织资源对劳资伙伴关系的扰动过程。本章将劳资伙伴关系的自组织与他组织形式引入到模式的分析中，对不同类型组织中劳资伙伴关系的运作特点及形式进行分类并加以比较分析。最后，本章分析了公平的竞争环境、公平的晋升环境与公正的资源分配机制的构建问题。

第六章：基于交换理论的劳资伙伴关系的动态演化与均衡过程。本章首先对劳资伙伴关系动态模型构建的相关问题做了说明，如定义了相关变量的数学表达。本章主要提出了弱环境与低资源依赖条件以及强环境与高资源依赖条件这两个路径，用于分析组织中劳资伙伴关系的动态演化。本章提出了劳资伙伴关系动态模型的六种形态及不同要素的运动轨迹：交换关系变化而合作期望相对固定条件下的均衡（情形 L1）、合作期望变化而交换关系相对固定条件下的均衡（情形 L2）、交换关系与合作期望均变化条件下的均衡（情形 L3）；交换关系变化而合作期望相对固定条件下的均衡（情形 H1）、合作期望变化而交换关系相对固定条件下的均衡（情形 H2）、交换关系与合作期望均变化条件下的均衡（情形 H3）。

第七章：企业组织中劳资伙伴关系的管理实践。根据第六章所提出的两大条件和六种情形，本章分析了不同情形下企业劳资伙伴关系的实践情况。通过分析不同类型和不同地域企业的劳资伙伴关系特征，进一步总结在管理实践中劳资伙伴关系的共性特征与个性化的运作机制。根据企业组织的管理实践，本章提出一系列较有特色的管理建议，如在组织内部构建反馈回路、完善群际间协调沟通机制、优化劳资伙伴关系治理结构、建立适合组织特点的合作层次及合作方式等。

第八章：结论、不足与展望。本章对前几章所分析的劳资伙伴关系问题做了系统的总结和整理，得出劳资伙伴关系研究的四点结论，并指出本研究存在的不足和局限性，探讨了未来劳资伙伴关系研究的趋势及发展方向。

第二章
劳资冲突到劳资合作及劳资伙伴关系

第一节 企业组织中的劳资冲突

一、冲突的产生、作用及处理方式

冲突就是在行为主体间、利益群体间或行为主体、利益群体与外部环境间存在互相矛盾的行为偏好、价值取向或情感认知，从而导致行为主体间、利益群体间或行为主体、利益群体与外部环境间产生一种互相对立或对抗的状态。关于冲突的作用，学者们通常认为冲突的作用是两面性的。阿马森（Amason, A. C., 1996）的研究指出，组织冲突在一定程度上会提高群体的决策质量，但另一方面冲突有时也会削弱团队合作共识、凝聚力与情感依附。[①]

由于引发冲突的具体原因是不同的，因此冲突的类型就会存在一些差别。阿马森（1996）将冲突分为认知冲突（cognitive conflict）与情感冲突（affective conflict）。[②] 认知冲突是由行为主体与其他行为主体在对某一事物或问题认知观念上的偏差而引发的矛盾或冲突状态。情感冲突则是行为主体在人际关系及情感认识上的矛盾、冲突与烦恼。有学者将冲突分为任务冲突（task con-

---

[①] Amason A C. Distinguishing the Effects of Functional and Dysfunctional Conflict on Strategic Decision Making: Resolving a Paradox for Top Management Teams [J]. Academy of Management Journal, 1996, 39 (1): 123–148.

[②] Amason A C. Distinguishing the Effects of Functional and Dysfunctional Conflict on Strategic Decision Making: Resolving a Paradox for Top Management Teams [J]. Academy of Management Journal, 1996, 39 (1): 123–148.

flicts）与关系冲突（relationship conflict）。[①] 一般认为解决冲突的方式是使每个行动主体都以一个共同的目标为行动标准，让每个行为主体通过相互合作来扩大整体收益并进而提高个体收益，最终达到解决冲突和利益纷争的方法。

从引发劳资冲突的源头看，一方面，冲突源自劳资双方的具体利益有时是存在矛盾的；另一方面，冲突源于劳资双方行为主体对冲突特点及冲突水平在主观感知水平、行为主体自身的认知水平及把控冲突的能力等方面存在差异。随着市场竞争环境复杂化、资本全球转移速度的加快及行业准入壁垒的弱化等，企业组织组织面临着日益激烈的竞争环境，提高运营效率和降低运营成本等方面的压力极易激发劳资冲突源。

总体来说，劳资冲突是组织内劳资关系调整的一种客观状态，劳资冲突对组织成员或组织绩效产生的影响程度则取决于处理劳资冲突的方法或手段，以及处理的及时性。关于冲突的解决及处理方法，学者们提出了不同的主张。乔斯佛德（Tjosvold，D.）和惠（Hui，C.）等人将冲突的解决方式划分为三类，即合作性冲突处理方式、竞争性冲突处理方式和回避性冲突处理方式。[②] 如，竞争性冲突处理方式处理实质上是一种排他性的方法，即让发生冲突的行为主体互相竞争并最终形成胜者独享成果的局面。再如，回避性冲突处理方式是通过减弱发生冲突的行为主体对冲突行为本身的关注，促使其产生规避冲突的行为。

二、企业组织内部的劳资冲突

劳资冲突也叫劳资争议，就是组织内部劳动者与资方或雇主间在利益、权利方面存在互相矛盾的认知或价值取向，从而引发劳动者或劳动者群体与资方或管理层互相对立的一种状态。

劳资冲突或劳资争议是组织内一种客观现象，而且存在于单一行为主体与管理者或劳动者群体与雇主群体间的一种普遍存在的状态，是劳资双方在劳动利益或权利方面认知不一致的集中体现。引发劳资冲突或劳资争议的原因是多样的，劳资冲突或劳资争议也会随着诱因的不同而呈现出不同的表现形式。

---

① Jehn K A. A Multimethod Examination of the Benefits and Detriments of Intragroup Conflict [J]. Administrative Science Quarterly, 1995, 40（2）: 256–282.

② Tjosvold D, Hui C, Yu Z. Conflict Management and Task Reflexivity for Team In-Role and Extra-Role Performance in China. [J]. International Journal of Conflict Management, 2003, 14（2）: 141–163.

劳资冲突或争议的原因多种多样，但是争议的本质原因较为集中。巴德（2017）将劳资争议划分为利益争议（interest disputes）和权利争议（dispute of competency）。① 利益争议通常涉及组织中行为主体的利益纠纷，如集体谈判或劳动合同中约定的劳动条件、工作时间、工作报酬等方面的争议或工资福利与工作绩效、工作强度等方面的争议，尤其是在变更或执行先行劳动契约过程中所发生的利益纠纷；权利争议涉及在现行法律框架和劳动合同约束下，组织中行为主体间发生的侵害他人或群体相应权利的行为，或者集体合同、劳动合同签订与履行过程中发生的争议行为。

劳资冲突或劳资争议的表现形式多种多样，从不同的角度来衡量劳资双方间所发生的冲突或争议就会有不同的划分标准。

从表现形式上划分，劳资冲突可以分为隐性冲突与显性冲突。隐性冲突是指劳资间存在着利益上或权利上的争议或矛盾，但冲突双方并未采取直接且明显的对抗行动或方式来解决矛盾冲突，并将冲突水平控制在一定和水平范围内；显性冲突是指劳资双方将冲突和对抗行为公开化，用较为直接的方式为自身群体争取最大的利益。

从规模上划分，劳资冲突可以分为个体冲突与集体冲突。个体冲突是指组织中单个行为主体与雇主或管理层之间因权益纠纷而采取的对抗行为来解决彼此间的矛盾；集体冲突是指有共同利益主张的行为主体通过联结的方式主张群体的基本利益和权益，并采取集体行动的方式来对抗资方或雇主。

从性质上划分，劳资冲突可以分为经济性冲突、非经济性冲突等。劳资间的经济冲突通常涉及双方在组织内部的实际收益分配机制和分配数量上的矛盾所导致的对抗行为；非经济性冲突则涉及劳资间在劳动合法权利诉求上的矛盾所引发的冲突或对抗行为。

从程度上来划分，劳资冲突可以分为非暴力冲突、冷暴力冲突、热暴力冲突。非暴力冲突是指行为主体以一种相对温和的方式来争取正当的合法权益，并用组织制度或法律规范允许的方式与资方或雇主进行抗争的行为；冷暴力冲突是指不与争议的涉事行为主体发生直接明显的暴力冲突，争议双方通常会采取语言、态度上的侮辱、忽视等行为方式来进行对抗；热暴力冲突是涉事行为主体双方通过侵害他人合法权益的手段来获取行为主体或涉事群体自身上的利益满足，从而进行的激烈对抗行为。

---

① Budd J W. Labor Relations: Striking a Balance 5th Edition [M]. Columbus, US: McGraw-Hill Education, 2017.

（一）企业组织内的隐性冲突

组织中劳资各方行为主体间的隐性冲突则表现为以下几个方面：（1）冲突参与行为主体较为多元化，并以联结形式较为虚弱的群体化冲突为主，冲突各方并未产生显著的群体化冲突；（2）组织中劳资各方以非暴力不合作的形式为对抗的主要手段，企图用非暴力对抗的形式实现行为主体或群体模糊化的利益诉求；（3）冲突的持续状态通常较为短暂，通过满足部分利益诉求、发泄不满情绪、加强不同群体的沟通手段或改善沟通方法往往能够降低冲突水平。下面集中简要介绍两种隐性冲突的典型形式：怠工和冷暴力冲突。

1. 怠工。目前学者对组织中行为主体怠工行为产生的原因、行为发展机制、影响及后果的研究主要是从两个视角展开的，社会心理学或行为学视角、劳资关系视角。其中，社会心理学或行为学视角聚焦于怠工行为本身和怠工行为产生的原因，研究的重点也放置于角色冲突、组织情境适应能力、组织压力、工作满意度等方面，着重关注行为主体的社会心理变化情况。而劳动关系视角则以组织和劳动力市场配置效率、组织中劳资关系冲突水平、劳资氛围等变量或要素为出发点，例如，怠工模型中提到效率工资是组织刺激员工工作最大化组织利润的手段。[①] 怠工产生的原因主要分为两个方面。一方面是组织中的行为主体或利益群体认为现有的工作内容或工作强度与自身所认知的工作内容或强度存在差异，从而在某些程度上排斥或拒绝履行现有工作岗位的要求。哪怕这些现有工作岗位的工作强度或工作内容在法律意义上是符合规定的，且与行业内一般组织中同一岗位的要求是相当的。这种怠工行为产生的原因可以归为是内源性怠工行为，即怠工行为的发生是由于组织中行为主体自身角色认知冲突、工作压力承受能力等因素引发的排斥或拒绝履行现有工作岗位的要求所采取的行动。另一方面是由于薪酬水平、工作场所的工作条件、工作环境等外源性条件所触发的，致使组织中行为主体或群体采取拖延、降低产量或服务水平等行为取向。外源性怠工行为是在客观组织运转过程中或行为主体的主观认知下行为主体的实际付出高于组织实际的工作标准，且组织给予行为主体的回报或报酬（包括货币性报酬与其他非货币性报酬）低于行为主体的付出和

---

① Shapiro C, Stiglitz J E. Equilibrium Unemployment as a Worker Discipline Device [J]. American Economic Review, 1984, 74 (3): 433 – 444. Lindbeck A, Snower D J. Wage Setting, Unemployment, and Insider-Outsider Relations [J]. American Economic Review, 1986, 76 (2): 235 – 239. Huang T L, Hallam A, Orazem P F, et al. Empirical Tests of Efficiency Wage Models [J]. Economica, 1998, 65 (257): 125 – 143.

心理预期，行为主体将这种消极状态和自己的主观认知偏好转化为其在组织生产过程中相关消极行为。怠工在组织中的主要行为表现为主动降低产量或服务水平、拖延、迟到早退、缺勤等，怠工的行为并不是组织所要求行为主体或群体本身所履行的角色内行为，而是超出组织规范所约束角色行为。①

2. 冷暴力冲突。冷暴力冲突是指组织中的行为主体或利益群体采用非直接对抗的方式，来抗拒组织中其他群体或资方管理者下达的命令、指令或管理制度。冷暴力冲突一般发生在组织内部，通常包括以下两种方式：一是组织内部分群体采取集体控制组织产量、产品质量或服务水平的方式，使得组织产量、产品质量或服务水平处于组织要求的正常水平或以下；二是通过控制组织内部舆论及行为偏好（包括采取语言、态度上的冷暴力行为，如侮辱、忽视等行为方式），迫使更多的行为主体参与到与资方或管理方对抗的过程中来，并采取不合作或降低产出水平等手段来达到其群体的行为目的。

与怠工行为控制产出水平相比，冷暴力冲突发生的范围更加广泛，怠工主要是组织内个别行为主体或小群体对产出水平所采取的操控行为，而冷暴力冲突从参与人数和规模来看都高于怠工行为发生时的参与人数。从行为操控能力和影响成果来看，冷暴力冲突行为的发生，给资方或管理方所带来的压迫感和危机程度，都远高于怠工行为发生时所产生的后果及影响。从某种意义上来说，冷暴力冲突或对抗是罢工的某种低级形式或者是一种特殊的罢工形态。但与罢工相比较，冷暴力冲突的对抗级别、对组织产出的影响都要小于罢工等直接冲突等劳资对抗模式。需要注意的是，资方或管理层如果采取不恰当的方式或手段处理劳方与资方间所发生的冷暴力冲突或忽视冷暴力行为，冷暴力冲突在组织内外某些条件的催化下，很有可能演变为劳方与资方间直接的对抗冲突行为。

（二）企业组织内的显性冲突

与隐性冲突相比，显性冲突的行为主体或利益群体有较为清晰且明确的利益诉求，如权益上的诉求、收益上的诉求、工作环境或工作条件的改善等，而不是单纯地将不满情绪进行发泄。显性冲突有以下集中特征：（1）组织形式以具有一定行动目的和较为明确利益诉求的团体或行为主体行动联盟为主，在行动群体内部有一定程度的职责分工，且团体中具有行动主导者或倡议者；

---

① 刘玉新，张建卫，彭凯平. 工作家庭冲突视角下怠工行为的心理机制：工作满意度和自我决定倾向的作用 [J]. 心理与行为研究，2013，11 (5)：671 –678.

（2）对抗形式较为显性化，有明显的对抗行为，并采取一系列的实际行动来加强劳资间对抗程度以实现群体目标；（3）参与手段既有合法性质的，也有以暴力冲突等非法形式的。在这里集中简要介绍四种显性冲突的形式：集体劳动纠纷（仲裁）、群体性离职、罢工与劳资暴力冲突。

1. 集体劳动纠纷（仲裁）。集体劳动纠纷一般是指由组织内部多数行为主体与组织内资方或雇主发生的共同或近似的权益纠纷，且行为主体以集体形式与资方或雇主进行对抗，以实现自身的权益主张。为了更好地区分集体劳动纠纷、群体性离职、罢工行为、劳资关系暴力化倾向等概念，本书将集体劳动纠纷界定为：与资方或雇主有权益纠纷，但以合法的途径或方式来维护自身权益的行动方式。如通过与资方或雇主集体协商进行解决，向有关劳动行政机关申请仲裁，或通过法律途径解决劳资利益纠纷等，都属于本书概念范畴内的劳动纠纷。当然集体劳动纠纷（仲裁）的发生与组织内部个别劳动关系或劳资治理结构的调整有关，同时也与劳动者维权意识、组织沟通机制的完善性、约束劳资关系的制度调整有关。相对于个体劳动纠纷来说，集体劳动纠纷（仲裁）在处理方式和困难程度上要高于个体劳动纠纷，导致这种状况的原因包括三个方面：（1）集体劳动纠纷（仲裁）涉及人数较多且每个单独的行为主体的利益诉求并不完全一致，权益纠纷多样化；（2）集体劳动纠纷（仲裁）中劳方群体组织化程度较高，由于涉及人数较多权益纷争较为复杂，群体内部存在较多的不稳定因素；（3）争议爆发较为集中，对组织运转和组织内的劳资关系氛围会产生一定的影响。个别劳动纠纷与集体劳动纠纷（仲裁）在处理方式上是不同的，处理集体劳动纠纷（仲裁）时需要调整权益纠纷处理机制，还需要多方共同协作，在尊重各方正当权益的基础上，调解劳资纠纷双方的矛盾并签订和解协议，同时要建立协议执行的监督机制以保障后期正当合法权益的真正获取。

2. 群体性离职。员工离职是组织内外部环境间进行人员结构调整的一种正常现象。人员流动从一定程度上来说可以促使组织保持一定的活力和创造能力，活力和创造能力则是稳定组织劳资关系不可或缺的机制。然而群体性离职或集体离职（collective turnover）会给组织劳资关系系统的正常运转带来严重的危害，大规模的群体性离职甚至会使组织劳资关系系统陷入瘫痪状态。不管群体性离职是组织中行为主体主动还是被动做出的决定，严格意义上来说都是组织内部矛盾或冲突的一种特殊化表现。群体性离职一般表现为行为主体自愿离开或者想放弃已有的工作，寻找新的工作机会或者迁移到其他组织，没有通过协商或其他渠道改善现有工作环境与条件的愿望，又没有参与组织关系建设的行动，① 是组织内离职群体对组织现状的一种消极抵抗行为，对组织绩效是有一定破坏力的。群体性离职的原因是多样化的，包括系统因素（组织对员工的投入水平、系统的有效性）、群体态度或偏好因素（管理/领导素质、组织氛围/文化、凝聚力/团队合作、工作满意度/组织承诺水平、正义/公平）、群体特征（成员特征、当权派特征、劳动力市场特征）等。② 从远期来看，组织虽然可以通过招募其他员工来填充集体离职后的空缺岗位，但是群体性离职对组织近期的影响是比较大的，这种大规模人员流动打乱了组织正常的人员结构并对组织绩效产生较为严重的影响，同时对组织氛围和员工士气造成较为消极的影响。群体性离职会还对组织正常的生产周期造成扰动，从而影响组织原有的财务预算和财务绩效指标。

3. 罢工。罢工一般是劳动群体为了改善工作待遇或表达抗议而在工作场所进行的集体停止履行工作的行为。③ 虽然罢工通常是由劳资双方在经济利益或工作条件方面的争议所引发的，但是有些罢工发生的原因会涉及劳动者正当劳动权利的维护或获取争取更多的劳动权益。因此，从导致罢工的原因来划分，罢工的类型是多样的。巴德（2017）将罢工分为七种类型，即经济性罢工（economic strikes）、不公平的劳动实践罢工（unfair labor practice strikes）、得到认可的罢工（recognition strikes）、同情性罢工（sympathy strikes）、自发性的罢工或野猫罢工（wildcat strikes）、争夺管辖权的罢工（jurisdiction strikes）、非经济性罢工（noneconomic strikes）。④如果想要精准判断罢工合法性，首先应分析罢工行为是否在法律法规的制度约束框架内，罢工是否得到了有关行政主管部门的批准或认可，从而厘清罢工的合法性问题。从罢工的合法性上来说，上述七类罢工中既有合法性的罢工，如得到经济性罢工、不公平的劳动实践罢工、认可的罢工，也有非法性罢工，如自发性的罢工或野猫罢工、争夺管辖权的罢工、非经济性罢工。从罢工诉求的角度来说，经济性的罢工以获得更好的工资、福利和工作条件作为罢工群体的利益主张，而非经济性罢工则以劳动合

① Si S, Li Y. Human resource management practices on exit, voice, loyalty, and neglect: organizational commitment as a mediator [J]. The International Journal of Human Resource Management, 2012, 23 (8): 1705 – 1716. Farrell D. Exit, Voice, Loyalty, and Neglect as Responses to Job Dissatisfaction: A Multidimensional Scaling Study [J]. Academy of Management Journal, 1983, 26 (4): 596 – 607.

② Hausknecht J P, Trevor C O. Collective Turnover at the Group, Unit, and Organizational Levels: Evidence, Issues, and Implications [J]. Journal of Management, 2011, 37 (1): 352 – 388.

③ 常凯. 关于罢工的合法性及其法律规制 [J]. 当代法学, 2012 (5): 109 – 117.

④ Budd J W. Labor Relations: Striking a Balance 5th Edition [M]. Columbus, US: McGraw-Hill Education, 2017.

同或集体谈判成果以外的内容作为罢工群体的利益主张。① 既然组织中劳资参与各方间发生的争议行为划分为利益争议和权利争议，那么根据争议类型的不同，集体争议行为可分为集体利益争议和集体权利争议；根据争议的类型不同，罢工可归结为以争取相应利益为目的的罢工行动和以对抗形式来争取相应权利的罢工行动。虽然解决罢工问题的最终方式是劳资各方以谈判的形式，通过利益让步达成某种契约文件，并建立相关监督执行机构或引入第三方来监督契约文件的执行情况，但是在罢工发生的过程中劳资双方都会尽可能地采取某些方法或手段维护其预定的收益标准。从罢工过程中劳资双方可能采取的对抗手段或方法来看，罢工的劳动者或工会一方除了与资方或管理者直接进行谈判以实现其原有的权益或收益外，在谈判僵局或谈判失败后，他们通常也会采取封堵工作场所、设置纠察、游说活动、联合抵制等策略来向雇主一方进行施压；而雇主一方则会在罢工发生后设立事件紧急应对小组来处理罢工问题，与工会负责人或罢工组织者就相关的问题展开谈判，若谈判达成各方的预期目标或标准则罢工结束，若谈判陷入僵局或谈判破裂，雇主一方可能会采取关闭工厂或工作场所、招募临时替代人员、联合其他雇主等手段或方式对罢工进行抵制以最大限度地维护雇主的既得利益。劳动者群体或工会采取罢工行动来获取权益的力量强弱不等，这取决于两方面因素：一是劳动者或工会在组织内部或劳动力市场控制其自身价格的能力；二是劳动者在组织价值实现过程中的可替代性水平。例如，知识技能型员工在劳动力市场中是一种相对稀缺的资源，他们在组织中的不可替代性较高，因此相对于一般产业工人来说，知识技能型员工采取罢工行动时其谈判议价能力要高于普通产业工人，而且资方或雇主更愿意与知识技能型员工达成相关妥协协议以维持组织稳定运行。

4. 劳资暴力冲突。在劳资关系利益主体对抗博弈的过程中，当部分隐性冲突得不到有效的解决和处理时就会演化为显性冲突，一部分原有的显性冲突则会应用暴力化倾向手段或暴力手段来解决劳资间的利益冲突，从而使得劳资关系暴力化倾向（labor relations violent tendencies）逐步加剧，甚至会导致劳资关系各方间形成不可控的暴力冲突。群体性劳资冲突事件表现形式日趋多样化，甚至出现殴打、拘禁管理人员等较为暴力化的冲突对抗行为，② 甚至部分对抗的行为主体采取自残的方式来表达自己的不满。引发劳资关系冲突向暴力

---

① Budd J W. Labor Relations：Striking a Balance 5th Edition［M］. Columbus，US：McGraw-Hill Education，2017.

② 何勤. 群体性劳资冲突事件的演化及应对［M］. 北京：社会科学文献出版社，2014.

化转变的原因是多样的。一是劳动者基本的经济利益诉求得不到满足，而且组织内部没有相应的沟通对话机制可以用来探寻、解决雇员的问题，或是资方（或雇主）处理此类问题时采取简单粗暴的高压政策。二是雇员的精神诉求得不到重视，长期高强度、简单重复性的工作环境加上较低的收入回报会使得雇员承受巨大的工作和家庭生活压力，这种情况下如果雇员没有有效释放精神压力的渠道和方法，长期的精神压力随时会在较短时间内进行集中释放。三是雇员的权利诉求得不到满足，如基本的休息和休假的权利等。劳资暴力冲突不仅会增加劳资双方重新回到正常对话协商机制的难度，而且暴力冲突还会侵犯行为客体的合法权益，并对有关行为客体造成伤害。因此单从法律意义上来说，很多劳资关系暴力化行为都是非法的。

三、劳资冲突的演化问题

劳资冲突或劳资争议的形式是多样的，如行为主体因为劳动收益补偿水平、劳动环境及工作条件等与资方或雇主进行的简单申诉；确立劳动权利义务关系的劳动合同在签订与履行过程中因发生矛盾而触发的控诉或对抗。劳资冲突既可以是组织中单个行为主体所采取的申诉或抗议，也可以是部分行为主体组成工会或其他形式的行动联盟来进行集体投诉以保护自己的利益。①

劳资冲突演化的诱因有多种，劳资主体间互动的非线性特征、信息传递的时滞性、所掌握资源的不对称性、劳资各方行为主体的身份认同与群体情绪的释放等都会对劳资冲突或劳资争议在参与数量、演化程度、力量对比上产生影响。

（一）劳资主体间互动的非线性特征

线性系统的运动可以被视为为某些标准运动的总和或叠加，而非线性系统则强调某一确定性系统的混沌与不可预测的行为特征。② 劳资关系系统的非线性特征是在确定性的制度安排或关系下劳资主体突发不确定的行为状况，从而引发组织内的混沌状态或增加劳资主体行为的不可预测性，如突发的纠纷、停

① Kecici D, Sema E. Forms and causes of labor disputes [J]. Academic Journal of Business, Administration, Law and Social Sciences, 2016, 2 (2): 74–80.

② Auyang S Y. Foundations of Complex-system Theories In Economics, Evolutionary Biology, and Statistical Physics [M]. Cambridge, UK: Cambridge University Press, 1998.

工、罢工等。劳资主体间互动的非线性特征从根本上说是由劳资主体在利益诉求上的分歧引起的，具体原因主要有以下两方面。

一方面，从利益诉求主体来说，参与组织内劳资系统治理的行为主体有劳方、资方、工会、政府等，然而每个行为主体内部还会有不同利益诉求的亚群体，例如劳方内部有正式雇佣员工和非正式雇佣员工；资方内部有管理者和股东等；工会也包含内部工会与行业工会等；政府也是由不同的机构和行政管理部门组成。这些多元化的群体构成了组织内劳资关系系统，形成了不同的利益诉求主体，而且群体数量的增多也增加了对劳资行为主体行为预测的困难性。行为的不可预测性与组织内利益群体互动的混沌性使得劳资行为主体更可能采取"过度"的策略来维护自身利益，进而使得组织劳资关系系统内的矛盾更加突出，甚至会引发劳资冲突事件的发生。

另一方面，从制度上来说，组织内成员间的非线性交换关系、劳资群体间的非线性交互关系等非线性关系与组织制度本身的非有效性也相关。组织中的制度具有时滞性，这种时滞性也就是组织制度的演进有时不能与组织本身的发展相同步。原有制度约束下的正反馈机制与负反馈机制不能在新的组织性态下维持整个劳资关系系统的平衡，某一反馈机制的增强（尤其是正反馈机制的增强）会使劳资关系系统偏离组织预定发展的目标。正反馈是在反馈环路中发生的过程，其对系统小的扰动都可以增强部分功能并使扰动幅度增加。[1] 劳资关系系统中正反馈机制的增强使得原有信息的传递与实际完成的信息传递发生偏差，虽然某些正反馈机制使得系统达到新的性态是组织内部变革的原始动力，但是劳资关系系统中正反馈机制带来的偏差也是劳资行为主体间冲突的来源之一。

（二）劳资主体间信息传递的时滞性

1. 信息传递时滞性。信息传递时滞指组织内劳资各方行为主体或劳资关系网络要素节点间在传输有关信息或物理要素时所发生的延迟现象。引发信息时滞效应的原因包括两个方面，一方面是信息或物质通过传播渠道（通道）进行传播时发生的延迟，即不同渠道传播信息或物质的速度和质量是不同的，部分渠道在传播信息或物质时速度较快，而部分渠道在传播信息或物质时速度较慢；另一方面的原因是信息在传播行为主体间进行传播时，双方对信息编码

---

① Zuckerman B, Jefferson D. Human population and the environmental crisis ［M］. Boston Massachusetts: Jones & Bartlett Publishers, 1996.

与信息解码的理解方式发生错位，即信息的发送者不能有效地将信息编译成信息接收者所能理解的语言形式或接受方式，或者是接受者在理解或翻译信息发送者所发送的信息时缺乏相应的翻译或理解能力，不能有效的了解所发送信息的内容。此外，信息传递时滞性也会受到劳资主体间不同的心智模式或所处利益立场的影响，信息传递的时滞效应也是对抗与冲突演化的诱因之一。

2. 政策信息时滞性。政策信息时滞指劳资政策的调整或制定不一定立即达到所预期的效果，一般在劳资政策或制度文件从制定修改到颁布实施，再到最终被劳资各方所接受会存在一个时间差，这个时间差或者政策的空窗期就是政策信息传递过程所产生的时滞效应。这个时间差或政策空窗期是劳资主体间利益重新分配或调整的时期，是组织内劳资关系系统最容易发生振荡的危险期，政策的突变和政策的时滞效应可能引起组织劳资系统的极大不稳定。各方利益主体在此期间互相博弈以获取各方最大的利益，部分利益群体的利益会扩大，而另一部分利益群体的利益则会受到制约。

3. 渠道传递时滞性。渠道传递时滞指劳资关系系统内部在传递信息流或物质流时所受到的阻滞或发生的延迟状态，渠道时滞的发生往往是由于信息或物质在传递过程中受到外部杂质的干扰，造成所传递的信息或物质发生失真或损耗的状况。渠道传递受到所传递渠道的宽窄、长度、层级的影响，渠道过窄、渠道拥堵、渠道传递过长或渠道层级多等因素都会诱发渠道传递时滞的发生。科巴西（Kobbacy, K. A. H.）和默西（Murthy, D. N. P.）的研究就指出了组织系统内的 7 个反馈路径：员工满意度（employee satisfaction）、健康安全和环境（health, safety, environment）、学习与成长（learning and growth）、顾客满意度（customer satisfaction）、财务/成本（finance/cost related）、任务维护（maintenance task related）、厂房/设备（plant/equipment related）。[①] 信息流和物质流传递的不畅使得劳资主体各方不能及时了解外部环境的变化和组织内部矛盾的变化，某种程度上导致劳资各方对彼此所采取行动的目的造成误判，严重时还会引发劳资冲突。

（三）劳资主体各方所掌握资源的不对称性

由于不同劳资利益群体在组织内部所处的政治地位不同，所以群体在组织政治上的合法性也是不同的。政治合法性的高低也决定了不同群体获取组织内

---

① Kobbacy K A H, Murthy D N P. Complex System Maintenance Handbook ［M］. London, UK: Springer, 2008.

部资源（财政资源、物质资源、劳动力资源、声誉资源等）的能力大小和利用资源效率的高低，高政治合法性的群体具有优先获取并利用资源的权力。组织中高政治合法性的群体通常是具有公司控股权的股东、组织中调配并利用多种资源的中高层管理者，这些群体具有强大的权力，能够利用组织资源来为自身群体创造更大的经济价值和社会价值。从某种程度来说，组织内的资源是有限的，尤其是物质资源和财政资源，劳资系统内不同群体为了实现自我群体价值最大化就会争夺对相关资源的处置权。资源处置权的重新分配会产生群际威胁，使得群际间关系变得不确定、不稳定，在群体间沟通有限的条件下，群际间矛盾与冲突也不断加深。

随着产业结构的升级和调整，劳动密集型组织也向资本密集型、技术密集型组织转变。随着组织的转型发展，知识资源、技术资源等无形资源要素的重要性逐步凸显并最终居于核心地位，因此技术型、知识型员工在组织转型过程中渐渐成为组织的核心要素，而原有的物质资源要素和劳动力资源要素在组织内的重要性和地位却逐渐降低。由于掌握这些知识或技术技能的员工成为新兴稀有资源的所有者，因此知识型员工对组织中涉及相关知识或技术应用的工作或项目就拥有了相关的处置权力。组织为了实现更高的绩效产能，会将组织内部分物质、财务等资源向知识型员工倾斜，在资源数量既定的情况下，原有员工处置资源的权力则会逐步受到限制。随着资源重新配置和处置资源的权力重新分配，劳动群体内部、普通劳动者与管理方的矛盾也会加深，群际威胁所产生的群际环境愈加不平衡与不确定，有时甚至表现为更为激烈的对抗和冲突。

（四）劳资主体的身份认同与群体的情绪释放

组织劳资系统内，参与各方的群体成员都会归属到劳资关系建设的某一群体。一方面，归属于某一群体的个体成员受到群体规则、群体所持有的整体价值观的影响，在与群体互动的过程中逐步认同群体规则、群体价值观。另一方面，劳资各方参与成员以某一群体为依靠，借助群体力量和影响力进一步保护或扩大参与成员的利益，在此过程中群体成员逐渐对整个群体产生归属感和认同感，并协调个体行动与群体行动的一致性。群体认同感会增加群体的凝聚力与内聚力，使群体行动和群体内成员个体的行为在维护群体自身的利益上更为一致。然而，当群体内部成员持有强烈的群体认同感时，群体目标和群体利益的不同会使得群际间矛盾调和更加困难，当群体间出现不公平或不稳定的环境时，群体归属感的增强会刺激群体成员采取更为积极的行动来维护自身的权益。[①]

组织内劳资各方成员认同本群体或团体的价值取向、行为动机、行为方式的同时，也使得劳资各方群体成员将群体间的情绪部分转化为个人的情绪体验。群体情绪一方面可以增强群体成员的认同感，如果群体成员将群体情绪内化为个体情绪的一部分，进而保持个体与群体间行为的一致性，此时群体凝聚力和群体的认同度得到增强，使得群体更加团结和稳定；另一方面，当群体内部成员对外部群体感到愤怒时，他们的第一反应是反抗；然而当群体感受到另一种负面群体情绪时，例如感到恐惧或蔑视，则不一定会促使群体采用这种反抗行动。[②] 群体共享情绪和群体成员间的情绪传染使得群体愤怒情绪得到放大，群体愤怒情绪放大到一定程度就会转化为群体反抗的行为，此时群体成员甚至会采取更加激进的方式，引发一部分利益相关群体与其他外部群体的冲突。在整个劳资系统内，群体情绪的传染和爆发多发生在劳方群体中，尤其组织内存在群际威胁的情况下，劳方的群体情绪体验会由恐惧或蔑视向愤怒转变，其所采取的行为或行动也会由忽视、忍耐向反抗、冲突转变，具体则表现为罢工、抗议、示威以及其他集体反抗行为。群体情绪（或者群体愤怒情绪）引发群体过激行为，进而转化为有组织有目的的群体行动的过程也受到群体对相关信息的认知和群体决策的影响，这种影响在劳资行为主体的非线性互动关系和劳资行为主体间信息交流的时滞性中已分析，此处不再赘述。

第二节　从对抗冲突到共识合作

一、从对抗冲突到共识合作的压力与动力

在信息不对称、合同不完全且充满不确定性的新制度环境中，组织通过调整管理结构和劳资治理方式以适应快速变化的环境，以维持持久的竞争优势力。过度的劳资对抗与冲突会损害组织的竞争力，增加组织不必要的协调成本

---

① Tajfel H, Turner J C. The Social Identity Theory of Inter-Group Behavior [M]. Chicago: Nelson Hall, 1986.

② Mackie D M, Devos T, Smith E R. Intergroup emotions: explaining offensive action tendencies in an intergroup context [J]. Journal of Personality & Social Psychology, 2000, 79 (4): 602－16.

支出，降低绩效。为了应对日益激烈的外部市场竞争环境及提高组织绩效和竞争能力，企业组织具有达成共识和开展合作的外在压力和内在动力。减少对抗与冲突并加强共识与合作是劳资双方实现风险共担、利益共享的必然选择。本着解决劳资双方基本权益分歧的目的，劳资双方通常以组织整体效益最大化为原则建立共同的经营管理目标，通过互惠合作扩大组织的整体收益并进而实现每个行为主体收益的最大化，最终实现双方共同分享收益增长的成果。

在新制度环境中，人力资源管理日趋精细化，雇佣方式也日趋多元化，且传统雇佣方式（如终身雇佣制、无固定期限合同制）与非传统雇佣方式（临时雇佣制、劳务派遣方式、员工租赁方式等）同时并存与组织内部。① 雇佣方式的多元化成为组织突破传统劳资契约的束缚来适应外部劳动力市场变化的方法。尽管劳资契约能够规定雇员与雇主间的权利与义务，对双方的相关行为及行动方式起到规范作用，并在一定程度上稳定组织内的劳资关系，但契约的不完备性决定了其不能完全约束雇员群体与雇主群体之间所有的权力与利益分歧。

多元雇佣方式的逐渐演化和发展，组织内部劳动力群体也进一步分化，产生了越来越多的亚群体，不同亚群体之间在工作能力、工作方式、偏好、价值取向、认知、情感等诸多方面存在较大差异。亚群体之间对同一问题往往会有不同的判断和主张，对问题的处理也常常采用不同的行动方式或方法，不同亚群体在互动的过程中也常常会发生摩擦和冲突。另外，亚群体的分化还会导致劳动者群体与雇主群体间的矛盾冲突更加复杂化。

面临一系列新的变化，原有的劳资治理结构和管理手段必须随着环境的变化而不断调整，需要组织在劳资关系上做出更大改变，对雇员的知识、技能、体力、心理等诸多方面进行更多的投资，劳资关系维系成本也随之升高。为了降低劳资冲突给组织带来的压力并降低劳资关系的维系成本，组织将致力于劳资合作关系甚至劳资伙伴关系的构建。

二、从零和博弈到非零和博弈的转变

（一）非零和博弈谈判及第三方伙伴的引入

组织内的行为主体是通过改善个体绩效或增加工作时长来增加其既有收益

---

① 王兴化，张立富. 企业多元雇佣的新制度环境分析［J］. 北方论丛，2010（4）：131–135.

的，而每个行为主体的加权平均收益率与组织整体的收益增长率并不总是呈现一致性的。在组织收益预期增长既定的条件下，如果个体的平均收益率高于组织整体收益增长率，资方或所有者的预期收益就会减少，那么劳资间的收益分配就处于一种零和博弈（zero-sum game）的分配状态。

零和博弈是非合作性博弈的一种，在总量既定的条件下，博弈双方的收益与损失是互为因果的，而且在博弈过程中一方的收益增长是建立在另一方收益损失基础之上的。劳资间也会因为利益和权利的分配不均衡问题而产生矛盾和冲突，为了解决劳资冲突或劳资争议，博弈各方通常会采取集体谈判的方式解决原有权益分配不均衡的问题。

在零和博弈的劳资关系治理结构下，双方开展的谈判也必然是零和博弈型谈判，这种谈判并不利于组织劳资关系持久健康稳定的发展。劳资双方需要用非零和博弈（non-zero-sum game）思维来摆脱零和博弈谈判的困局，可以采用非零和博弈型谈判替代零和博弈型谈判，具体做法是在解决劳资冲突或劳资争议时可以通过引入第三方伙伴的方式来辅助解决矛盾及冲突。需要注意的是劳资间的冲突是劳资关系的一种非均衡状态，通过建立有效的沟通渠道、利益权利结构调节机制、优化劳资治理结构可以突破这种非均衡状态，使得劳资间建立合作关系或伙伴关系最终达到新的均衡。

（二）雇佣方式多元化趋势下劳资冲突的演变

雇佣方式多元化是指传统模式的雇佣方式与非传统模式的雇佣方式同时发展并存的局面。传统模式的雇佣方式是组织与雇员或其他劳动者通过签订期限较长的契约而达到组织内部劳动力市场稳定的过程，具体的用工方式包括终身雇佣制用工方式、其他形式全日制用工方式等；非传统模式的雇佣方式也称作非典型雇佣方式，是组织为了增加用工的灵活性并降低用工成本而采取的与雇员签订短期用工契约或与其他组织联合用工的用工形式，具体的用工方式包括短期契约制用工方式、派遣制用工方式、员工租赁用工方式、非全日制用工方式等。雇佣方式的多元化过程是组织通过采用多种雇佣形式来增加组织人力资源弹性、进而突破传统劳资关系的束缚过程。王兴化与张立富（2010）认为在雇佣方式多元化背景下企业组织不再是一种简单的生产函数，而是涉及处理组织成员关系、维护组织秩序及制度的一种治理结构的集中体现。①

雇佣方式的多元化使组织内部劳资关系日趋复杂。一方面，新型雇佣方式

---

① 王兴化，张立富. 企业多元雇佣的新制度环境分析 [J]. 北方论丛，2010（4）：131–135.

使组织的雇佣弹性进一步提高，组织能较为灵活地从劳动力市场中获取自身所需的劳动力资源，减轻了组织在劳动成本上的固定支出，同时降低了雇佣的法律风险，并能将财务资源、物质资源集中投入到组织核心员工的培养及维护上。另一方面，多元化的雇佣方式下，组织内不同类型的雇员对组织的实际生产投入和心理投入是不同的，不同雇佣方式下的雇员对组织的依附程度存在差异。

雇佣方式的多元化使组织内的雇员群体发生了自然分化，不同雇员群体的利益主张和权益主张产生了分歧。随着雇佣方式的变化和组织内雇员群体的自然分化，成员间的联结关系也会逐渐变化，成员间联结关系的变化促进了群体分化，组织协调和沟通成本随之增多。随着雇佣方式的多元化和组织雇员群体的多样化，劳资关系的治理结构和处理机制也日趋复杂化，不同利益群体间的群际摩擦也会逐渐突显，甚至是引发劳资间的激烈对抗与冲突。

（三）劳资冲突与劳资争议到劳资间建设关系的发展演进

随组织中的劳资冲突形式的复杂化和多样化，客观上需要多元化的劳资冲突解决模式。以往的劳资冲突解决模式多是以事后处理为主，当劳资间发生冲突和纠纷时，雇主或管理者才采取紧急措施来被动应对，如建立临时应急小组与相关行为主体展开谈判，部分或全部回应行为主体或利益群体的权益主张。这种事后处理模式，尽管雇主或管理层可能通过利益让渡满足了涉事行为主体的部分诉求和权益主张，行为主体或利益群体也可能因此放弃了冲突或对抗，使冲突得到平息，但冲突或对抗发生后，这些必然会对涉事双方的行动假设和认识情感等形成难以弥合的负面影响。

目前劳资冲突处理已由事后被动的应对方式转变为事前防范、事中控制、事后处理的全流程的劳资关系治理模式。事前预防指组织管理层或雇主在组织范围内采取一些先验性的手段或方法，如劳资间有效的沟通及申诉渠道、劳资关系协调管理制度、劳资定期的决策会晤小组、预先明确劳资各方的权利与义务范围等，将劳资间潜在的隔阂、分歧和误解通过有效的途径在劳资双方发生激烈冲突前得到化解。事前预防手段中的共同决策机制还可以充分发挥劳资双方积极性和智慧，使决策更加完善，提高整体决策质量及效果。事中控制主要是管理层或劳资双方通过建立共同治理委员会，进行现场检测或评测控制劳资氛围来达到掌握整体劳资关系状况的目的。事中控制不仅仅是劳资冲突水平的检测，还需管理层或治理委员会在实际生产过程中对临时性劳资矛盾或生产服务性问题给予必要的指导或技术支援，为组织实际运转流程中提供相应资源、信息、资金的支持和有关政策、制度流程上的支持，劳资双方的监管关系转向为互相支持与服务关系。事后控制主要是指当劳资双方间发生冲突或争议时，管理层或劳资委员会以积极的态度和方式去主动处理解决劳资间的分歧或矛盾，将负面影响控制在最低水平。需要注意的一点是，事后控制的重点是解决问题后的反馈控制，通过分析实际执行过程与方案预设过程中出现的信息偏差，查找相关原因纠正偏差，并为以后政策制定和执行提供相应的决策依据。

三、劳资合作的三要素

劳资合作关系是组织中行为主体间、利益群体间、行为主体与利益主体间交换关系的集中体现和表达。明托夫（Mintoff，J.，1997）指出合作意向或契约的达成，一方面是合作双方基于自身权益所做出的理性选择，另一方面，是合作双方基于历史路径所做出的选择。[①] 福瑞斯特（Forrester，J. W.，1961）认为行动目标是成员行为、管理政策与组织结构等要素的函数，[②] 行动目标集中体现了组织诸多要素的结构关系。

组织建立劳资合作关系的前提有：不同行为主体或利益群体间是否有产生交换行为的愿望；交换行为发生的过程是否有相应的保障；是否将这种交换行为持续地进行下去。在合作关系中，具体合作行为的前提则体现为劳资合作各方群体间是：否具有建立合作的意愿（或称作合作意图，cooperative intention）；双方间合作基础（cooperative basis）是什么；双方合作的持久性即合作稳定性（cooperative stability）。

四、合作意愿

合作意愿（cooperative intentions）是不同群体间为了某一特定目的而建立协调参与集合体的意愿或动因，在群际间表现出一种非竞争的关系。合作群体合作意愿的高低取决于合作关系的建立是否能获得预期收益、是否能够减少自己的资源投入与消耗、是否有相关的保障机制来维护获得的收益等因素，概括

---

① Mintoff J. Rational Cooperation, Intention, and Reconsideration [J]. Ethics, 1997, 107 (4)：612 – 643.

② Sterman J D. Business dynamics：systems thinking and modeling for a complex world [M]. Boston, MA：Irwin/McGraw-Hill, 2000.

来说合作意愿是收益因素、成本因素与保障因素的函数表达。

从合作意愿的收益因素（income factor）来看，劳资伙伴间的合作意愿是劳资各方参与主体比较实际能得到的分配收益与预期收益后，根据两者之间的差来改变自己未来行动策略的动因。如果实际分配收益高于参与者所预期的收益时，劳资活动参与者会提高自己的合作意愿，在合作关系建立并维系的过程中采取更为积极的合作行为。当参与者的预期收益高于实际分配收益时，参与者会降低自己的合作动因，从而采取消极的行动策略。

虽然组织环境和未来可预见的行动中存在一定的不确定因素，对实际收益分配造成干扰，但在参与方可容忍的范围内，劳资关系行为主体可以接受一定程度的不确定性所带来的影响。劳资伙伴参与者将合作动因转化为合作意向或者进一步的合作行动之前，需要在合作关系实现的过程中建立一种收益保障机制来确保参与者的预期收益，换句话说，在排除不确定性因素干扰下，劳资各方参与者希望在组织相关机制的保障下能够顺利实现各自预期的收益。参与群体所获得的总收益（total income）可定义为 I_T，实际能得到分配收益（actual income）定义为 I_A，预期收益（prospective income）则定义为 I_P。那么当 $I_A > I_P$，时即实际收益大于预期收益，参与群体的合作动因较高；当 $I_A < I_P$，即实际收益小于预期收益，参与群体的合作动因较低。

劳资合作参与各方会在合作的过程中比较自己的投入与收益，衡量自己的投入与收益是否均衡，能否实现收益最大化，劳资伙伴关系参与各方不仅会将合作中实际分配的收益与预期收益比较，同时合作各方也会从成本因素（costs factor）角度来决定自己的合作意愿。张宝生和张庆（2015）认为成本因素可从合作过程成本与建立合作成本这两个范畴来分析。[①]

合作过程成本是指劳资参与各方在实际合作过程中因直接投入而产生的成本，如劳资合作过程所投入的财务资源、知识资源、劳动力资源和其他物料资源等，这些都是劳资合作投入的直接成本。建立合作成本也是劳资合作建立时所产生的机会成本，即劳资合作参与各方为了参与合作关系的建立而舍弃其他替代方案所带来的最大价值回报的机会，是劳资合作投入的间接成本。对成本投入的感知受到劳资合作参与者的理解能力、相关知识储备和劳资合作的效率等因素的影响。参与群体参与合作的总成本（total cost）定义为 C_T，建立成本（establishment cost）定义为 C_E，过程成本（process cost）定义为 C_P，那么总成

---

① 张宝生，张庆普. 基于扎根理论的隐性知识流转网成员合作意愿影响因素研究 [J]. 管理学报，2015，12（8）：1224 – 1229.

本则表示为合作建立的成本与合作过程产生的成本之和，即$C_T = C_E + C_P$。

从合作意愿保障因素（security factor）来看，劳资合作建立伊始或劳资合作过程的初期，组织内部约束劳资合作参与者的奖惩机制并不完善，或者说劳资合作参与者间的合作关系还处于磨合阶段，这一时期不稳定不确定因素显著影响着劳资合作关系的发展，在监管松动或约束力较低的条件下合作参与群体会倾向于采取"欺骗"或"背叛"的手段实现自我群体利益最大化。

奥利弗指出组织制度环境的不确定性和互联性越高，组织越可能采取逃避或妥协的策略，[①] 组织会更加顺从环境，合作参与者也会采取自保的方式来维护自己的利益。组织保障因素越低、参与合作的风险越高，合作参与者的合作意愿越低，对未来的合作也就会越抵制。即使在低保障因素和高风险的情形下，劳方或资方建立了合作关系，某一方群体也会采取某些避险策略或方法来提高自身群体的保障，而且在下一阶段的关系维持过程中，各方群体的合作动因会愈加降低。合作意愿保障因素则定义为S_0，风险因素则定义为R_0，当$S_0 > R_0$时，即保障因素大于风险因素时，参与群体的合作动因较高；当$S_0 < R_0$时，即保障因素小于风险因素时，参与群体的合作动因较低。

收益因素、成本因素与保障因素是影响参与者合作意愿的三个主要因素，合作意愿是参与群体通过衡量合作收益、合作成本与合作保障综合结果的感知。参与者合作动因的高低，关键在于合作收益。对于风险偏好的合作群体，即使合作过程中合作的风险因素大于保障因素，只要收益高于风险因素所带来的损失和合作成本的总和，这类风险型合作者还是会有较高合作动因参与合作关系的组建。如果参与群体获得的实际收益小于预期收益，那么参与者的合作意愿就会降低。综上所述，合作意愿表示为合作利润（profit）的函数，而合作利润则可表示为收益因素、成本因素与保障因素的线性函数。如果将合作意愿定义为CI_0，那么函数表达式为：

$$CI_0 = f(P_0)$$

其中，

$$P_0 = I_T - (C_E + C_P) + (S_0 - R_0)$$

注：CI_0为合作意愿；P_0为合作利润；I_T为合作总收益；C_E为建立合作成本；C_P为合作过程成本；S_0为保障因素；R_0为风险因素。

---

① Oliver C. Strategic Responses to Institutional Processes [J]. Academy of Management Review, 1991, 16（1）：145 – 179.

（一）消极的合作意愿

当 $I_A < 0$，即参与群体在合作关系中所获得的实际收益小于零时，此时 $f(P_0)$ 的值最低。参与群体在合作关系中不能获得收益或由于合作成本的自然损耗造成实际收益不能弥补实际付出时，参与者的合作意愿最低或者不愿意参与组织合作关系建设。

当 $I_A \geq 0$ 且 $P_0 < 0$，即参与群体在合作关系中所获得的实际收益大于等于零时，并且参与者的合作利润小于零，此时 $f(P_0)$ 的值较低。参与者在合作关系中获得一定程度的收益，但实际收益不能抵消合作过程中所产生的成本和合作过程中存在的预期风险，导致参与群体获得的实际合作利润小于零，进而使得参与群体合作意愿值仍然较低。

（二）积极的合作意愿

当 $I_A \geq 0$ 且 $P_0 > 0$，即参与群体在合作关系中所获得的实际收益大于等于零时，且参与者的合作利润大于零，此时 $f(P_0)$ 的值较高。参与者在组织的合作关系中所获得的收益不仅能抵消合作建立、合作过程所产生的成本，而且在扣除保障因素与风险因素的差值后仍有部分盈余，此时参与者会有较高的合作意愿参与组织中的合作关系建设。对于某些非营利组织来说，当 $I_A = 0$ 且 $P_0 > 0$ 时的特殊条件仍能成立，因为非营利组织中的参与者并不是以群体收益为唯一衡量标准来参与组织合作关系建设的，虽然参与群体在合作关系中所获得的实际收益等于零，但参与者的合作利润大于零，参与者的参与意愿仍然较高。

五、合 作 基 础

合作的基础在于合作各方所建立的合作关系的持续性，而不是基于合作伙伴各方建立的所谓的真正的"信任"。从长期来看，对于劳资伙伴关系来说，稳定合作模式所建立的基础条件的完备性比劳资双方互信机制的重要性要高。[1]

这种互信机制的建立需要某种条件或要素作为合作的基础条件，一方面，

---

① Axelrod B R. The Evolution of Cooperation [M]. New York: Basic Books, 1984.

需要以良好的物质条件和群际环境作为激励刺激基础来激发群际劳资合作关系的建立；另一方面，需要赋予不同群体管控能力、获取资源的能力与组织公平感等权力，以权力分配为基础刺激群际间的劳资合作。

（一）激励刺激基础

纳西尔扎德（Nasirzadeh，F.）和诺杰迪（Nojedehi，P.）将薪酬支付水平、薪酬延期支付情况、劳动者疲劳程度、工作安全、人际互动等作为其劳动生产率系统动力学模型雇佣激励要素的前因条件。[①] 以激励刺激为基础构建的劳资合作或劳资伙伴关系从三个方面来解析组织对参与群体的激励刺激，即工作条件、工作环境与人际互动，其中工作条件包含薪酬支付水平和情况、所需的工作经验、工作内容；工作环境包含工作强度、工作场所安全情况；人际互动包含群际冲突水平、群际心理契约水平等。

参与者参与组织合作关系建设的原始动力就是通过合作形式来获取原始的经济利益以维持自身的发展，这种经济利益突出表现为组织提供的薪酬福利水平，薪酬福利也是实现激励刺激参与者的重要手段。从工作条件来看，薪酬是否足额支付、是否准时支付、是否具有行业领先水平就成为激励参与者积极参与劳资伙伴关系建设的关键因素。而哈克曼（Hackman，J.）和奥尔德姆（Oldham，G.）认为通过技能多样性、工作完整性、任务重要性、自主性和反馈这五个维度构建了工作特征模型，提高这五个维度的水平可以使组织中的参与者更加了解工作意义，清楚工作责任，明确工作结果，进而起到激励员工的作用，实现更高的参与水平。[②]

激励刺激参与者参与劳资伙伴关系建设的另一个要素是组织为员工提供的工作环境，工作环境中是否存在大量的不安全因素威胁参与者人身健康、是否给予参与者充分的休息时间也是影响参与群体参与水平高低的因素之一，安全的工作环境、较低的工作疲劳程度也会激励参与者积极参与劳资伙伴关系建设。从人际互动来看，群际间的冲突水平高低直接影响组织内不同群体沟通的质量和参与个体对组织整体的感知，而适当的群际冲突水平会增强群体解决问题的能力，激发群体成员的创造性和创新性，进而增强参与者的工作成就感，

---

① Nasirzadeh F, Nojedehi P. Dynamic modeling of labor productivity in construction projects [J]. International Journal of Project Management, 2013, 31（6）: 903 – 911.

② Hackman J, Oldham G. The Job Diagnostic Survey: An Instrument for the Diagnosis of Jobs and the Evaluation of Job Redesign Projects [J]. Affective Behavior, 1974（1）: 4 – 87.

推进参与者的工作顺利展开。

（二）权力分配基础

以权力分配为基础建立的劳资合作或伙伴关系，需要提高不同群体自我管控和获取资源的能力，提高群体的参与水平和参与程度。组织必须给予参与的雇员更多的权力来管理自己的工作任务及获取工作进展所需资源的权力，这种资源不单单包括物质资源、人力资源和财务资源等传统资源，还包信息、情报、知识新型资源等，这种自我管控和获取资源的权力就为群体运转提供了充分保障。权力分配为基础的合作给予雇员提供更多的发言权（voice）、程序公平（procedural justice）与管理控制（control）等权益。[①]

以权力分配为基础建立的劳资合作或劳资伙伴关系还应给予不同参与群体更加平等的地位和更加高效的沟通渠道。组织通常会采取改善组织程序公平性、给予雇员发言权、提高工会参与水平、增强信息化管控水平等方法来提高群体成员公平性感知。通过群体成员公平性感知，影响整个群体公平性感知和地位水平感知，进而提高群体的地位水平感知，提高雇员的参与水平。

以权力分配为基础所来刺激群际间的劳资合作，需要赋予不同群体管控能力、获取资源的能力与组织公平感等权力，这三方面相互补充和协调，可以起到更明显的刺激效果。但组织在管理实践中可能更偏向以某一种或某两种方式为主，其他方式作为补充手段来构建权力分配基础。

六、合作稳定性

在合作系统内，参与合作主体的收益如果高于采用非合作方式的其他主体时，那么，合作方就更愿意将目前达成的合作策略继续实施下去，此时合作的稳定性也就随之增高。[②] 不过，随着合作参与方的增多，达成合作意愿的过程就会变得慢长且复杂，维持这种合作稳定状态也就越加困难。

布莱克（Black, B., 2005）在总结了以往不同地区研究成果的基础上发现，虽然不同国家和地区的劳资关系系统有着明显的不同，但这些劳资关系系统中有一个共同的关键特征：随着时间的推移，这些系统的相对稳定性越来越

---

① Bendersky C. Organizational dispute resolution systems: A complementarities model [J]. Academy of Management Review, 2003, 28 (4): 643–656.

② Axelrod B. R. The Evolution of Cooperation [M]. New York: Basic Books, 1984.

高，或者说劳资关系维持期越长，劳资关系系统就越稳定。从上述分析得知，可以从两个方面来界定合作稳定性或称合作稳定度，即劳资伙伴从合作时效长短的期望程度和参与劳资伙伴关系建设的群体复杂程度来定位合作方合作的稳定程度。

劳资伙伴对合作时效长短的期望程度。从劳资伙伴对合作时效长短的期望程度来看，劳资伙伴各方所持有的合作期限的期望值对劳资伙伴关系的维系持续性有着直接影响。如果劳资伙伴各方持有短期的合作期望或者劳资伙伴各方中的一方持有短期的合作期望时，那么持有短期期望值的合作方就可能会采取"欺骗"或"背叛"的策略来博取自己最大的利益，这种情况尤其可能发生在零和博弈的过程中。如果劳资伙伴各方持有长期的合作期望，那么合作方采取这种短期"欺骗"或"背叛"策略的可能性就会降低，因为其中一方若采取"欺骗"或"背叛"的策略，在组织内部可能会面临其他合作方的长期制裁。因此，从时效稳定性维度来说，劳资伙伴各方持有短期合作期望时，以这种基础构建的合作关系稳定值较低；而持有长期合作期望会增强合作关系的稳定性，在图中则表示为如图 2 - 1 所示。

参与劳资伙伴关系建设的群体复杂程度。从参与劳资伙伴关系建设的群体复杂程度来看，合作关系的稳定性表现为组织内劳资伙伴构成较为多元化。这种多元化不仅表现为组织中具有不同利益群体，如股东、管理方、劳动者、工会等利益群体，而且也表现为单一群体内部也有不同的亚群体。组织内合作群体的增多致使合作方的沟通回路增多，群体间沟通节点也随之增加，然而多回路多节点的情形增加了信息传递过程中失真的可能。存在外部"噪声"干扰的情况下，信息失真的可能性随之增大，合作关系也就会越加不稳定。从另一方面来说，合作方的增多会增加不同利益群体参与组织决策，群体种类越多，牵扯到的利益纠葛就越复杂，从某种程度来说，解决或调和这些利益纠纷就会越加困难。因此，群体多元化不仅增加群体种类的多元化，而且也使得不同群体的利益诉求多元化。

为了简化分析，构建了如图 2 - 1 所示的四分图。在四分图内以劳资伙伴对合作时效长短的期望程度（简称时效稳定性）为纵坐标轴，以参与劳资伙伴关系建设的群体复杂程度（简称群体稳定性）为横坐标轴，横纵坐标轴将平面分割为四个象限，即象限 I （多元，长期）、象限 II （单一，长期）、象限 III （单一，短期）、象限 IV （多元，短期）四个部分。其中，象限 I 表示在群体稳定性上多元，在时效稳定性上长期；象限 II 表示在群体稳定性上单一，在时效稳定性上长期；象限 III 表示在群体稳定性上单一，在时效稳定性上短期；象限Ⅳ表示在群体稳定性上多元，在时效稳定性上短期。

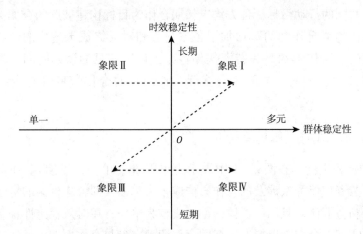

图 2 - 1　劳资合作稳定性四分图划分

不同象限构成维度的不同形成了不同的稳定性态，也就代表着合作稳定程度的不同。

（一）高稳定性（互惠型合作）

1. 高稳定性，在图 2 -1 中表示为象限Ⅱ（单一，长期）。在群体稳定性轴上，劳资伙伴关系涉及的合作方构成较为单一，即由较少的不同利益群体构成，且同一群体内部构成较为单一；在时效稳定性轴上，劳资伙伴建立了以长期合作为目标的合作框架，且各方持有长期的合作期望。单一的群体构成或较少的参与方降低了群体间沟通网络回路的复杂性，减少了信息传递过程中受干扰的次数，并提高了沟通的效率；劳资合作各方均建立了长期的合作目标，减少了合作方采取短期"背叛"或"欺骗"策略的可能性。群体构成单一，且合作方都以长期合作为自己的合作期望，形成了较高沟通效率和较低毁约可能性的局面，因此合作的过程中也具备了较高的稳定性。

2. 中高稳定性，在图 2 -1 中表示为象限Ⅰ（多元，长期）。在群体稳定性轴上，劳资伙伴构成较为多元，组织内的合作方由较多不同的利益群体构成，且同一组织群体内部也由多种亚群体组成；在时效稳定性轴上，劳资伙伴建立了以长期合作为目标的合作框架，且各方持有长期的合作期望来参与劳资伙伴关系的构建。组织内不同利益群体的增加使沟通节点随之增多，导致沟通网络更加复杂，沟通网络日益复杂也增加了信息传递失真的风险。沟通网络复杂度和信息传递失真风险的增加，使合作各方需要更多的时间来弥补各方的分歧以达成共同的行动目标。各方均以长期合作为目标构建彼此的合作关系，这种长期默认的"合作契约"增加了各方耐心和对最终成果达成的信心，而且这种长期的"合作契约"为劳资伙伴各方提供了充足的谈判时间，来平衡各方的利益并弥补分歧，象限Ⅰ（多元，长期）的合作情形具有中高度的稳定性。

（二）低稳定性（投机型合作）

1. 中低稳定性，在图2-1中表示为象限Ⅲ（单一，短期）。在群体稳定性轴上，劳资伙伴关系涉及的合作方构成较为单一，即合作框架的构建涉及较少的不同利益群体，且同一群体内部构成较为单一；在时效稳定性轴上，劳资伙伴各方或某一合作方以持有短期的合作期望来参与合作框架。虽然单一的群体一方面降低了利益群体的数量，另一方面则降低了合作方沟通的复杂性，并减少了沟通回路，使信息传递更为迅速且真实，但合作方均以短期合作为伙伴关系建设的目标，一旦合作方发生冲突或各方的利益难以调和，不同群体这时更会采取的"背叛"或"欺骗"策略维护群体的利益，合作关系较为容易瓦解。此时就如象限Ⅲ（单一，短期）的情形，合作稳定性也就维持在中低水平。

2. 低稳定性，在图2-1中表示为象限Ⅳ（多元，短期）。在群体稳定性轴上，劳资伙伴关系涉及的合作方较为多元，即组织内的合作方由较多不同的利益群体构成，且同一组织群体内部也由多种亚群体组成；在时效稳定性轴上，劳资伙伴不是以长期合作为目标来构建合作框架，合作方对合作仅持有短期的合作期望。此时，合作群体较为复杂且牵涉不同的利益群体，群体沟通回路多，沟通网络复杂，沟通的节点也随之增多，信息的真实性随着节点回路的增多和沟通网路复杂性的增加愈加降低。与此同时，合作方均持有短期的合作目标参与合作，愈加复杂的沟通环境进一步刺激合作方采取"背叛"或"欺骗"策略维护自己的利益，合作关系更为容易瓦解。此时就如象限Ⅳ（多元，短期）的情形，维持的合作稳定性是所有象限中也是最低的。

由上述分析可得合作稳定性在象限Ⅱ（单一，长期）、象限Ⅰ（多元，长期）、象限Ⅲ（单一，短期）、象限Ⅳ（多元，短期）呈逐渐降低的趋势，在图2-1中稳定性的高低程Z字型分布，其中，具有高稳定性的为象限Ⅱ；具有中高稳定性的为象限Ⅰ；具有中低稳定性的为象限Ⅲ；具有低稳定性的为象限Ⅳ。

第三章
劳资伙伴关系期望及运动轨迹

第一节 基于三维度的劳资合作框架

一、劳资关系研究应突出劳资伙伴关系特征

劳资关系学研究者从劳资伙伴关系形成的动机，劳资伙伴间构建伙伴关系的态度，伙伴关系的建立，维系过程中所创建的制度规则，以及组织在何种层级开展劳资伙伴关系实践等方面剖析劳资伙伴关系的内涵、运作方式和影响机理。由于研究手段和研究方法的迥异，劳资伙伴关系研究者研究的出发点也不尽相同。

部分研究者以分离出劳资伙伴关系运作过程中的因变量、自变量、中介变量、调节变量为研究的基本出发点，并尽可能使伙伴关系研究量化。另一部分学者则从较为宏观的视角来探究劳资伙伴关系的运行模式，从市场竞争、成本与利润压力控制、股东关系维系等因素进一步拓展劳资伙伴关系的研究外延。

在法律框架内解决劳资冲突和劳资争议，依赖于集体谈判协议签订与执行的效果。传统劳资关系模型的研究着眼于劳资双方围绕各自权利与义务所签订的集体协议的过程及如何维护并实施这一协议。B. 鲁宾和 R. 鲁宾（2007）认为脱离组织成员与管理层间建立的集体谈判关系等要素，单独研究组织内部劳资合作关系，就会造成因为忽视工会在组织改进计划中的重大影响，而最终导致劳资伙伴关系实践的失败。[①]

部分劳资伙伴关系领域的学者将研究的重点放在集体谈判过程中劳资双方

---

① Rubin B，Rubin R. Service Contracting and Labor-Management Partnerships：Transforming the Public Sector [J]. Public Administration Quarterly，2007，31（1/2）：192 – 217.

的力量对比、集体谈判的签订过程及后期的执行监督机制等环节上。鲁斯（Roose，P. D.，2006）认为在旧式集体谈判过程中，集体协议是解决劳资争议或劳资冲突的手段，并且集体协议往往被当作冲突解决系统的核心，[①] 但这种集体协议在解决现有纷争的同时，也会使未约定的矛盾或冲突成为新的劳资争议爆发的隐患点。为此，麦克西和夏普（Sharpe，T.）等（2008）学者提出了基于共同利益的集体谈判（IBN）。

由于组织中劳资伙伴关系构建的基本前提、假设与传统劳资合作关系构建的前提、假设存在一定程度的区别，因而劳资伙伴关系系统的集体谈判模式有别于传统的集体谈判模式，集体谈判由基于各自利益的传统型谈判模式向聚焦参与各方共同利益和共同组织目标的谈判模式转变。谈判过程也由一次性谈判、双方共同执行向多次性谈判、各方共同维护的方向转变，理论界也注意到了这种转变，比如迪肯和川崎（2009）认为重大项目协议（MPA）模式能为大型项目组织建立多层次的伙伴关系奠定基础。

由于组织雇佣关系朝多元化雇佣与雇佣多元化方向发展，多元化雇佣与雇佣多元化使得组织内部劳动力群体发生了分化，而且每个行为主体自身所蕴含的人力资本、社会资本是有差异性的，被雇佣的劳动者也因其对组织贡献价值的高低差异而被区别对待，因此组织内部群体结构是有层级性的，组织中劳资伙伴关系模型的构建也应具有系统性、层级性。[②]

从以往劳资伙伴关系的理论模型来看，由抽象变量构成的理论分析模型成为劳资伙伴关系模型的主要构建形式，但抽象模型变量自身的缺陷限制了劳资伙伴关系理论模型的发展，且抽象变量模型并不能在一定程度上反映出劳动力群体的分化及劳动伙伴关系的动态演进过程。此外，由于国家和地区的差异，变量归纳的地域性较强，阻碍了劳资伙伴关系理论的跨地区迁移。

综上分析，从劳资伙伴关系理论模型的发展来看，我们需要从传统理论模型惯于分析变量间的结构关系过渡到分析系统的动态演进过程上来。劳资伙伴关系系统所具有的非线性与时滞性等特征，会促使模型中次要因素随着时间维度的延长而放大其影响效果。因此，构建劳资伙伴关系抽象理论模型就必忽略相关次要影响因素，并突破静态模型视角的构建，将组织中的劳资伙伴关系视

---

① Roose P D. A call for research on collaboration versus traditional bargaining in labor-management relationships [J]. International Journal of Conflict Management, 2006, 17 (4): 352 –355.

② Geary J, Trif A. Workplace partnership and the balance of advantage: A critical case analysis [J]. British Journal of Industrial Relations, 2011, 49 (6): 44 –69.

作动态变化的系统，以动态视角分析要素对系统整体的扰动变化影响。

虽然众多劳资伙伴关系研究模型使得劳资伙伴关系研究更加系统化和理论化，但是不同的研究视角和研究层级也使得劳资伙伴关系的研究愈加复杂化和多样化。为了应对和控制这种复杂性和多样性，需要吸收各种现有研究成果的合理因素，构建出劳资伙伴关系的综合分析框架，通过系统分析和动态分析来揭示组织中劳资伙伴关系运行、变化及发展的一般规律。

二、基于三维度的劳资合作基础框架

本书总结了以往研究者在劳资关系、劳资合作与劳资伙伴关系上的研究成果和结论，从合作意愿、合作基础与合作稳定性这三个维度建构了劳资合作的基础框架，如图 3 - 1 所示。

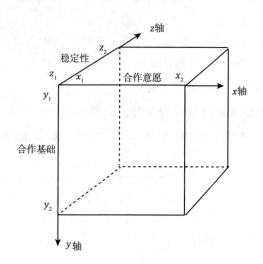

图 3 - 1　基于三维度的劳资合作基础框架

注：在 x 轴中，x_1 为消极合作意愿，x_2 为积极合作意愿；在 y 轴中，y_1 为激励刺激基础，y_2 为权力分配基础；在 z 轴中，z_1 为低稳定性，z_2 为高稳定性。

在框架图中，x 轴在框架图内代表合作意愿维度。在 x 轴中，x_1 则代表劳资合作各方群体具有消极合作意愿，而 x_2 则代表劳资合作各方群体具有积极合作意愿；在框架图中，y 轴代表合作基础维度。在 y 轴中，y_1 则代表劳资合作关系是以激励刺激为基础的，而 y_2 则代表劳资合作关系是以权力分配为基础的。在框架图中，z 轴在框架图内代表合作稳定性维度。在 z 轴中，z_1 则代表劳资合作群体间较低的合作稳定性，而 z_2 则代表劳资合作群体间较高的稳定性。在排除外部因素干扰的情况下，三个维度的坐标轴呈相互正交的关系，即在空间内两两坐标轴之间呈现直角关系（在任意两个坐标轴构成的平面内，坐标轴两两间互相垂直）。

第二节　劳资伙伴关系的运动轨迹

一、劳资合作基础框架中的劳资伙伴关系期望

通过上一节的分析，我们可以看到，衡量一个组织内部劳资伙伴关系水平或劳资伙伴关系状态时，需要清楚其内部合作意愿、合作基础与合作稳定性的具体运行状态，在框架图中则表示为在 x 轴、y 轴、z 轴上具体落点位置，如图 3-2 所示。

劳资伙伴关系的实际运行状态，并不是在确定条件下合作意愿、合作基础与合作稳定性的简单加总，而是在明确合作意愿、合作基础与合作稳定性的具体运行状态后各种可能性的集合，在框架图内则表示为过点 x_0、点 y_0、点 z_0 的三角形 $\Delta S_{x_0 y_0 z_0}$ 上所有可能性点的集合，而不是过点 x_0、点 y_0、点 z_0 作分别垂直于 x 轴、y 轴、z 轴的平面所形成的空间交点，如图 3-2 所示，此时，将

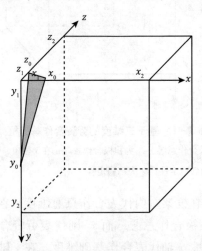

图 3-2　劳资合作基础框架中的劳资伙伴关系期望

注：在 x 轴中，x_1 为消极合作意愿，x_2 为积极合作意愿；在 y 轴中，y_1 为激励刺激基础，y_2 为权力分配基础；在 z 轴中，z_1 为低稳定性，z_2 为高稳定性；x_0 为组织中的合作意愿在 x 轴上的实际落点；y_0 为组织中的合作基础在 y 轴上的实际落点；z_0 为组织中的合作稳定性在 z 轴上的实际落点。

三角形 $\Delta S_{x_0 y_0 z_0}$ 上所有可能性点称作劳资伙伴关系期望。

三角形 $\Delta S_{x_0 y_0 z_0}$ 为劳资伙伴关系期望，如果将图形转化为具体的数学表达公式的话，那么三角形 $\Delta S_{x_0 y_0 z_0}$ 为（劳资伙伴关系期望）的数学公式来表达为：

$$\Delta S_{x_0 y_0 z_0}(x_0, y_0, z_0) = \alpha_1 x_0 + \alpha_2 y_0 + \alpha_3 z_0 + c$$

二、劳资伙伴关系在框架图内的基本特性

因为在 x 轴、y 轴、z 轴的基础上构建的正方体，围绕其几何中心具有对称性。在正方体内部任意一点以正方体几何中心为对称点，就一定能在正方体内部找到一个与之相对称的对称点。而由点集合所构成的平面以正方体几何中心为对称点必能在正方体内部找到一个与之相对称的对称平面，如图 3 - 3 所示，三角形 $\Delta S_{x_0 y_0 z_0}$ 以正方体几何中心为对称点必能在正方体内部找到一个与之相对称的对称平面三角形 $\Delta S_{x'_0 y'_0 z'_0}$，此时，将这种对称关系称作劳资伙伴关系期望的镜像反应。

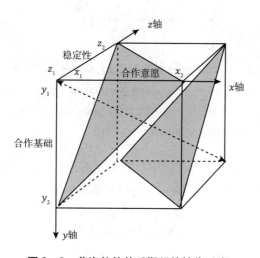

图 3 - 3 劳资伙伴关系期望的镜像反应

注：在 x 轴中，x_1 为消极合作意愿，x_2 为积极合作意愿；在 y 轴中，y_1 为激励刺激基础，y_2 为权力分配基础；在 z 轴中，z_1 为低稳定性，z_2 为高稳定性。

如果已知三角形 $\Delta S_{x_0 y_0 z_0}$（劳资伙伴关系期望）在空间坐标轴内的相对固定位置，那么如何具体求解其对称平面三角形 $\Delta S_{x'_0 y'_0 z'_0}$ 呢？具体步骤如下：

1. 寻找点 x_0 关于正方体几何中心的空间对称点。由正方体的性质可知两个对侧棱相互平行且不相交，在框架图中 x 轴所在的直线 x 与其对侧棱所在的直线 x' 相互平行，且直线 x 与直线 x' 均在同一平面 $-\alpha$ 内。因为直线 x 与直线 x' 均在平面 $-\alpha$ 内，所以位于直线 x 上的点 x_0 与位于直线 x' 的点 x_0' 均在平面 $-\alpha$ 内，又由正方体的性质可知几何中心点 O_0 也位于平面 $-\alpha$ 内。连接点 x_0 与中心点 O_0，并将其两端向外无限延伸，此时直线 x_0O_0 与直线 x' 交于点 x_0'，而点 x_0' 则为点 x_0 在正方体内的一个中心对称点，如图 3-4 所示。

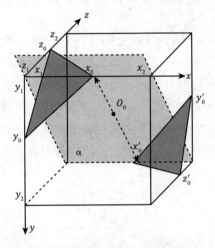

图 3-4　寻找点 x_0 关于正方体几何中心的空间对称点

注：在 x 轴中，x_1 为消极合作意愿，x_2 为积极合作意愿；在 y 轴中，y_1 为激励刺激基础，y_2 为权力分配基础；在 z 轴中，z_1 为低稳定性，z_2 为高稳定性；其中点 O_0 为立方体 $-xyz$ 的几何中心，点 x_0' 为过点 x_0 和点 O_0 的直线与 x 轴对侧棱的交点。

2. 寻找点 y_0 关于正方体几何中心的空间对称点。以 y 轴为例，如图 3-5 所示，在框架图中 y 轴所在的直线 y 与其对侧棱所在的直线 y' 相互平行，且直线 y 与直线 y' 均在同一平面 $-\beta$ 内。因为直线 y 与直线 y' 均在平面 $-\beta$ 内，所以位于直线 y 上的点 y_0 与位于直线 y' 的点 y_0' 均在平面 $-\beta$ 内，又由正方体的性质可知几何中心点 O_0 也位于平面 $-\beta$ 内。连接点 y_0 与中心点 O_0，并将其两端向外无限延伸，此时直线 y_0O_0 与直线 y' 交于点 y_0'，而点 y_0' 则为点 y_0 在正方体内的一个中心对称点。

3. 寻找点 z_0 关于正方体几何中心的空间对称点。以 z 轴为例，如图 3-6 所示，在框架图中 z 轴所在的直线 z 与其对侧棱所在的直线 z' 相互平行，且直线 z 与直线 z' 均在同一平面 $-\gamma$ 内。因为直线 z 与直线 z' 均在平面 $-\gamma$ 内，所以

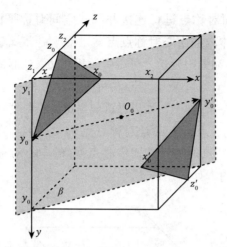

图 3 – 5　寻找点 y_0 关于正方体几何中心的空间对称点

注：在 x 轴中，x_1 为消极合作意愿，x_2 为积极合作意愿；在 y 轴中，y_1 为激励刺激基础，y_2 为权力分配基础；在 z 轴中，z_1 为低稳定性，z_2 为高稳定性；其中点 O_0 为立方体 $-xyz$ 的几何中心，点 y_0' 为过点 y_0 和点 O_0 的直线与 y 轴对侧棱的交点。

位于直线 z 上的点 z_0 与位于直线 z' 上的点 z_0' 均在平面 $-\gamma$ 内，又由正方体的性质可知几何中心点 O_0 也位于平面 $-\gamma$ 内。连接点 z_0 与中心点 O_0，并将其两端向外无限延伸，此时直线 z_0O_0 与直线 z' 交于点 z_0'，而点 z_0' 则为点 z_0 在正方体内的一个中心对称点。

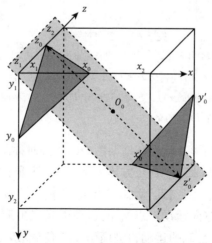

图 3 – 6　寻找点 z_0 关于正方体几何中心的空间对称点

注：在 x 轴中，x_1 为消极合作意愿，x_2 为积极合作意愿；在 y 轴中，y_1 为激励刺激基础，y_2 为权力分配基础；在 z 轴中，z_1 为低稳定性，z_2 为高稳定性；其中点 O_0 为立方体 $-xyz$ 的几何中心，点 z_0' 为过点 z_0 和点 O_0 的直线与 z 轴对侧棱的交点。

4. 将各点的空间对称点进行连接并寻找空间对称平面。由上可得点 x_0、点 y_0、点 z_0 在正方体内的中心对称点点 x_0'、点 y_0'、点 z_0'。连接点 x_0' 与点 y_0'、点 x_0' 与点 z_0' 并将其两端无限延长，可得两条相互交叉的直线交点为点 y_0'，则过点 x_0'、点 y_0' 的直线 $x_0'y_0'$ 与过点 x_0'、点 z_0' 的直线 $x_0'z_0'$ 在同一平面 $-x_0'y_0'z_0'$ 内。又因为点 y_0'、点 z_0' 在平面 $-x_0'y_0'z_0'$ 上，所以过点 y_0' 与点 z_0' 的直线 $y_0'z_0'$ 也在平面 $-x_0'y_0'z_0'$ 内。由上述寻找点 x_0、点 y_0、点 z_0 对称点点 x_0'、点 y_0'、点 z_0' 的方法，可得出平面 $-x_0y_0z_0$ 上任意一点的关于几何中心点 O_0 的中心对称点，且这些对称点都落在平面 $-x_0'y_0'z_0'$ 内，如图 3-7 所示。

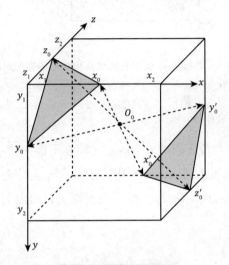

图 3-7　空间对称平面

注：在 x 轴中，x_1 为消极合作意愿，x_2 为积极合作意愿；在 y 轴中，y_1 为激励刺激基础，y_2 为权力分配基础；在 z 轴中，z_1 为低稳定性，z_2 为高稳定性；其中点 O_0 为立方体 $-xyz$ 的几何中心，点 x_0' 为过点 x_0 和点 O_0 的直线与 x 轴对侧棱的交点，点 y_0' 为过点 y_0 和点 O_0 的直线与 y 轴对侧棱的交点，点 z_0' 为过点 z_0 和点 O_0 的直线与 z 轴对侧棱的交点。

为此就找到了三角形 $\Delta S_{x_0y_0z_0}$ 在框架图内的中心对称图形三角形 $\Delta S_{x_0'y_0'z_0'}$，且三角形 $\Delta S_{x_0y_0z_0}$ 与三角形 $\Delta S_{x_0'y_0'z_0'}$ 在正方体内具有一些共同的特性，三角形 $\Delta S_{x_0y_0z_0}$ 就可以用三角形 $\Delta S_{x_0'y_0'z_0'}$ 来代替。例如，点 x_0 沿着 x 轴向外运动，则点 x_0' 则沿着 x 轴的对侧棱向反方向运动。点 x_0 的运动引起三角形 $\Delta S_{x_0y_0z_0}$ 的形变，而且点 x_0 的运动也会引起点 x_0' 的运动，进而引发三角形 $\Delta S_{x_0'y_0'z_0'}$ 发生形变。因为三角形 $\Delta S_{x_0'y_0'z_0'}$ 与三角形 $\Delta S_{x_0y_0z_0}$ 有着共同的性质，为了在框架图内方便分析劳资伙伴关系的动态演化和演化规律，后边的章节用三角形 $\Delta S_{x_0'y_0'z_0'}$ 代替三角形 $\Delta S_{x_0y_0z_0}$ 来进行比较和剖析。

由上述分析可得，劳资伙伴关系期望也可以表示为三角形 $\Delta S_{x_0'y_0'z_0'}$，为此，在下文分析的过程中，劳资伙伴关系期望都将全部表示为三角形 $\Delta S_{x_0'y_0'z_0'}$，而劳资伙伴关系期望公式也可表达为：

$$\Delta S_{x_0'y_0'z_0'}(x_0', y_0', z_0') = \beta_1 x_0' + \beta_2 y_0' + \beta_3 z_0' + c$$

三、劳资伙伴关系期望的运动轨迹

从劳资伙伴关系期望运动轨迹看，当劳资伙伴关系期望三个维度中有任意两个维度值趋于零点（即 x 轴、y 轴、z 轴相交的原点）时，组织中劳资双方的劳资伙伴关系都不能得到有效的维持。例如，如图 3 − 8 所示，当点 x_0、点 z_0 趋于原点时，无论点 y_0 如何运动，在框架图内三角形 $\Delta S_{x_0y_0z_0}$ 和三角形 $\Delta S_{x_0'y_0'z_0'}$ 的面积将会维持在某一个定值（最大值为 $\Delta S_{x_0z_0y_2}$）。本书将在第六章详细分析为什么在合作意愿较低及合作稳定性较差的情况下，无论合作的基础是经济利益刺激还是权力分配，都很难形成劳资伙伴关系的稳定性态。

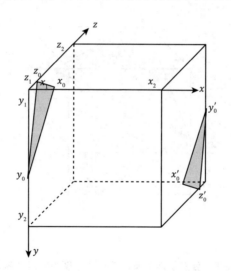

图 3 − 8 劳资伙伴关系期望在框架图内的简化

注：在 x 轴中，x_1 为消极合作意愿，x_2 为积极合作意愿；在 y 轴中，y_1 为激励刺激基础，y_2 为权力分配基础；在 z 轴中，z_1 为低稳定性，z_2 为高稳定性；其中三角形 $\Delta S_{x_0'y_0'z_0'}$ 为三角形 $\Delta S_{x_0y_0z_0}$ 关于点 O_0 的中心图形。

为了方便分析，在 x 轴中定义了 x_1 为消极合作意愿、x_2 为积极合作意愿；在 y 轴中，定义了 y_1 为激励刺激基础、y_2 为权力分配基础；在 z 轴中，定义

了 z_1 为低稳定性、z_2 为高稳定性。x_1、x_2、y_1、y_2、z_1、z_2 的相对位置在框架图内构成了虚拟的正方体，而在组织实际实践的过程中会发生合作意愿、合作基础、合作稳定性中的一个要素或多个要素值偏高的情形，即点 x_0、点 y_0、点 z_0 中的一个点或多个点向 x 轴、y 轴、z 轴的外侧方向运动，如图 3 - 9 所示（图中为点 x_0、点 z_0 沿 x 轴、z 轴向外运动）。劳资伙伴关系期望在框架图内会就会发生如图 3 - 9 所示的情形，点 x_0 与点 z_0 分别沿着 x 轴与 z 轴向外运动，连接点 x_0 与中心点 O_0、点 z_0 与中心点 O_0，并将两个连接线的两端向外无线延伸，此时直线 $x_0 O_0$ 与 z 轴对称棱的延长线 δ 交于点 x_0'，直线 $z_0 O_0$ 与 x 轴对称棱的延长线 ε 交于点 z_0'。平面 $-x_0' y_0' z_0'$ 与棱 ε、棱 θ 交于点 α_1、点 α_2，同时连接点 α_1、点 α_2，连接点 α_1、点 y_0'，连接点 α_2、点 y_0'，此时在平面 $-x_0' y_0' z_0'$ 内截出新的三角形 $\Delta S_{\alpha_1 \alpha_2 y_0'}$。

为了分析的方便和框架图的简洁，后面的章节对于运动轨迹找出立方体的情形，劳资伙伴关系期望将用三角形 $\Delta S_{\alpha_1 \alpha_2 y_0'}$ 来替代平面 $-x_0' y_0' z_0'$，如图 3 - 10 所示。

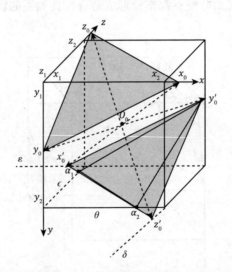

图 3 - 9　劳资伙伴关系期望在框架图内的运动轨迹 1

注：在 x 轴中，x_1 为消极合作意愿，x_2 为积极合作意愿；在 y 轴中，y_1 为激励刺激基础，y_2 为权力分配基础；在 z 轴中，z_1 为低稳定性，z_2 为高稳定性；点 O_0 为立方体 $-xyz$ 的几何中心；点 x_0' 为过点 x_0 和点 O_0 的直线与 x 轴对侧棱的交点；点 y_0' 为过点 y_0 和点 O_0 的直线与 y 轴对侧棱的交点；点 z_0' 为过点 z_0 和点 O_0 的直线与 z 轴对侧棱的交点；其中直线 δ 为 z 轴对称棱的延长线，直线 ε 为 x 轴对称棱的延长线（在图中仅部分表示）；点 α_1 与点 α_2 为平面 $-x_0 y_0 z_0$ 的投影平面 $-x_0' y_0' z_0'$ 分别与棱 ε、棱 θ 的交点。

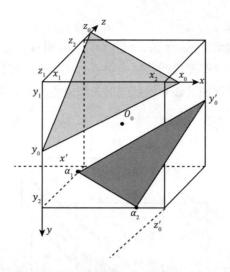

图 3 – 10　劳资伙伴关系期望在框架图内的运动轨迹 2

注：在 x 轴中，x_1 为消极合作意愿，x_2 为积极合作意愿；在 y 轴中，y_1 为激励刺激基础，y_2 为权力分配基础；在 z 轴中，z_1 为低稳定性，z_2 为高稳定性；点 O_0 为立方体 $-xyz$ 的几何中心，点 x_0' 为过点 x_0 和点 O_0 的直线与 x 轴对侧棱的交点，点 y_0' 为过点 y_0 和点 O_0 的直线与 y 轴对侧棱的交点，点 z_0' 为过点 z_0 和点 O_0 的直线与 z 轴对侧棱的交点；其中直线 δ 为 z 轴对称棱的延长线，直线 ε 为 x 轴对称棱的延长线（在图中仅部分表示）；点 α_1 与点 α_2 为平面 $-x_0y_0z_0$ 的投影平面 $-x_0'y_0'z_0'$ 分别与棱 ε、棱 θ 的交点。

从上述分析可以看出，劳资伙伴关系期望会随着合作意愿、合作基础与合作稳定性的变化而发生形变，在框架图内，则表示为三角形 $\Delta S_{x_0y_0z_0}$ 随着点 x_0、点 y_0、点 z_0 在 x 轴、y 轴、z 轴的相对位置的变化而调整。在这种动态变换过程中，劳资伙伴关系发生形变的原因可以归结位以下两个方面。

一方面，在 x 轴、y 轴、z 轴之间的空间相对位置不变，而点 x_0、点 y_0、点 z_0 发生变化引起的三角形 $\Delta S_{x_0y_0z_0}$（劳资伙伴关系期望）的改变，即改变原有的合作意愿、合作基础与合作稳定性在 x 轴、y 轴、z 轴的相对位置，使某一个或几个坐标轴上点的空间相对位置发生改变，从而引起劳资伙伴关系期望的形状发生改变，如图 3 – 11 所示。组织劳资关系的具体性态发生改变使得点 a' 移动到点 a''，即在合作基础维度上坐标点由激励刺激的位置移向权力分配的位置，此时劳资合作参与各方由以经济利益分配为基础逐渐过渡为以权力分配为基础，劳资合作参与各方通过改变合作基础来适应组织内部与外部环境资源力量的变化，劳资伙伴关系期望也由 LMP_0 调整为 LMP_1。

另一方面，点 x_0、点 y_0、点 z_0 在 x 轴、y 轴、z 轴上的相对位置不变，而 x 轴、y 轴、z 轴之间的空间相对位置发生变化引起的三角形 $\Delta S_{x_0y_0z_0}$（劳资伙伴关系期望）的改变（详尽过程将在第五章进行叙述）。这种改变就是外部环境或内部力量通过扰动 x 轴、y 轴、z 轴之间空间相对位置，即改变合作意愿、合作基础、合作稳定性维度之间的正交关系，使原先固定且互不干扰的维度关系变得互相干扰，并促使整体系统效能的关系发生改变，最终使劳资伙伴关系期望的形状发生改变。

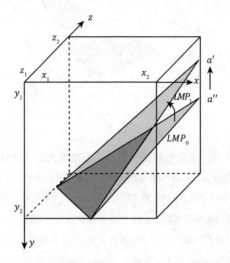

图 3–11　劳资伙伴关系期望在框架图内的运动轨迹 3

注：在 x 轴中，x_1 为消极合作意愿，x_2 为积极合作意愿；在 y 轴中，y_1 为激励刺激基础，y_2 为权力分配基础；在 z 轴中，z_1 为低稳定性，z_2 为高稳定性；其中 LMP_0 是时间为 t_0 状态下的劳资伙伴关系期望，LMP_1 是时间为 t_1 状态下的劳资伙伴关系期望。

　　劳资伙伴关系随着合作意愿、合作基础、合作稳定性的动态调整而发生变化，若组织内部原有关系得到重新恢复且外部环境资源力量相对减弱，劳资伙伴关系期望也会有一个形变恢复过程。在形变恢复过程中，劳资伙伴关系期望是通过两种途径恢复到原有的运动状态和形状的。一是较为保守的应对措施，组织劳资伙伴关系系统根据环境的变化，通过调整自身劳资关系治理结构和劳资关系性态来应对环境给组织带来的压力。通常这种应对是组织的一种被动应对策略，即组织不会主动采取措施来超越环境而进行变革，例如在经济不景气时期，雇主或管理层可能采取弹性工作制、冻结人事关系、招聘非正式雇佣制的员工等管理手段，以最大限度稳定组织内部劳动群体，减少损失，尽量维护组织的预期收益。另一种则是较为积极的应对措施，即组织通过内部制度变革、集体协议修改、游说政府等手段改变组织的环境影响因素，主动地将环境中不利于劳资伙伴关系运行的因素转变为有利的因素。

第四章
企业组织中的交换形态与交换关系

哈伊姆（Haim, O., 2001）认为交换行为虽然在近代工业化过程中具有重要地位，但是由于其普遍存在于社会交往的方方面面，往往被组织中的人们所忽视。[①] 交换关系在市场环境中的重要地位之所以极易被组织中的行为主体所忽略，重要原因是行为主体假定交换行为只会存在于外部市场环境中。[②] 由此可知，受时代变迁及市场发育的影响，人们更多地习惯于从单一视角或用固定的方式来理解交换关系，因而，对交换过程的分析常常忽视对交换原因、性质、类型和方式的理解与关注。

对不同场合所发生的交换关系的性质及类型进行划分，有助于更好的分析和阐释交换的实现过程，对交换行为的发生过程及结果也能够做出更为准确的判断。对企业组织中劳资间交换关系进行深入分析，能够为探索组织中劳资伙伴关系的运行机理奠定理论基础。

从交换行为发生过程中的保障机制来看，交换双方希望通过交换行为以及交换过程来实现自身利益，当预期收益超出其预付成本时双方才有交换的动机。在交换行为发生的过程中，除了利益刺激外，还需要相应的制度规范来保障整个交换过程的顺利进行，重点是把交换双方的权利与义务都放在制度规范约束范围内，这样才能确保交换预期收益的实现。不管是利益刺激，还是制度规范，它们都是维系交换关系的重要保障机制。

本章通过对交换关系理论做全面梳理和细分重点研究，分析劳资关系中各主体之间的交换关系，概括出基于交换关系的劳资关系运行特征。

---

① Haim O. Second Nature: Economic Origins of Human Evolution [M]. UK, Cambridge: Cambridge University Press, 2001.

② Smelser N J, Swedberg R. The Handbook of Economic Sociology (2nd) [M]. US: Princeton University Press, 2005.

第一节　交换关系理论的形成与发展

交换关系源自交换行为，员工与组织所发生的关系常常被描述为一种交换关系，[①] 组织在不同层面上与雇员建立了经济、社会和网络等交换关系。[②] 交换是人类差异和欲望的结合，是打破或恢复系统性态的力量，同时，交换的过程也是权利与利益融合的过程。因此经济学家、社会学家、心理学家、管理学家等众多分支和流派的研究者都对这一问题进行了深入的研究和探索，进而形成了不同的理论体系和分析方法。根据现有理论不同的研究重点，交换理论可分为三大流派，即以亚当·斯密（Smith, A., 1776）为代表的经济交换理论，以霍曼斯（Homans, G. C., 1961）、布劳（Blau, P. M., 1964）、H. 凯利和蒂博（Kelley, H. H., Thibaut, J. W., 1959）为代表的社会交换理论，和以爱默生（Emerson, R. M., 1972）、维勒（Willer, D., 1981）为代表的网络交换理论，如表4-1所示。

表4-1　　　　经济交换理论、社会交换理论与网络交换理论的比较

	经济交换理论	社会交换理论	网络交换理论
交换标的	资源、资本、土地、劳动力	社会报酬（例如爱慕、赞同、尊敬）	社会关系、要素
基本关注点	价格管理交换机制	影响资源交换关系形成的社会关系和个人关系	网络中的社会行动者、社会关系、行动结构及权力分配问题
交换原则	等价（价值）交换原则	分配公平原则和互惠原则	权力—依赖原则、期望价值原则、身份认同原则
发生场所	市场内发生	社会系统内发生	网络系统内和网络系统间发生

---

① Mowday R T, Porter L W, Steers R M. Employee - organization linkages: The psychology of commitment, absenteeism, and turnover [M]. New York: Academic Press, 1982.

② Song L J, Tsui A S, Law K S. Unpacking Employee Responses to Organizational Exchange Mechanisms: The Role of Social and Economic Exchange Perceptions [J]. Journal of Management, 2009, 35 (1): 56 - 93.

续表

	经济交换理论	社会交换理论	网络交换理论
交换关系特点	强制性 短期 强调物质 明确约定 契约基础	自愿性 不明确约定 强调情感 信任基础 互惠 长期导向	排他性 随机约定 网络结构与权力基础
代表人物及理论	亚当·斯密分工经济交换理论（1776）	霍曼斯行为主义交换理论（1961） 布劳结构主义交换理论（1964） 凯利 H 和蒂博认知交换理论（1959）	爱默生网络交换论（1972） 维勒社会结构要素论（1981）

资料来源：Willer D. Network Exchange Theory［M］. Westport, CT：Praeger Publishers, 1999. 孙庆民. 认知倾向的社会交换理论［J］. 国外社会科学, 2009（2）：26－33. 刘军, Willer D, Emanuelson P. 网络结构与权力分配：要素论的解释［J］. 社会学研究, 2011（2）：134－166. Bignoux S. Short-term strategic alliances：a social exchange perspective［J］. Management Decision, 2006, 44：615－627. 李艳春, 刘军. 网络交换中的权力：三维研究架构［J］. 东南学术, 2015（2）：48－55.

一、经济交换理论

人类的经济交换具有较长的发展历史，原始社会中的物物交换便是典型的经济交换，比如用一头牛交换一把石斧。随着社会经济、生产工艺和信息技术的发展，人类进行经济交换的地域从所在社群扩展到了全球各地，交换内容也从最初的衣食住行扩展到了生产设备、精密仪器、科技信息等，交换方式从原始社会面对面的物物交换发展到了跨国的信息技术交换、数字交换等虚拟交换，交换目的从为了生存扩展到为了个人、组织甚至地区和国家的发展而进行交换。总的来看，当今社会在交换地域、交换内容、交换方式及交换目的等都实现了前所未有的多元化。

在人类经济交换实践不断发展的过程中，经济学家和管理学家在探究经济发展规律的过程中，提出的很多理论都蕴含了经济交换的思想。其中，与经济交换理论密切相关的一个基础理论是"经济人"假设。"经济人"范畴源于欧洲文艺复兴的利己主义思想，霍布斯（Hobbes, T., 1651）、曼德维尔（Mandeville, B., 1705）、休谟（Hume, D., 1739, 1751）等人对人性的看法和思想丰富了"经济人"范畴。英国古典政治经济学家亚当·斯密（1776）

对自利性和利益最大化等问题的分析成为阐释"经济人"假设的基本要点，认为个人在良好社会秩序中对个人利益的追求会无形中增进社会公共利益，这一思想实质上是"经济人"假设的核心思想。

在上述研究的基础上，穆勒（Mill, J. S., 1844）等人拓展并总结了"经济人"假设，最终"经济人"这个概念被引入经济学。后来，经过学者们不断的批判与修正，"经济人"假设不断完善，"经济人"假设已经成为西方经济学一个经典的理论基础。虽然"经济人"假设在不断完善，但是其核心内容依然是亚当·斯密（1776）的经济思想，即人性是自私的，利己之心支配着人的一切行为，人的一切努力都是为了追求自身利益。人进行一切经济活动的出发点和目的，恰恰是被利己之心所役使的。因此，追求经济利益是"经济人"活动的唯一动机。在商业社会中，追求利益最大化的人们往往会"趋利避害"，利己是"经济人"从事一切经济活动的出发点的基础。随着社会分工在商业社会中的产生，市场交换也逐渐形成并日趋完善。

亚当·斯密（1776）对经济交换理论影响和贡献最大，奠定了经济交换理论的基础。亚当·斯密（1776）发表了《国民财富的性质和原因的研究》（*An Inquiry into the Nature and Causes of the Wealth of Nations*，以下简称《国富论》），这是人类历史上第一部系统阐述经济思想的巨著，书中的很多内容都体现出经济交换的思想。《国富论》第一部分内容就是分工理论，亚当·斯密（1776）对分工产生原因的分析就闪烁着经济交换的火花。

亚当·斯密（1776）指出，分工不仅可以提高熟练程度、减少工序衔接中的时间浪费，同时还能提高技术能力，促进发明创造，分工的这些优势都有助于提高劳动生产率。为了佐证其观点，亚当·斯密（1776）列举了扣针制造和农业生产两个例子。一枚扣针经过十八道生产工序才能完成，如果每道工序都有专人负责，只要每个人都认真负责、工作勤奋，哪怕机器设备不够精良，每天至少也能生产十二磅扣针，每磅扣针按四千根算，那么十个人一天可以制造四万八千根针。如果没有分工，每个人负责若干道工序，绝不可能生产这么多针，甚至连一根针也完不成。制造业有相对独立的工序，而农业不能像制造业一样进行明确的分工。在农业春夏秋冬的变换中，一个人不可能只从事一道工序，因此不能进行明确的分工，导致生产率低下，所以无论在贫穷国家还是富裕国家，由于不能进行分工的缘故，制造业一般都比农业拥有更高的生产率。不难看出，亚当·斯密（1776）通过扣针生产和农业生产两个例子很直观地证明了分工的实际意义和必要性。

技术进步及经济社会的快速发展，当今社会分工更加广泛和细化，极大地促进了生产效率的提高及企业组织运营成本的降低。亚当·斯密（1776）指出，人类生来就拥有彼此交易的倾向，人类通过物物交换互通有无，分工的出现也就源于此。在谈到交换时，亚当·斯密（1776）特别提出了交换的契约功能和合作共赢的性质。由于分工，人们需要的产品很可能大部分是由别人产生的，掌握在别人手中，当然我们手中也掌握着别人需要的产品。要获得别人的产品满足自己的需求，我们会告诉或者暗示对方如果把你的产品给我，作为补偿，我会把我手中的产品给你。亚当·斯密（1776）认为这就是交换的本质，即遵守交易规则，获得各自需要的产品，满足自身需要。

我们不妨通过两个例子，来进一步理解亚当·斯密（1776）所说的交换的本质。假如在原始社会一个人拥有多把石斧，其拥有的石斧远远超出自己的需求，多余的石斧便成为了剩余物。此人要更好地生存，需要不同的食物，而擅长打鱼者有多余的鱼，擅长饲养者有多余的羊，擅长采集坚果者有多余的坚果，同时这些人为了耕种的需要又有着对石斧的需求。因此，石斧的主人便会拿着石斧交换鱼、羊和坚果，交换的结果是各自的需求都得到了满足。对于打鱼者、养羊者和采集坚果者来说，他们从事这些活动的初衷并不是为了帮助石斧的拥有者，用手中的物品进行交换也并非出自仁慈之心，而是要通过交换获得自己所需要的物品，满足自己的需求。但是存在一种极端情况，这就是无偿捐赠或者施舍。表面上看，捐赠确实是把自己拥有的物品给予了对方，而对方没有给予捐赠者相应的物品。可是从捐赠过程完成时起，捐赠者获得了强烈的仁慈感和赞誉、荣誉，这种赞誉和荣誉满足了捐赠者的精神需要。因此，捐赠使困难者获得了所需物品，捐赠者获得了仁慈感和荣誉，通过捐赠各取所需，实际上也体现了交换的本质。需要注意的是，交换过程的完成需要有显性或隐性的契约作为支撑，如果没有契约精神，由于彼此间的不信任，交易的一方或双方便会中止交换，甚至交换过程根本不会出现，正是交换过程中有契约作为媒介，人们成功实现了互通有无，最大化满足了各自需求，实现了合作共赢的目的。

亚当·斯密（1776）对有关货币的产生和职能的分析进一步充实了经济交换理论的内容。他认为，随着分工的不断扩大和交换的频繁，物物交换的局限性越来越突出，作为一般等价物的货币便应运而生了，货币的出现促进了分工和交换的发展。亚当·斯密（1776）提出了交换价值的概念，并把交换价值和价值进行了比较和区分，指出凝结在商品中的无差别的人类劳动是决定交换价值的基础，正是这种劳动促进了商品间的相互交换。亚当·斯密（1776）分配理论中的工资理论、利润理论和地租理论等进一步丰富了经济交换理论的内容，使经济交换理论更加饱满。

随着"经济人"假设在经济学领域内被不断研究和解读，理论界对这一假设的理解也越来越深入，"经济人"假设和经济交换的理念逐渐被引入社会学、心理学、人类学、政治学、管理学及行为科学等相关学科中。在劳资关系中，经济交换理论强调经济交换是一种短期的、有期限的、并有明确权利与义务约定的契约关系，经济交换也为雇主与雇员的合作奠定了最原始的经济基础。① 劳资关系领域中的经济交换体现为雇员付出劳动力和智力，雇主付资源、资本、土地等生产要素，在完成一定的生产周期后，雇员获得劳动报酬，雇主获得经济利润。雇员与雇主的这种稳定交换关系，是以显性的契约（劳动合同）为保障的。

二、社会交换理论

由于交换源于需求，在论述社会交换的概念之前，首先要深入了解有关需求概念的阐释。马斯洛（Maslow, A. H.）② 认为人作为一个有机整体，有多种动机和需求，他把人类需求从低到高按层次归纳为五个层次，即生理需求（physiological needs）、安全需求（security needs）、归属与爱的需求（love and belonging needs）、尊重需求（respect and esteem needs）和自我实现需求（self-actualization needs）。

根据马斯洛需求层次理论（1943），人的需求不仅有低层次的物质需求，还包括高层次的精神需求。在马斯洛（1943）需求层次理论的基础上，奥尔德弗（Alderfer, C. P., 1969）进行了更接近实际经验的研究，奥尔德弗（1969）认为人有 3 种核心需求，即生存需求（existence needs）、关系需求（relatedness needs）和成长需求（growth needs）。③ 生存需求包括马斯洛需求层次理论中的生理需求和安全需求；关系需求包括马斯洛需求层次理论中的归属与爱的需求和尊重需求的外在部分；成长需求包括马斯洛需求层次理论中自尊需求的内在部分和自我实现需求。很明显，生存需求属于物质需求，关系需求

① Song L J, Tsui A S, Law K S. Unpacking Employee Responses to Organizational Exchange Mechanisms: The Role of Social and Economic Exchange Perceptions [J]. Journal of Management, 2009, 35 (1): 56 – 93. Seo J, Shore L M, Rao A N, et al. Social and economic exchange in the employee-organization relationship: the moderating role of reciprocation wariness [J]. Journal of Managerial Psychology, 2009, 24 (8): 701 – 721.

② Maslow A H. A theory of human motivation [J]. Psychological Review, 1943, 50 (1): 370 – 396.

③ Alderfer C P. An empirical test of a new theory of human needs [J]. Organizational Behavior & Human Performance, 1969, 4 (2): 142 – 175.

和成长需求属于精神层面需求。奥尔德弗（1969）的这种人本主义需要理论被称为 ERG 理论，ERG 理论实际上是对马斯洛需求层次理论的修正。ERG 理论认为，人们缺乏三个层次中任何一个层次的需求便会去追寻，直到得到满足，马斯洛需求层次理论和 ERG 理论都认为，人的需求包括物质需求和精神层面的需求。

经济交换主要是为了满足物质需求，而精神层面需求的满足就促进了社会交换行为的产生。许多学者对社会交换进行了专项研究，根据研究侧重点的不同，社会交换理论可分为三大流派，即行为主义交换理论（霍曼斯，1961）、结构主义交换理论（布劳，1964）、认知交换理论（H. 凯利，蒂博，1959）。

（一）行为主义交换理论

霍曼斯（1961）认为人与人之间的交往可以表述为物质与非物质商品的交换。他把操作心理学与经济学中的成本、价值等基本概念相结合，对交换的内涵进行了更深入的研究。霍曼斯（1961）进一步指出，交换的标的物不只是金钱和资源，还有社会关系、情感和爱等，其交换活动可以是有形的也可以是无形的。在吸收经济交换理论基础上，融合了行为心理学和社会学的观点之后，他最终提出了行为主义交换理论。行为主义交换理论认为，社会关系、情感、爱等一系列抽象的、精神层面的需求也可以像物品和其他有形资源一样被交换，交换的结果也同样可以满足人们某些方面的需求。

根据霍曼斯的行为主义交换理论，员工的情感、爱等精神需求就好比经济交换中的工资等报酬，员工的努力工作、团结同事和组织忠诚度就好比经济交换中被用来交换的剩余物，组织中员工要获得更多的尊重和爱，就得付出更多的努力去工作、团结同事和对组织忠诚。企业所有者通过付出情感和关爱，得到高的组织忠诚度和员工满意度。从这个角度看来，社会交换和经济交换的本质相同，是通过交换标的物获得各自满足。与经济交换不同的是，社会交换的完成主要靠隐性契约（心理契约）来保障的。

行为主义交换理论认为交换活动是个人、个人行为与社会环境的结合，并提出了社会交换的六个命题和公平交换原则。[①] 这六个命题有助于我们更深入更全面的理解社会交换，更好地把握行为主义交换理论。这六个命题分别是：

---

① Blau P M. Exchange And Power In Social Life（2nd）［M］. Piscataway, NJ: Transaction Publishers, 1986. Roloff M E. Interpersonal Communication: The Social Exchange Approach［M］. Beverly Hills, CA: Sage Publications, 1981.

第一个命题：成功命题。对于人们的所有行动来说，某人的某一个行动得到回报的频率越高，那么此人可能会越频繁地采取该行动。这个命题其实是说人们对于能获得回报的行动倾向于重复进行。当然该命题具有一定局限性，也有例外情况发生。霍曼斯（1961）本人也注意到这种局限性，但是除了极个别例外情况后，在绝大多数情况下该命题是正确的，因此具有一定广泛性。

第二个命题：刺激命题。如果以往某一刺激或者一系列刺激发生时，某人的某一行动得到了回报，那么目前的刺激和以往的刺激越是相似，此人目前就越有可能采取曾经做出的行动，或做出与曾经获得回报的行动相类似的行动。这个命题实际上指出了刺激的普遍性，尽管时间、地点、人物、事件会变，但只要出现相似的情景，出现同一种或者相类似的刺激，那么同样的行动或者类似的行动就会发生。

第三个命题：价值命题。对于一个人来说，某一行动带来的后果对其越有价值，他越有可能采取该行动。这里的价值是指行动的后果给行为人带来益处的大小。行动的后果其实就是一种资源，霍曼斯（1961）指出每一种资源具有或大或小的价值。资源的价值源于两个方面：一是资源本身就具有固有价值，能直接给人们带来益处，比如药品能医治疾病；另外一种资源没有固有价值，但是有价值，因为通过这些资源能够换取具有固有价值的资源，比如通过钱可以购买药品治病。

第四个命题：贬值—饱和命题。如果某人在最近一段时间内获得的某种回报又多又频繁，那么该回报对其未来的价值就会越来越小。这一命题指出了人们的行为不会无限重复，这实际上是对成功命题做了限制。某种回报达到一定程度后，人们可能不再需要该回报了，此时回报对行为再次出现的吸引力就会大大降低，行为的重复就会越来越少。当回报不再有吸引力时，行为的重复就会终止。

第五个命题：寻衅—赞同命题。该命题由两部分组成：一是如果某人的行为未能得到预期回报，或者出乎意料地遭受惩罚，那么此人就会愤怒，之后可能采取寻衅行为，寻衅行为的后果对其更有价值；二是如果某人的行为获得了预期回报，甚至获得了超出预期的回报，或者未遭受预期的惩罚，那么此人就会高兴，之后更有可能采取受赞同的行为，而这类行为的后果对其更有价值。霍曼斯（1961）通过此命题想表达的是，人们预测某一行为会引起某种回报，如果回报会出现便会情绪低落，进而导致寻衅行为。如果通过寻衅行为获得了预期的回报，那么以后在类似情景中会倾向于采取寻衅行为。反之，则相反。

第六个命题：合理命题。人们面临行动抉择时，总是选择能够使价值（V）和获取该后果的概率（P）乘积的最大化。这个题实际上是霍曼斯（1961）对第一、第二和第三个命题的总结，是说人们面临行为选择时，在类似情况下，倾向于采取一贯能够产生最大价值资源的行为。

霍曼斯（1961）特别指出，这六个命题是相互联系的，不能割裂开来，认为只要将各命题结合起来，就能够有效解释任何社会行为。

（二）结构主义交换理论

罗洛夫（1991）认为布劳（1964）的研究并不否认操作心理学的有效性，但是操作心理学无法解释社会交换中的所有现象，尤其是不能解释发生特性。[1] 和霍曼斯的行为主义交换理论不同，布劳则以经济理论为基础构建了社会交换理论，指出社会交换是经济交换和人类情感表达的中间状态，社会成员间的利益输送就可能成为伙伴关系的纽带，社会交换中出现的一些特性，无法用双方过去的强化事例来解释，受到人际关系和社会环境的影响。[2]

按照布劳的观点，发生特性实际上是一个结构中各个成分间的种种关系，这些关系虽然与各种成分共存，但并不隶属于任何其他成分，正是这些关系限定了该结构。[3] 根据布劳（1964）的研究，社会交换包含了非具体化甚至比较模糊的义务性内涵，如某人做出有利于他人或组织的行为时，存在着期望未来得到对方回报的想法。这种情境中做出利他行为的人，是通过利他行为建立起一种潜在可能，这种潜在可能就是自己将来一旦有需要对方会帮助或回报自己，而至于何时以什么方式回报，甚至回报会不会出现，常常是模糊的。

既然付出后，回报得不到明确的保障，那为什么社会交换还能顺利进行呢？正如布劳（1964）所说的那样，社会交换依赖于信任。虽然没有任何纸质契约和口头承诺作保障，人们还是愿意去信任。而信任之所以存在，是由于人际关系和社会环境为其提供了良好土壤，人际关系和社会环境对社会交换具有显著影响。

---

[1] Roloff M E. Interpersonal Communication：The Social Exchange Approach［M］. Beverly Hills, CA：Sage Publications, 1981.

[2] Blau P M. Exchange And Power In Social Life（2nd）［M］. Piscataway, NJ：Transaction Publishers, 1986. Roloff M E. Interpersonal Communication：The Social Exchange Approach［M］. Beverly Hills, CA：Sage Publications, 1981.

[3] Roloff M E. Interpersonal Communication：The Social Exchange Approach［M］. Beverly Hills, CA：Sage Publications, 1981.

1. 从人际关系起作用的角度看，布劳（1964）认为社会交换受到人际交换关系性质的影响，并且随着社会交换的发展而发展。

某人首次做出利他行为时，尽管这种利他行为有时可能只是利己行为的溢出效应，但只要出现这种利他行为，双方的关系就开始了。如果这种利他行为带来的结果被另一方接受，接受者就受到了给予者的恩惠。受到恩惠的同时，接受者承担了一个风险。如果接受者希望关系延续下去，那么他会直接或者间接对给予者的恩惠进行回报。给予者得到接受者的回报之后，会受到鼓舞，接下来会提供更多恩惠，逐渐双方关系就发展起来了。随着受惠－回报的循环往复，双方会彼此信任，彼此的信任促进更频繁地交换。

交换是普遍存在的，因为无论是在生活中还是工作场所，每个人都要与他人接触，不管是合作还是竞争，都处在社会关系大网络中的一张张社会关系子网之中。在一张张社会关系网中，每个人都有因多次交换而熟悉的人或组织，基于这种了解，很多人根据以往经验选择信任他人或某些组织，愿意主动去做有利于他人或组织的事情，相信自己有需要时对方会做出有利于自己的行为来回报自己。一旦利他行为得不到回报，那么信任便会被破坏，阻碍进一步的交换。但会存在一种极端的情况，就是个人做出某种有利于他人或组织的行为，给自己带来损失的可能性比较大或者预期一定给自己带来损失，并且得不到对方太多回报，但是自己的付出能够巩固彼此的情谊，因此人们此时往往愿意去做出损己利人的行为，这其中就是个人与他人或组织之间良好的人际关系在起作用。

2. 从社会环境的角度看，布劳社会环境对交换关系的影响划分为以下四个方面。

（1）个人地位。布劳（1964）在认为地位实质上是个人的角色或者社会分工。比如 A 是某产品生产者，B 是销售者，同时 A 只是 B 众多供货商中的一个。B 直接面向广阔的市场，有更多机会获取消费者需求情报和建立人际关系。因此，对于 A 来说这种关系是代价高昂的，由于只专注生产，很少接触市场和建立人际关系，若要赢得销售机会不得不付出更高的代价。而 B 不同，生产者众多，加上对市场的掌握，获取生产机会相对容易。很显然，从 A 和 B 的这种关系中不难发现，一个人的地位决定了赢得机会需要付出代价的大小，进而影响着在交换中获取利益的潜在能力。

（2）社会准则。社会准则包括显性的明文规定和隐性的共有观念，显性准则和隐性准则共同指导着人们的交换行为，一个公然违背社会交换准则的人会受到谴责和制裁。比如，一个用假冒伪劣产品进行市场交易的人，不仅会受到舆论谴责，还会受到法律制裁。

（3）权力差异。人与人之间的权力差异影响着交换的社会环境。权力差异在交换关系中的作用极其明显，权力的介入降低了交换关系的自由度和公平性，是一种典型的非市场力量。垄断行业的低买入价和高售出价，均源于该行业拥有超越平等竞争的垄断权。政府行政权力介入市场交易使一部分交易者获利和另一部分交易者受损，也源于行政权力是一种典型的非市场力量。没有获得垄断权和行政权力支持的主体，在交换关系中处于不利地位。

（4）关联性。交换关系的相互关联性也影响着社会环境。比如A国电子信息技术发达，有大量电子产品需要出售，B国农产品丰富，有大量大米剩余。A国和B国大米进口贸易协议，并不一定是A国对B国的大米十分满意，只是A国想通过大米贸易主动巩固双边贸易关系，进而为出口电子产品换取条件。

（三）认知交换理论

霍曼斯和布劳都是社会学家，他们提出的有关社会交换的观点都是基于社会学的视角，而H. 凯利和蒂博以社会心理学为理论来源，通过对小群体的两人交换模式的研究，提出了认知交换理论，也称相互依存理论。

与霍曼斯和布劳一样，H. 凯利和蒂博（1959）也认为不断地强化或回报是人们行为重复出现不可或缺的条件，事实上这也是两人的理论前提。在H. 凯利和蒂博（1959）看来，社会交换的过程就是双方彼此提供某种特定资源的过程，而这种资源能够降低内驱力或满足彼此需要。鉴于内驱力原理一般只用来描述个人的行为，不能完整地解释认知交换理论的内涵，而交换双方理想行为方式的选择和博弈双方行为方式的选择极为类似，H. 凯利和蒂博（1959）又提出了博弈理论来进一步阐释两人之间的社会交换。

不难看出，H. 凯利和蒂博的认知交换理论是基于内驱力降低和博弈理论构建的，认为社会交换是在内部环境（刺激）和外部环境（刺激）激活下双方博弈的矩阵，相互依赖、互相理解是博弈矩阵的最优解。[①] 如果把某人采取的某一行为记为$f(x, y)$，内部刺激记为x，外部刺激记为y，则$f(x, y) = x \cdot y$，其中自变量x、y与因变量当前及之前的强化事例有关，按照这个等式的逻辑，因变量总是力求最优解。

---

① Roloff M E. Interpersonal Communication：The Social Exchange Approach ［M］. Beverly Hills, CA：Sage Publications, 1981. 孙庆民. 认知倾向的社会交换理论 ［J］. 国外社会科学, 2009,（2）: 26 – 33.

　　然而罗洛夫（1991）认为 H. 凯利和蒂博理论中最有意思的部分不是对行为的预测，而是对人们如何评估人际关系的分析。[①] H. 凯利和蒂博（1959）提出了人际关系分析的两条标准：比较标准（comparison level，CL）和替代比较标准（comparison level for alternative，CLalt）。人们可以将人际关系所带来的后果分别与这两条标准作比较，就可以得出想要的分析结果。比较标准指的是个人觉得建立或维持某一关系可获得的回报大小及需要付出代价的高低，标准依据个人或他人从先前或类似的关系中获得的回报水平而定。替代比较标准指某人建立或维持某一关系所容忍的最低回报的大小，标准依据此人从其他替代关系中可获得的回报大小，以及不建立或维持关系的后果。

　　比较标准与当前关系产生的后果相比较，可测出当前关系是否令人满意。如果比较标准小于当前关系产生的后果，则当前关系令人满意。反之，则相反。当前关系与替代比较标准相比较，可测出当前关系是否稳定。如果替代比较标准小于当前关系产生的后果，则当前关系比较稳定。反之，则相反。

　　当前关系后果、比较标准和替代比较标准相互比较，一共可以产生六种比较状态，具体如表4-2所示。

表4-2　　　　　当前关系后果、比较标准和替代比较标准比较情况

关系序号	比较状态	社会交换关系状态
1	C > CL > CLalt	满意且稳定
2	C > CLalt > CL	满意且稳定
3	CL > C > CLalt	不满意但稳定
4	CL > CLalt > C	不满意且不稳定
5	CLalt > CL > C	不满意且不稳定
6	CLalt > C > CL	满意但不稳定

　　注：C 代表当前关系产生的后果，CL 代表比较标准，CLalt 代表替代比较标准。

　　关系1和关系2的比较状态中，当前关系产生的后果都是最大的，因此社会交换关系状态都是满意且稳定的。但是在关系1中，比较标准大于替代比较标准，如果当前关系中断，从替代关系中获得的回报小于预期，说明对当前关系依赖程度比较高。在关系2中，替代比较标准大于比较标准，如果当前关系

---

① Roloff M E. Interpersonal Communication：The Social Exchange Approach ［M］. Beverly Hills，CA：Sage Publications，1981.

中断，从替代关系中获得的回报大于预期，说明对当前关系依赖程度比较低，当前关系中断后可迅速转向替代关系。

关系 3 的比较状态中，当前关系产生的后果小于预期，但大于可替代的选择，只能被动接受现状，所以社会交换关系的状态虽然不满意，但是很稳定，这是一种处于困境之中的状态。

关系 4 和关系 5 的比较状态中，当前关系产生的后果都是最小的，因此社会交换关系状态都是不满意且不稳定的。在关系 4 中，替代比较标准大于当前关系产生的后果，所以此人会寻求建立新的关系，以谋求更大回报。同时我们看到，关系 4 中替代比较标准小于比较标准，也就说替代性关系选择都小于预期，即便此人抛弃当前关系寻求替代关系，也未必能达到预期，因此此人有可能选择不再建立或维持任何关系。在关系 5 中，替代比较标准大于比较标准，此人由于不满意，很可能转向超出预期回报的替代关系。

关系 6 的比较状态中，当前关系产生的后果大于比较标准，可见对目前的社会交换比较满意。但是当前关系产生的后果小于替代比较标准，说明此人还有更好的选择，目前的社会交换关系是不稳定的。由于比较替代标准大于比较标准，表明替代性选择超出预期回报，则此人终止目前关系转向替代关系会获得更高的满意度，并且关系会更具稳定性。

总的来看，认知交换理论是认知心理学和行为主义的有机结合，理解认知交换理论对我们更好地认识社会交换有着显著意义。

（四）社会交换理论的拓展

除了行为主义交换理论、结构主义交换理论、认知交换理论、资源理论（Foa，U. G.，Foa，E. B.，1974）和公平理论（Walster，E.，Berscheid，E.，Walster，G. W.，1973）也是社会交换理论中比较经典的内容。

U. 福阿（Foa，U. G.）和 E. 福阿（Foa，E. B.）明确地将交换内容视作一种资源，把交换资源定义为"可通过人际行为传递的任何物质的或符号的东西"，[①] 在对交换资源进行研究的过程中形成了资源理论，其理论基础是各种心理学理论的综合。资源理论的核心就是资源，U. 福阿和 E. 福阿（1974）把交换资源细分为六大类，即：爱、服务、地位、信息、货物和金钱。这六大类交换资源在交换中都具有重大作用和价值。

---

① Foa U G, Foa E B. Societal structures of the mind［M］. Oxford, England：Charles C Thomas, 1974.

正如爱默生（1972）所说的："不同类别的有益事件包括金钱、货物、微笑或简单的'社会注意'，其价值几乎表现在同一种意义上，即它们之所以是有益行为，是因为能够产生有价值的结果。"①爱默生（1972）进一步完善了交换资源的定义，他把社会交换资源定义为某一行为者所拥有的能够使其奖赏或惩罚另一特定行为者的能力、财物或其他属性。② 爱默生（1972）对交换资源的定义更有针对性，把社会交换资源具有作用和价值的特点准确描述了出来。麦克林托克（McClintock，1982）对"爱"的范围进行了扩展，把它扩展为情感，指出亲情感可以作为交换资源直接进行交换。资源理论从一个新的具体的角度详细描述和解释了社会交换，丰富了社会交换理论的内容。③

E. 沃尔斯特（Walster，E.）、贝沙伊德（Berscheid，E.）和 G. 沃尔斯特（Walster，G. W.）认为，为了在交换中获得最优的结果，人们会相机选择采取公平或者不公平的行为。④ 至于采取什么样的行为，由能否获得预期的最优结果决定，而不考虑行为对他人的影响。这里的公平是指关系的一方或关系之外的人认为关系双方从该交换关系中获得的相对利益是等值的。人们只要觉得交换不公平，自己属于获利少的一方，会试图采取措施改变现状，追求公平关系来消除不公平感。当然，社会对不公平对待他人的交换参与者也有惩罚机制。

三、网络交换理论

社会交换的强还原主义视角假定社会结构不能决定社会行为，⑤ 即由性质决定行为，但网络交换论突破这一限制。爱默生（1972）是网络交换论的开创者，之后维勒（1981）等学者提出的社会结构要素论进一步发展了这一理论。由此，形成了网络交换理论研究的两大传统：一是爱默生（1972）等人基于权力—依赖关系思想，研究交换关系与网络；二是维勒（1981）等人的

---

① Emerson R M. Exchange Theory, Part II: Exchange Relations and Network Structures [M]. Boston: Houghten Mifflin Company, 1972.

② Emerson R M. Exchange Theory, Part II: Exchange Relations and Network Structures [M]. Boston: Houghten Mifflin Company, 1972.

③ Roloff M E. Interpersonal Communication: The Social Exchange Approach [M]. Beverly Hills, CA: Sage Publications, 1981.

④ Walster E, Berscheid E, Walster G W. New directions in equity research. [J]. Journal of Personality & Social Psychology, 1973, 25 (2): 151 – 176.

⑤ Willer D. Network Exchange Theory [M]. Westport, CT: Praeger Publishers, 1999.

要素论，在"影响"的基础上，将行为主体的内部特征（如偏好、信念、决策等）与外部特征（社会关系、结构条件）相结合，[①]研究交换网络架构、网络节点、网络权力（强权、弱权、等权）及交换机制等关键问题。

（一）交换论视角

爱默生（1972）等人基于权力—依赖关系思想进行的网络交换理论研究，主要是从交换论的视角进行的。如果一方掌握另一方所需或看重的重要资源，并且资源的掌握者可以通过一定渠道出让部分或全部资源给需求者，那么双方便形成了权力—依赖关系。资源的掌握者拥有权力，资源的需求者则形成依赖。资源掌握者掌握的资源越多、越独特，资源需求者对资源的需求越多、越强烈，那么两者之间所形成的权力—依赖关系越显著，双方权力—依赖关系强弱的不同状况，形成了不同的交换关系和交换路径。

B 对 A 的依赖就是 A 对 B 的权力，如果用 P 表示权力（power），用 D 表示依赖（depence），则可表示为 $D_{BA} = P_{AB}$。如果 A 对 B 的依赖大于 B 对 A 的依赖，那么 A 对 B 权力小于 B 对 A 的权力。即，如果 $D_{AB} > D_{BA}$，则 $P_{AB} < P_{BA}$。权力—依赖对等，则形成的是平衡的关系；权力—依赖不对等，双方间的关系是不平衡的。很多时候，双方的权力和依赖是不对等的，双方处于不平衡的关系中。非均衡关系中，双方往往会进行权力和依赖的博弈，激发平衡运作机制，爱默生（1962）指出了四种平衡机制运作过程。[②]

1. 退出，减少弱者的期望投入。如果 $D_{AB} > D_{BA}$，B 可以减少对 A 控制的所需资源的动机性投资，退出 A 的交换关系，寻找其他关系获取该资源。

2. 网络扩展，增强弱者在此关系外的目标的有用性。如果 $D_{AB} > D_{BA}$，那么 B 可以寻找 A 的替代者，建立新的交换网络。比如 $A - B$ 有交换关系，$A - C$ 也存在交换关系，B 可以停止与 A 的直接关系，通过与 C 建立直接关系，把"$A - B$"关系链变为"$A - C - B$"关系链。

3. 地位给予，增加强者的动机投入。如果 $D_{AB} > D_{BA}$，B 提升自己所控制的 A 所需要的资源的吸引力，进而增强 A 对 B 的动机性投入。

4. 联盟，减弱强者在此关系外的目标的有用性。如果 $D_{AB} > D_{BA}$，B 可以

---

① 刘军，Willer D，Emanuelson P. 网络结构与权力分配：要素论的解释 ［J］. 社会学研究，2011（2）：134 – 166.

② Emerson R M. Power – Dependence Relations ［J］. American sociological review，1962（1）：32 – 39.

通过努力削减 A 的备选目标来源，进而增加 A 对 B 的依赖。比如，B 可以通过联盟或其他形式的集体行动来增加权力。

在爱默生（1962）看来，权力的不平衡是普遍存在的，弱者为了缩小权力差距，就会通过这样一种平衡机制，使蕴含在交换网络中的权力关系趋向平衡，其对权力的定义主要通过相互之间"权力—依赖"关系的性质来界定的，"权力—依赖"关系的存在决定了行动者之间关系的不平衡，行动者之间关系的不平衡决定了"权力—依赖"关系的动态变化，理想状态下趋向均衡。爱默生（1962）理论关注的焦点是交换律的确定，而对与权力有密切关系的社会关系、结构条件等因素不太关注，而维勒（1981）等人在研究则对社会关系和结构等因素给予了重点关注，进一步发展了网络交换理论。

（二）要素论视角

维勒等人（1997）认为要素论是一种解释并且能够预测嵌入社会结构中的权力分配形式的理论，权力就是在结构决定的复合动机关系里获得有利回报的能力。[①] 他在研究网络交换关系时，主要关注有三方以上行为者参加的情形，着重研究各方在网络结构中交换参与者各方所拥有的权力，维勒（1997）的网络交换理论包括内含式交换、排他式交换和虚无式交换等三种基本网络交换结构。三种结构具体分析如下。

1. 内含式交换结构。在内含式结构中（见图 4 – 1），如果处于中心位置的 A 必须与边缘点 A_1、A_2 都交换才会获得预期利益，则该交换网络为在 A 点的内含式连接网络。在 $A – A_1 – A_2$ 交换关系网络中，如果 A 只进行 $A_1 – A$ 交换，未进行 $A – A_2$ 交换，那么 A 通过 $A_1 – A$ 交换获取的暂时收益最终会失去。根据要素论第二法则和原理可知，核心点 A 的收益低于边缘者 A_1、A_2，即核心点的权力低于边缘点。由于最后一个参加交换的边缘点决定着交换能否最终完成，其权力最大，这一点由要素论第二原理可以验证。在内含式网络中，核心点的权力随着度数（度数即核心点完成交换过程需要吸纳的边缘点的个数）的增加而降低，这一论断也可由要素论第二原理证明。

① Willer D, Lovaglia M J, Markovsky B N. Power and Influence: A Theoretical Bridge [J]. Social Forces, 1997, 76（2）: 571 –603.

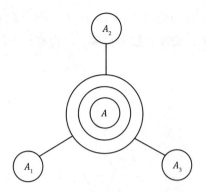

图 4 - 1　内含式交换结构

2. 排他式交换结构。在排他式结构中（见图 4 - 2），在 $A - A_1 - A_2$ 交换关系网络中，如果中心点 A 只能与 A_1 和 A_2 中的一个交换，则该交换网络为在 A 点的排他式连接网络。在排他式网络中，A 占据交换的主动权。A_1 和 A_2 为了和 A 完成交换需要竞争，在竞争中避免被淘汰会以降低报价作为条件。假定 A 和交换另一方共享 10 点资源，可接受的最低报价区间为 $[2, 8]$，最终 A 选择以 8 - 2 的分配形式达成交易，很显然 A 在该交换网络中拥有最大的权力。

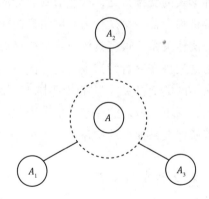

图 4 - 2　排他式交换结构

3. 虚无式交换结构。在虚无式结构中（见图 4 - 3），A 与 A_1、A_2、A_3 中的一个、两个或三个完成交换均能获得收益。如果 A 与 A_1 交换，根据要素论第二法则和原理，$R_A = \dfrac{P_A max - P_A}{P_A - P_A con} = \dfrac{P_B max - P_B}{P_B - P_B con} = R_B$，利用排他式交换结构的最终结果作为初始条件，即 $P_A max = 8$，$P_B max = 8$，$P_A con = 0$，$P_B con = 0$，计算

可得，$P_A = 5$，$P_B = 5$。同理可得 $P_A = 5$，$P(A_2) = 5$；$P_A = 5$，$P(A_3) = 5$。这说明在虚无式交换结构中，交换者权力相等，不存在权力的差异。

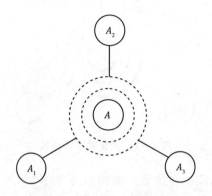

图 4 – 3　虚无式交换结构

第二节　劳资伙伴关系中的交换关系

组织中存在着多种形式的交换行为，这些形式迥异的交换行为概括起来可以分为三类：经济交换行为、社会交换行为和网络交换行为。组织中复杂的交换关系深刻影响着劳资伙伴关系，很多具体形式的交换形式，按照研究视角的不同，往往可以被归为这三种交换行为当中。与此同时，组织中劳资伙伴关系的状态，也蕴含了主次不同的交换关系。在组织中，交换关系和劳资伙伴关系交织在一起，相互影响，密不可分。这一节分析劳资关系中蕴含的交换关系的性态与特点，为在劳资伙伴关系模型的构建奠定理论基础。

一、劳资关系所蕴含的交换关系

劳资关系在组织中的表现形式是多样的，劳资双方之间既存在着冲突和对抗，同时也存在着合作与共赢，不同形式下劳资双方所进行的交换行为也会产生差异。劳资双方所建立的冲突关系、合作关系及伙伴关系等都需要不同的行为交换来维持或改变。这里将分别阐释在这三种关系中交换行为的差异，这一分析是劳资关系理论的重要组成部分。

（一）劳资冲突关系

科恩豪泽（Kornhauser, A., 1954）等学者认为劳资冲突源于人类本性，由于不同主体间存在着目标分歧和互相矛盾的价值观，两个不同的主体会就某些动机和利益进行相互争斗。[①] 赵曙明和白晓明（2012）将劳资冲突概括为雇主与雇员在劳动关系中发生权利、义务、需求等分歧所导致的一切抗争或争议。[②] 黎建飞（2003）认为劳动法中的劳资纠纷一般是指劳动关系双方当事人因实现劳动权利、履行劳动义务发生的争议。[③] 虽然不同的学者对劳资冲突的定义存在着分歧与差异，但在劳资冲突的基本内涵等方面达成了一定程度的共识：冲突因基本权利、利益或价值观发生矛盾而引起，劳资双方一旦发生冲突，员工将会采取直接或间接的抗争。罗宾斯（Robinson, S. L.）和班尼特（Bennett, R. J.）指出，在一般情况下，员工抗争的动机分两种：（1）工具性动机，员工把自身抗争行为当作提高待遇、实现公平的工具；（2）表达性动机，员工通过报复性行为来发泄内心的愤怒感，行为本身就是终极目的。[④] 员工处于工具性动机状态下，其抗争为了引起组织重视，双方共同商讨解决分歧，达成一致意见，这是双赢的方式。员工处于表达性动机状态下，其抗争很大程度上不是为了解决矛盾，而是宣泄内心的愤懑，表达其不满，在某种程度上来说这无助于问题的解决，是双输的方式。根据表达动机的不同，劳资双方劳资冲突可分为非对抗性冲突和对抗性冲突两类。

第一，非对抗性冲突。非对抗性冲突是指冲突的发生不涉及劳资双方在根本利益、思想观念、价值观等精神层面的分歧。通常情况下，非对抗性冲突是由物质层面的利益分歧和矛盾引起的。对于员工来说，所付出的时间、精力、体力会形成一种成本性支出，员工期待组织以相应的物质报酬作为补偿，常见的物质报酬包括货币工资、奖金、休息休假、物质福利等。但当组织交换给员工的物质酬劳不是自身所需要的或者没有达到其预期水平，员工所付出的成本支出不能得到相应的补偿，就会逐渐会产生不公平感。这种不公平感要么通过

---

① Kornhauser A, Dubin R, Ross A M. Industrial conflict [M]. New York: Mc Graw-Hill Book, 1954.

② 赵曙明，白晓明. 企业劳资冲突的波及面差异：国际经验及启示 [J]. 改革，2012（12）：125 – 131.

③ 黎建飞. 劳动法与社会保障 [M]. 北京：中国人民大学出版社，2003.

④ Robinson S L, Bennett R J. Workplace deviance: Its definition, its manifestations, and its causes [J]. Research on negotiation in organizations, 1997, 1（6）：3 – 27.

改变员工自身认知，默许这种事情的发生，要么通过降低产量、工作积极性等方式来减少自身的成本支出，因而员工和组织之间就会逐渐产生非对抗性冲突。一些劳资冲突案例表明，由薪酬、福利等因素所导致的劳资纠纷是所有劳资冲突案例里最为普遍和常见的。由此可见，经济交换的缺失或利益上的不对等是引发非对抗性冲突产生的一个重要原因。

除经济交换缺失或利益上的不对等引起的非对抗性冲突外，员工具体的行为方式不被组织接纳、得不到应有的尊重或工作成果不被重视等也成为非对抗性冲突产生的原因。在组织层面上来说，员工行为方式被组织认可、重视和尊重等是组织给予员工的一种精神层面的回报。从交换行为分类来看，属于社会交换的范畴。为了简化描述，此处以"冰山模型"为例来分析组织中的社会交换行为。员工行为方式被组织认可程度与受重视、受尊重程度，属于"冰山模型"水面以上的部分，对其进行识别和处理都比较容易。

员工采取非对抗性冲突的形式一般是通过降低对工作的专注程度、迟到、早退或怠工等，对工作以应付等方式进行的。员工采取类似的种种行为就是为了通过减少体力、脑力或精神付出，来匹配组织给予的物质和精神回报，实现交换的对等性，这种非对抗性冲突属于消极的非对抗性冲突。消极的非对抗性冲突以员工降低工作努力程度为特征，降低了经济交换和社会交换的水平，会损害组织的发展。个人努力程度的降低和组织利益的受损，反过来又会减少个人实现职业理想的机会，最终阻碍员工个人的发展。由于消极的非对抗性冲突以消极怠工为主，而且冲突表现形式通常是隐性的，不容易被发现和察觉，常常被忽略，长时间的非对抗性冲突容易升级为对抗性冲突，严重影响组织的持续稳定发展。

另外，部分组织的员工也会通过独自或者结盟等形式，按照组织既有的问题解决程序和法律程序，将自身的利益诉求通过合法的通道进行表达，以达到解决分歧和冲突的目的。这种非对抗性冲突属于积极的非对抗性冲突，员工采取这种方式是为了合法地从组织获得更多的物质回报和精神奖励，以此来匹配自身的成本性支出，实现支出和回报的对等交换。积极的非对抗性冲突不触及双方根本利益和一致的目标，是在沟通协商的基础上，寻求达成双方都可以接受的一致意见或方案，最终使分歧和矛盾得以解决。由此可见，积极的非对抗性冲突是以解决具体问题为导向的，进而可以实现员工待遇的提高和工作条件的改善，同时提高了经济交换和社会交换的水平，使组织的工作程序和工作流程不断优化，形成和谐的劳资关系氛围，促进组织持续健康发展。

第二，对抗性冲突。对抗性冲突通常是以强硬手段转变对方行为和行动方式为目的，对抗性冲突具有显著的激烈性和破坏性，冲突发生时，员工和组织之间的共同利益和一致的目标也将暂时性消失。对抗性冲突往往涉及劳资双方在根本利益或思想观念、价值观等精神层面的冲突，对抗性冲突通常是由于员工的核心利益被忽视或侵犯，或员工的行为习惯、思想观念、价值理念跟组织不一致所引发的。

对行为习惯、思想观念和价值理念的认可属于社会交换"冰山模型"水面以下的部分，对其进行识别和处理难度较大。对于所付出的努力，员工希望组织认可其行为习惯、思想观念和价值理念，当组织不但不给予认可，反而还对其进行强烈压制时，员工个人就会认为其所付出的努力没有得到组织对等的交换。对抗性冲突由于社会交换"冰山模型"水面以下的部分受到影响，员工认为是由交换不对等引起的。如果这种不对等的社会交换长期维持，就很可能引发劳资间的对抗性冲突，而且冲突一旦发生很大程度上会破坏彼此间所建立的信任。因此，组织中对抗性冲突一旦发生，组织管理者的选择通常是要么对员工诉求进行妥协退让，要么解雇员工重新招募，当然任何一种选择对组织来讲所代价和所产生负面影响都很大的。

当冲突的发生涉及思想观念和价值理念的分歧时，组织中的管理者通常有三种应对方式：一是调整与员工核心利益和价值观严重背离的战略目标、管理制度和行为方式，给予员工对等的精神回报；二是转变员工的思维习惯和价值观，使之与组织的价值追求相一致；三是使员工与组织相分离，解散组织或者解雇员工。前两种选择施行难度较高，需要长期的投入和一定的财务成本支出，第三种选择虽然具有较高的可行性，但同时需要组织付出一定的代价。

（二）劳资合作关系

建立合作型劳资关系通常被看作是营造和谐友善的工作氛围、提升企业民主管理水平、改善组织绩效及提高员工工作积极性和生活质量的一个重要途径，因此，关于劳资合作关系的理论和实证研究一直以来是劳动关系研究领域所关注的重要课题之一。杰克逊（Jackson, G., 2005）从利润分配、雇佣调整、薪酬体系和雇员参与四个方面对比分析德国和日本在公司治理和劳动关系管理上的差异，[①] 建立合作型劳资关系的实践也备受组织中管理实践者的追捧。

---

① Jackson G. Stakeholders under Pressure：corporate governance and labour management in Germany and Japan ［J］. Corporate Governance：An International Review, 2005, 13（3）：419－428.

张伯伦（Chamberlain, N. W.）和库恩（Kuhn, J. W.）将劳资合作定义为劳资双方以共同利益为基础，通过谈判等方式达成劳资双方的合作意向，提高组织绩效，具体形式有：问题导向的谈判、利润分享和生产率谈判、工作—生活质量和劳资联合委员会等。① 库克和梅耶（Meyer, D. G.）认为劳资合作是劳资关系的一种模式，劳资双方把追求更大利益作为其共同目标，在实现共同目标的过程中劳资双方不再把精力耗费在相互对抗上，而把工作重点放在目标的达成上。②

从已有研究看，大多数学者认为合作型劳资关系的建立是围绕共同利益、利润分享、生产率等问题开展的。合作型劳资关系以劳资双方在价值观等方面不存在冲突或者能够相互忍受为基础，是在劳资双方经济交换能够实现对等的情况下建立起来的。在合作型劳资关系中，劳资双方的价值观没有明显的矛盾或冲突，双方的利益诉求可以共融，劳资间便产生了合作的基础。以此为基础，员工所付出的体力、脑力、情感、时间等，能够从组织那里得到满意的回报，这些回报能够符合或者超出员工的心理预期，劳资双方就有可能将在一定程度上将这种合作关系维持下去。

很显然，劳资合作关系实质是组织内各主体之间（尤其是劳资双方）交换关系的实现，而这一系列交换关系又是由各种显性契约和隐性契约来保证的。实现了交换关系的持续和稳定，合作关系就能持续和稳定。在合作关系中，由于员工更多的是关注组织给予的物质利益，组织关注的是员工所付出的劳动价值，双方在情感和价值观等方面碰撞和沟通较少。因此，合作型劳资关系中员工的组织忠诚度较低，双方关系不太稳定，容易受其他因素影响而破裂。

（三）劳资伙伴关系

20世纪90年代后，随着劳资合作理论的发展及管理实践的演变，部分劳资关系领域的专家把研究重点放在对组织中劳资间所建立的伙伴关系上，国内部分学者学者也纷纷跟进劳资伙伴关系的研究。虽然学者们切入点不同，理论与观点存在差异，但这些分歧与差异对丰富劳资伙伴关系理论具有重要意义。

---

① Chamberlain N W, Kuhn J W. Collective bargaining［M］. New York：McGraw-Hill Book Co, 1951.

② Cooke W N, Meyer D G. Structural and Market Predictors of Corporate Labor Relations Strategies［J］. Industrial & Labor Relations Review, 1990, 43（2）：280–293.

时至今日，劳资伙伴关系系统已经成为企业管理系统的一部分。[①] 很多学者将劳资伙伴关系看成是工会或雇员群体与企业的管理方或政府共同参与组织建设的经营管理实践，[②] 当然也有部分学者将劳资伙伴关系看成是更高层次、更深入、更具体的劳资合作。

本书研究把劳资伙伴关系界定为超出劳资合作关系的交换关系范畴，是一种劳资双方价值理念融合、利益共享的更高层次的劳资合作。与劳资合作关系不同，劳资伙伴关系需要心理契约来维持双方对等的交换关系。只要劳资伙伴关系所需的交换关系能够持续，伙伴关系就能持续。在劳资伙伴关系中，员工并不特别注重组织给予自己多少物质报酬，而是更注重组织对自身价值的高度认同和赞赏，这种交换关系能让员工感受到自己的社会价值。从冲突关系和伙伴关系的干扰因素来看，对抗性和冲突是劳资双方不认可甚至强烈反对对方的观念和行为并使交换关系受阻而引起的，劳资伙伴关系则是在双方思想、观念及核心利益高度一致基础上建立的。

总体来看，非对抗性冲突是由于经济交换或社会交换"冰山模型"水面以上部分没有得到实现或者不对等引起的，对抗性冲突是由于社会交换"冰山模型"水面以下的部分受到严重损害引起的。劳资伙伴关系的建立和维持，是由于社会交换"冰山模型"水面以下的部分得到认可和赞赏，员工认为自己得到了足够的回报，实现了自己的职业目标及人生价值。需要指出的是，在某种劳资关系中，居主导地位的可能是经济交换关系，也可能是社会交换关系，但是无论何种劳资关系总是蕴含着网络交换关系，并且对深刻影响着劳资关系性质及类型。

二、劳资伙伴关系模型的构建路径

在现代组织管理实践中，劳资关系越来越受到关注，无论组织还是员工，每个主体都希望处在一个和谐友善的劳资关系氛围中。由于劳资关系中的每个

---

① Rolfsen M. Transfer of labour-management partnership in multinational companies [J]. Industrial Relations Journal, 2013, 44 (3): 316 – 331.

② Rolfsen M. Transfer of labour-management partnership in multinational companies [J]. Industrial Relations Journal, 2013, 44 (3): 316 – 331. Bohlander G W, Campbell M H. Forging a labor-management partnership: the Magma Copper experience [J]. Labor Studies Journal, 1994, 18 (4): 3 – 20. Schuster M H, Weidman S. Organizational Change in Union Settings: Labor-Management Partnerships: The Past and the Future [J]. Human Resource Planning, 2006, 29 (1): 45 – 51.

主体都有各自的利益诉求，有时企业和员工之间的利益关系也会难以协调，不可避免地会产生分歧和矛盾，从而导致不同程度的劳资冲突。劳资冲突冲击组织正常的经营管理秩序，降低组织绩效，某些恶性的劳资冲突甚至对组织发展造成严重打击。而合作型和伙伴型劳资关系则有助于营造和谐的劳资关系氛围，促进组织绩效的提高，实现组织和员工在利益或权益诉求上的双赢。由此，本书并没有从劳资关系主体行为为研究出发点去分析劳资伙伴关系的演进和变化机制，而是基于三种交换的视角，探索从冲突型劳资关系到伙伴型劳资关系的构建路径。

劳资冲突在各个国家和不同类型的组织中时有发生，当冲突型劳资关系产生时，首先应该采取的措施是诊断冲突属于哪种类型，是对抗性冲突还是非对抗性冲突。如果员工不寻求问题的解决方案，只是采取其他与组织进行对抗，发泄积压的不满情绪，并且采取较为消极的谈判态度，此时可以初步判断这种冲突属于典型的对抗性冲突。如果员工个人或员工群体与组织开展积极的对话与沟通，通过合法的方式合理表达自身相关的利益或权益诉求，并有妥善解决分歧或矛盾的愿望，此时劳资双方间所发生的冲突的类型就可以初步判断为积极的非对抗性冲突。

当组织中出现了劳资关系的恶化或者组织绩效降低的现象，且员工经常出现迟到、早退、旷工、工作不专注、工作效率降低、错误率增加等现象，消极的非对抗性冲突有可能在组织内部蔓延滋生。无论是哪种冲突，组织都需要重视起来，判断冲突的类型及其所引发的原因，同时采取相应的措施和手段对相关问题加以解决，以免冲突升级。

对于对抗性冲突，组织要成立问题专项处理小组，积极进行处理，妥善各方关系及合理的利益诉求，并与劳动监管部门开展合作，共同协商解决问题。对于严重触犯法律和组织制度的员工要依法予以制止或给予惩戒。事件平息后，组织要认真反思自身规章制度以及企业文化和价值观，审视经济交换关系、社会交换关系和网络交换关系存在的问题，针对问题出台方案迅速整改，对于事件责任人要做出严肃处理，并向有关部门和社会做出完整的解释说明，维护组织的社会形象，确保经营管理不偏离正常轨道。

对于非对抗性冲突，组织需要检查绩效、薪酬、福利等制度是不是存在漏洞，以此确定组织跟员工之间正常的交换关系是不是出了问题。除此之外，还要检视组织对员工合理的行为方式是不是不够包容，对员工合理的行为方式是不是一味排斥，对员工的工作成果是不是没有足够重视或者对员工不够尊重，以此确定组织跟员工之间社会交换"冰山模型"水面以上的部分是不是出现了异常。对于经济交换关系和社会交换关系存在的问题要逐一梳理，同时注意网络交换关系在其中的作用，认真加以分析和解决，谨防非对抗性冲突恶化为对抗性冲突。

当组织能够成功处理劳资对抗与冲突，或组织能够将劳资冲突维持在较低水平的时，组织就有条件将劳资关系问题转变为劳资合作问题。组织需要强化组织跟员工的经济交换关系和社会交换"冰山模型"水面以上的部分。但是在强化这些关系之前，组织需要识别出哪些因素影响着经济交换关系和社会交换关系。通过成立专门小组，对问题进行识别，对制度及其执行进行分析，对员工工作状态进行检测，对组织绩效进行监测等。运用问卷调查和访谈等方式，可以初步识别出具体影响因素。针对具体影响因素，组织管理者可以有步骤地进行改进或者进行解释沟通。

当上述问题解决后，组织就进入了合作型劳资关系的建立和维护阶段。为了进一步提高组织整体绩效水平，实现组织预定的目标和愿景，组织管理者需要与员工群体之间的交换关系需进一步深化，维护双方的利益和权益诉求，使得劳资双方在思想观念和价值理念方面达成高度的共识。为此，组织需要识别员工的核心利益是什么，与组织核心利益是否一致，如果不一致如何沟通、协商、调整，当然这里的调整涉及组织和员工思想认知的变化。组织一方面要充分向员工灌输企业文化、使命、愿景和价值追求，另一方面要吸收员工思想观念和价值追求中合理的部分，让员工高度认同企业核心价值观。组织对员工的思想观念和价值观予以赞赏和肯定，让员工感受到组织的精神回报，即让社会交换"冰山模型"水面以下的部分持续得到充分体现。

劳资伙伴关系并非一定建立在对等的经济交换基础上，只要员工和组织的目标和价值追求一致，即使组织经营出现严重困难或处于起步阶段，员工并不一定会过度追求组织给予的回报，员工甚至会放弃部分回报，自愿为组织奉献。这种情形下，员工把个人的工作价值追求寄托在组织中，员工对组织的忠诚度较高，并将自身价值的实现与组织价值的实现高度融为一体。当然组织不能因为价值理念一致就忽略对员工的精神回报，在某些条件下也要从精神上给予员工充分的回报，比如对员工的坚持不懈和吃苦耐劳精神进行表扬，让员工看到其思想认识和价值追求正式组织所需要的，使员工相信组织的明天和他紧密相关，组织任何时候都有属于他的一部分，这样，才能真正建立起组织和员工之间对等的交换关系。

从劳资冲突到劳资合作关系，再到劳资伙伴关系，不仅需要分析经济交换关系和社会交换关系，也要注重网络交换关系在建立对等的作用，不能把三者割裂开来。任何一种类型的劳资关系状态，都有与之对应的居于主导地位的交换关系类型，但不代表不存在其他类型的交换关系。因此，在处理经济交换关系、社会交换关系及网络交换关系时，既要抓住主要关系，又要兼顾次要关系。

第五章
环境和资源变化对劳资伙伴关系的扰动过程

组织需要与外界环境或其他组织发生交换关系以获取必要的资源来维持自身的稳定发展，组织中劳资伙伴关系的构建和维护也必须以其所需资源的稳定供应为前提。要实现资源的稳定供应，组织往往需要与控制这些资源的其他组织或环境达成某种长期的交换协议。当外部环境或控制稀缺资源的其他组织在与组织系统内部行为主体进行资源交换时，控制了交换的主导权，组织就会对外部环境或其他资源产生依赖性。

由于环境和资源的供应本身就具有波动性，这种波动会通过交换渠道传递到组织内部系统，从而形成了组织资源供应的不确定性，这种不确定的变化和波动会直接影响劳资伙伴关系的运动过程，甚至会决定劳资伙伴关系的演化趋势。事实上，劳资伙伴关系的运动和演化不是在组织内孤立运行的，而是一直伴随着环境和资源变化的扰动过程。

对环境与资源变量的构成及发展规律进行研究，可以更加全面地衡量劳资伙伴关系系统在环境与资源变量干扰下的演进状态。把环境与资源的变化加入劳资伙伴关系分析框架中，有助于我们对推演过程中所发生的偏差进行修正和调整，更全面的理解劳资伙伴关系的运动和演化过程。

第一节　环境变化对劳资伙伴关系的扰动过程

由于组织外部环境或环境中的其他机构或利益群体控制着组织维持生产所需的物质性资源、财产性资源、知识性资源及信息资源等，组织就需要适应其所处的环境系统。斯科特（Scott, W. R.）和戴维斯（Davis, G. F.）认为，必须将组织置于特定的环境中进行分析，组织系统是开放的，并非孤立存在于环境之中，组织系统的正规性、层级性与环境的多样性、稳定性是有一定关联性的。[①]

迈耶（Meyer，J. W.）和斯科特认为组织环境对组织的约束及影响既有技术性的（technical），也有制度性的（institutional）。环境的技术限制或约束主要体现为环境能够通过技术手段，限制或约束组织中某种产品或服务在市场中的交换过程，而制度性限制或约束则表现为环境对组织生产流程、管理制度的干扰和影响。[②] 环境会通过加快或减缓组织演进的速度和组织系统调整的速度来改变组织形式或组织内的系统。[③]

作为组织内部协调劳资关系的劳资伙伴关系系统，其结构、演进速度及组成形式也受环境的影响。厘清环境或资源对劳资伙伴关系系统的影响过程，首先要准确分析环境要素构成和影响机制，分析哪些环境要素会对劳资伙伴关系系统产生影响，然后进一步分析这些要素是如何影响劳资伙伴关系过程的。环境在影响劳资伙伴关系系统的同时，还会将压力和要求传递给组织中的主体及群体，进而影响各主体及群体的价值观念，导致各主体及群体中隐含的价值观念发生转变。伙伴关系各主体及群体价值观念的转变会间接影响劳资伙伴关系的演进方向及路径，甚至还会促使劳资双方合作的基础发生改变，使原有的合作基础在组织内权力结构的变化过程中发生转变，同时，劳资伙伴关系中的行为主体或群体间的交换关系也会发生改变。

一、影响劳资伙伴关系的制度环境与任务环境

通常认为组织所面临的环境涉及制度环境与任务环境两个维度，劳资伙伴关系系统是在制度环境和任务环境中与其他组织或机构交换物质资源、财务资源、知识资源和信息资源等资源要素。奥利弗（1997）把制度环境与任务环境在背景内容、主要需求因素、压力类型、主要构成部分、外部控制机制、组

① Scott W R, Davis G F. Organizations and Organizing: Rational, Natural and Open Systems Perspectives (New International Edition) [M]. New York, NY: Pearson, 2013.

② Fennell M L, Alexander J A. Organizational Boundary Spanning in Institutionalized Environments [J]. Academy of Management Journal, 1987, 30 (3): 456 – 476. Meyer J W, Scott W R. Organizational environments: Ritual and rationality [M]. Beverly Hills, Calif: Sage Publications, 1983.

③ Scott W R, Davis G F. Organizations and Organizing: Rational, Natural and Open Systems Perspectives (New International Edition) [M]. New York, NY: Pearson, 2013.

织的成功因素、对自主性的主要威胁等七个维度上面进行了对比，① 如表 5 - 1
所示。2012 年，沃尔伯达（Volberda, H. W.）和韦尔特（Weerdt, N. V. D.）
等人用制度理论和权变理论分别解释了制度环境和任务环境与组织绩效之间的
关系，认为组织的制度环境与任务环境这两个维度并不是对立关系，两个维度
之间也并不相互束缚。② 制度理论强调强制同构（coercive isomorphism）、模仿
同构（mimetic isomorphism）、规范同构（normative isomorphism）等制度同构
方式，这可能是组织为了应对并适应环境的变化而采取的不同策略。③

表 5 - 1   **制度环境与任务环境研究视角对比**

相关维度	制度环境	任务环境
环境背景内容	政治与法律	市场
主要需求因素	合法性	资源
压力的类型	强制性、模仿性、规范性压力	竞争性压力
主要构成部分	政府机构和专业协会	资源的稀缺程度与生产要素
外部控制机制	规则、规章、检查	重要的交换关系
组织的成功因素	符合规定的制度和规范	关键资源的获取与控制
对自主性的主要威胁	政府干预	交换资源的伙伴

资料来源：Oliver C. The Influence of Institutional and Task Environment Relationships on Organizational Performance：The Canadian Construction Industry［J］. Journal of Management Studies, 1997, 34（1）：99 - 124.

采用不同管理策略应对环境变化的实践有很多，如政府已经成为劳资伙伴
关系的积极实践者和国家层面劳资伙伴关系的主要推动者。从社会和国家层面
建设劳资伙伴关系，形成社会伙伴关系，主要方式是通过制定相关法律与相应
的劳动关系制度来约束并保障企业内部的劳资关系。例如，劳资内部规章制度
（绩效制度、培训制度、福利薪酬制度、晋升制度和岗位制度等）受到外部法

---

①   Oliver C. The Influence of Institutional and Task Environment Relationships on Organizational Performance：The Canadian Construction Industry［J］. Journal of Management Studies, 1997, 34（1）：99 - 124.

②   Volberda H W, Weerdt N V D, Verwaal E, et al. Contingency fit, institutional fit, and firm performance：A metafit approach to organization-environment relationships［J］. Organization Science, 2012, 23（4）：1040 - 1054.

③   Oliver C. The Influence of Institutional and Task Environment Relationships on Organizational Performance：The Canadian Construction Industry［J］. Journal of Management Studies, 1997, 34（1）：99 - 124. Volberda H W, Weerdt N V D, Verwaal E, et al. Contingency fit, institutional fit, and firm performance：A metafit approach to organization-environment relationships［J］. Organization Science, 2012, 23（4）：1040 - 1054.

律、法规的约束（规制性要素），还受到行业用工规范和用工条件（规范性要素）的约束，也受到当地人们对参与组织活动的态度和价值观（文化认知性要素）的制约。

劳资伙伴关系系统不仅面临着制度环境的约束，也面临着强任务环境维度的约束，劳资伙伴关系的参与群体会采取相应的策略来抵御任务环境给整个系统带来的压力。[①] 比如，薪酬及福利待遇水平不仅受劳动法律、相关法规、劳资双方所签订的合法的劳动合同等规制性要素的约束，也受到集体谈判结果及所在地区或行业的整体薪酬水平等的约束，而企业所选择的薪酬战略和具体的劳动人事政策能够一定程度减弱外部制度规定对组织内劳资伙伴关系正常运行的压力。如何更好地适应环境，减少外部环境对劳资伙伴关系系统的压力和冲击，是劳资伙伴关系系统构建者和控制者需要思考的重要问题。

从组织系统的开放程度来看，组织或劳资伙伴关系系统需要保持一定的弹性来应对环境的冲击，这种弹性就是要权变地适应组织制度环境与任务环境。沃尔伯达和韦尔特等人（2012）主张应该将权变适应与制度适应融合在一起，相互补充和相互适应，并以此调节和提高组织对环境的适应性。沃尔伯达和韦尔特等人认为这样效果会更好，这种方式会对组织绩效产生积极的影响。[②]

二、任务环境对劳资伙伴关系的影响

汤普森（Thompson, J. D., 1967）将帕森斯（Parsons, T.）的层次模型引入组织分析中，技术层、制度层和管理层构成了组织的三个层次。[③] 技术层面专注于组织生产与组织技术的升级与改进，并解决组织当前所面临的技术任务和技术问题，组织技术层面的特点使得其更接近于组织的封闭性。制度层能为组织的技术层面获取组织内部群体或组织外部利益相关者的支持提供一定程度的帮助，因此，组织制度层面就要求组织与外部环境保持开放性，

① Volberda H W, Weerdt N V D, Verwaal E, et al. Contingency fit, institutional fit, and firm performance: A metafit approach to organization-environment relationships [J]. Organization Science, 2012, 23 (4): 1040 – 1054.

② Volberda H W, Weerdt N V D, Verwaal E, et al. Contingency fit, institutional fit, and firm performance: A metafit approach to organization-environment relationships [J]. Organization Science, 2012, 23 (4): 1040 – 1054.

③ Thompson J D. Organizations in Action: Social Science Bases of Administrative Theory [M]. London: Routledge Taylor & Francis Group, 1967.

组织制度层面也能够帮助组织在更高层级上寻求合法性地位。管理层则强调组织的协调能力，高超的协调能力能够增强组织应对环境和资源给其带来压力与干扰的能力。一方面，组织管理层不仅要协调组织的输入路径，即组织技术层面维持组织生产或技术革新所需的各种资源，与此同时，又要不断地与组织外部资源供应者进行协调以增强获取资源的能力。另一方面，则需要与组织外部承销商或消费者进行联结，以便与其交换组织生产的产品或提供的服务。

任务环境与组织目标的实现直接相关，由关键顾客群或要素组成，这些顾客群或要素对组织的正常运转和绩效有重要影响。任务环境的观点强调了组织与任务环境的相互依赖性、环境资源的稀缺性，以及组织所面临的竞争压力（任星耀，钱丽萍，2009）。[①] 组织内劳资伙伴关系系统在构建与演进过程中需要与外界交换资源，任务环境是劳资伙伴关系系统发展和演进过程中不可忽视的外部关键影响因素。

为了维持劳资伙伴关系系统的稳定性，组织就得权变地适应任务环境中的变量，在劳资伙伴关系模型的构建中了解任务环境与组织交换过程和变化机理。部分学者指出任务环境理论的构建通常会涉及两个基础研究学说，即组织种群生态学学说和资源依赖学说。[②] 组织种群生态学说强调了物质环境条件中资源分布与资源密度在不同时空状态下的变化和组织群落内群际的自我调节机制。资源依赖学说则关注组织与任务环境的交互作用和依赖关系，而且组织决策在资源选择中的作用也成为理论构建过程中的焦点问题。

（一）市场

市场环境对具有特定行动目标的组织的运行具有重大影响，因此，研究组织运行情况必须分析市场变量。如果单从市场变量的分类来分析，市场环境除了包括经济技术、市场竞争态势和资源供应数量与渠道等因素外，还包括法律制度、社会文化及风俗习惯等方面。市场与组织之间在产品、服务及资源进行一系列交换过程，并形成一系列交换关系，各利益相关者之间存在动态博弈关系。

---

① 任星耀，钱丽萍. 基于制度环境和任务环境观点的厂商关系管理 [J]. 南开管理评论，2009，12（4）：26－35.

② Dess G G, Beard D W. Dimensions of Organizational Task Environment [J]. Administrative Science Quarterly, 1984, 29（1）：52－73.

劳动力市场是与企业组织关系最为密切的市场，劳动力的供给是影响劳资伙伴关系系统的一个重要的市场环境。劳动力资源的人口素质特征、资源数量和结构虽然在一定时期内能维持较为稳定的供给水平，但从长期来看，劳资伙伴关系系统需要从组织外部获取大量的劳动力资源和智力资源才能维持整个系统的正常运转。此外，技术革新等时常会造成组织所需的劳动力数量、质量与市场整个劳动力资源供给发生错配，导致组织不能有效地从劳动力市场上获取自身所需的劳动力资源和智力资源，即使劳动力市场上仍然存在大量剩余的劳动力资源。除了技术革新等因素会影响劳动力的供给，工会的力量和水平也会影响劳动力市场的供给水平、供给价格和供给质量。为了维护工会会员的利益和工会在组织内部的相对力量，工会积极发展其他人员加入工会，并在组织内部形成相对独立的力量来维护其群体利益。比较典型的工会是行业工会，以行业工会为基础建立劳资伙伴关系的典型是美国和加拿大。尤其是美国，其劳资伙伴关系是在集体谈判的框架下建立的，通过相关机构的监督和调整劳动关系的相关法案加以推动。

一部分研究者通过分析西方集体谈判机制的衰落过程来研究当代劳资伙伴关系构建及演化的背景。相关研究显示，美国集体谈判的覆盖率和工会参与率成逐年下降的趋势，这跟工会力量过于强大，政府通过司法手段控制工会增长有关。① 除了政府对工会的限制外，美国产业结构发生的变化也使产业工人数量大幅下降，生物信息等高科技产业兴起都使美国产业工人数量急剧降低。因此，美国的劳资矛盾基本上都是法律关系矛盾，寇肯（2008）等人的研究聚焦于这一背景下跨地区、跨层级、跨行业的劳资伙伴关系的建立和维持。

在组织内部劳资伙伴关系系统中，为了应对工会给组织带来的压力并进一步促进工会与各主体及群体之间合作关系的发展，组织及各合作方会调整相关合作政策。如，由零和谈判模式向双赢谈判模式转变，组织通过建构新的集体协议与工会和雇员进行交流沟通，实现权力与利益的共享。当代组织广泛运用收益分享和利润分享计划，使雇主、雇员、工会等各方均能从组织效益改进和绩效提高中获得更多的物质和非物质利益。在管理措施方面，管理方采用激励措施刺激员工参与组织生产实践，团队模式、无边界组织搭建、弹性工作制和

---

① Clinton 政府时期推行全行业的劳资伙伴关系政策是分不开的，一方面加强劳资合作化解劳资间的冲突与矛盾；另一方面对限制工会的发展起到一定作用，详见 Tobias R M. The future of federal government labor relations and the mutual interests of congress, the administration, and unions [J]. Journal of Labor Research, 2006, 25 (1): 19 - 41.

灵活工作时间等新的工作管理方式越来越容易被雇主采纳。

（二）行业

行业环境中的竞争关系和合作关系对于组织内部劳资伙伴关系的运行至关重要，组织面临行业中的各种不确定性，组织需要通过处理和应对各种不确定性来维持其与同行业其他利益相关组织的交换关系。即使有相关契约或同盟关系作为保障，交换过程和交换行为也可能是不稳定的。这种不稳定性既有可能来自于下游客户或承销商对组织提供的产品或服务的不确定性，也可能来自于资金、原材料、信息等要素提供者所供应的产品或服务在数量及质量等方面的不确定性。

行业的竞争性表现为两个方面：一是同行业既有竞争者所带来的竞争压力；二是新进入者和替代品或服务对组织现有竞争格局的冲击。行业中存在的不确定性和竞争性影响行业产品或服务的价格、成本与投资水平，而价格、成本和投资水平的波动和变化都会通过相关的渠道传导到组织内部，对组织内部的劳资关系氛围甚至是整个产业格局产生影响。[①]

波特（1980）也指出，行业竞争压力的来源之一就是新进入行业的竞争对手和对组织产品或服务产生替代的替代者，[②]减弱新进入者或替代者对组织产生的不利影响就成为组织迫切需要解决的问题之一。新的行业进入者和产品或服务替代会压低行业中产品或服务的整体价格，并减少其他利益相关者对组织的投资。价格及投资水平的降低会降低组织的盈利水平，进而影响甚至改变组织内部劳资伙伴关系。通常情况下，这不仅会降低组织绩效和收益，也会降低伙伴关系中各主体的收入水平，实际收入和预期收入的降低会使伙伴关系中的各主体降低参与意愿并减少合作行为。

从整个行业环境入手，联合其他行业利益群体来操控行业新进入者，提高行业准入壁垒是组织通常的选择。从增强组织自身能力来说，突破行业壁垒，兼并其他行业相关组织或控制替代品也是组织的应对策略之一，即进行不同行业（相近行业）的跨行业经营。组织通过保持一定的规模才能维持组织的收益水平，从而为组织内部伙伴关系中的各主体提供了一个较为稳定的预期收益。收益预期的稳定降低了合作参与者改变原有参与及合作意愿的可能性，有利于劳资伙伴关系系统的稳定。另外，同一行业内部不同组织的合并或兼并也

---

①② Porter M E. Competitive strategy: techniques for analyzing industries and competitors with a new introduct [M]. New York: Free Press, 1980.

是组织缓解环境压力或控制环境压力的手段之一。

奥利弗（1991）指出，在外部环境施压方较多，且组织对外部环境依赖性较低时，组织更可能会采取操控的手段来影响或控制环境中对组织产生影响的利益相关者。[①] 普费弗（Pfeffer, J.）和萨兰西克（Salancik, G. R.）认为增强组织所处环境的稳定性和确定性的方法之一就是通过组织规模的增长来实现组织对不确定环境因素的控制，而组织扩张的途径之一就是通过合并或兼并同行业或其他行业中的组织。[②]

（三）技术

诺斯（North, D. C.）和沃利斯（Wallis, J. J.）在制度变迁与技术变迁的分析中将技术变迁或技术变革分为两种类型，即交换增强的技术变革与转型增强的技术变革。交换增强的技术变革主要是指在组织生产过程中能够提高交换效率的技术变革，而转型增强的技术变革在组织生产过程中能够刺激组织增加转型投入的技术变革或技术手段。[③]

诺斯和沃利斯（1994）对技术变迁的分析表明，技术变革或技术进步主要通过两种路径促进组织的发展，一种路径是在不改变组织现有发展方向下提高组织效率，另一路径是通过改变技术投入效率来转变组织的发展方向并进而促进组织的发展。然而，组织中的合作参与者和政策制定者是否选择通过技术革新来转变组织发展方向，还需考虑组织意愿、环境与组织的力量对比、组织现有的技术条件、资源储备程度和组织对资源的依赖程度等多种因素。

新技术的采纳和应用通常要涉及信息的获取和处理，而技能的提高则加快了信息获取和处理过程的速度，快速的技术进步与技能的提高有着密不可分的联系。[④] 但技术革新或技术进步也会造成组织内部的不均衡发展，如使现有劳资伙伴关系系统中的主体或群体进一步分化，伙伴关系中的权力结构发生变

---

① Oliver C. Strategic Responses to Institutional Processes [J]. Academy of Management Review, 1991, 16 (1): 145 – 179.

② Pfeffer J, Salancik G R. The External Control of Organizations: A Resource Dependence Perspective [J]. Stanford, California: Stanford University Press, 1978.

③ North D C, Wallis J J. Integrating Institutional Change and Technical Change in Economic History A Transaction Cost Approach [J]. Journal of Institutional & Theoretical Economics, 1994, 150 (4): 609 – 624.

④ Acemoglu D. Technical Change, Inequality, and the Labor Market [J]. Journal of Economic Literature, 2002, 40 (1): 7 – 72.

化，改变各参与主体或合作群体之间的权力与利益关系改变整个组织的人员结构和群体力量对比。

技术革新或变迁不仅会提高组织的生产经营效率，也会使组织的经营与管理方向发生转型，特别在群体分化和人员构成等方面。为了转型成功，组织也会将大量的资源、资金和信息投入到新的发展方向上，组织中部分人员的薪资收入水平与组织地位就会提高，组织内新技术的使用者和控制者在组织中的地位会大幅提高，在伙伴关系中的权力和利益也相应提高。原有技能或技术持有人员由于持有相对落后或淘汰的生产技术或服务水平，当这部分群体所创造的生产价值低于组织预期时，组织会将这部分人视为生产成本或组织发展过程中的阻碍，其在组织中的权力和利益会逐渐降低，将逐渐被边缘化甚至被淘汰出组织。

三、制度环境对劳资伙伴关系的影响

制度环境因素会通过影响劳资伙伴行为主体或参与者的认知信念和控制力量[1]来调整劳资伙伴关系不同群体的相对力量及群体间的合作结构。制度环境会改变伙伴关系各主体之间的关系及紧密程度，进而扰动组织整体的合作氛围。劳资伙伴关系各方与劳资伙伴关系系统对环境的控制能力和适应能力是不同的，群体的抗压能力增强会削弱制度环境对群体或劳资伙伴关系系统的影响力。

只有厘清组织场域内关键制度环境的要素构成，才能更好地研究制度环境对劳资伙伴关系的影响。陈（Chan, K. C.）和惠（Hui, S. I.）认为可以用一些可以衡量的制度环境变量来描述组织场域内的制度环境差异，[2] 如工会密度（union density）、集体谈判的覆盖面（collective bargaining coverage）、集体谈判的聚合度和层次（bargaining centralization or level）、协调机制（bargaining coordination）、工人参与政府参与的程度等。[3]

---

① Scott W R. Institutions and organizations: ideas, interests, and identities (4th) [M]. Thousand Oaks, CA: Sage Publications, 2013.

② Chan K C, Hui S I. The Development of Collective Bargaining in China: From "Collective Bargaining by Riot" to "Party State-led Wage Bargaining" [J]. China Quarterly, 2013, 216 (3): 221–242.

③ Boyd B. Comparative industrial relations theory: the role of national culture [J]. International Journal of Human Resource Management, 2005, 16 (7): 1137–1158.

（一）制度环境的构成

制度是由规制性要素（regulative）、规范性要素（normative）和文化认知性要素（cultural-cognitive）等关键性要素构成。① 规制性要素通常涉及明确的规则制定过程和监督过程和奖惩过程，需明确外在规则的建立和规则建立后监督相关人员对规则的执行和遵守，并配置和设立奖惩措施来保证规则的有效执行。②

规范性要素通常涉及行为主体基于自我偏好、自身需求和认知理解而做出的判断或抉择等比较评价标准，或涉及完成必要工作所需的流程以及获取结果所需的手段和方法等规范要求。③文化认知性要素则涉及成员对社会本质的共同理解与认同，是一种可以被感知且存在于行为主体的文化符号，这些共同的文化认知和理解又会促使行为主体形成特定的行为或约束相关的行动。④

（二）制度环境的正式约束与非正式约束

1. 正式制度约束

正式规则包括法律和政治规则、经济制度规则和其他的明文契约，以及法律法规延伸到企业内部所形成的商业合同与企业制度。法律和政治制度则在一个更高的层面界定环境中的基本交换行为和日常决策机制，其界定范围较为宽泛且具有较强的约束力，正是其广泛而强有力的约束力，使其在变更过程中的时间消耗比经济规则、商业合同或契约都更长。经济规则和商业合同主要是约束组织中不同层级间的交换行为，规定交换行为的延续时间和交换过程中的注意事项，并界定交换过程中交换标的所有权和分配机制，其约束范围与法律和政治制度相比则较为狭窄。契约则为劳资伙伴关系系统内或组织间交换行为发生过程提供的一个明确的交换框架，在保证双方能够获得一定利益的前提下，约束交换双方的行为并节约交换时间和成本，契约的约束范围是正式制度约束过程中约束范围最为狭窄的，其约束能力只能局限于某种特定交换群体的交换行为。

正式制度提供的约束弥补并强化了非正式制度约束的有效性，⑤ 正式制度

---

①②③④　Scott W R. Institutions and organizations: ideas, interests, and identities (4th) [M]. Thousand Oaks, CA: Sage Publications, 2013.

⑤　North D C. Institutions, Institutional Change and Economic Performance, by Douglass C. North [M]. Cambridge, UK: Cambridge University Press, 1990.

为组织中的成员和利益群体划定了明确的行动边界，同时正式制度也为整个制度的执行过程提供了监督保障机制和奖惩机制，使得组织中的成员和利益群体按照正式制度的要求来调整自己的行动意图和行为方式。但正式制度设计也会将成本考虑在内，正式制度使得组织中的成员与利益群体在与组织外部环境或组织内其他成员的交换过程更加精确且标准化。明确的契约或交换规则、制度要求降低了交换过程的不确定性，法律法规、政治规则为解决组织内外行为主体间、群体间的争端或纠纷提供了清晰的解决方案和处理方法。同时提高交换双方在交换过程中的交换效率和成功率，也促使资源在较短的时间内完成交换，交换时间的缩短使得整体交换成本得以降低。如果有人突破正式制度的约束，并违反了正式制度对行为主体的强制行为要求，那么行为主体就要承担违约责任同时接受制度环境对行为主体的处罚，因为对正式制度的违反就意味着对既有利益格局中其他行为主体或利益群体既得利益的侵犯。[①]

2. 非正式制度约束

正式制度是由精确、标准化的处理规则构成，并由奖惩机制与监督过程来保证处于制度约束范围内的成员按照正式制度的要求来执行相关行为规范。但有时环境中的组织和行为主体不一定是按照理性思维和制度流程来采取行动，正式制度的约束并不能触及组织内部的每一个地方，而且制度在一定程度上是具有滞后性，不能随着环境的变化而及时调整。在制度调整的空档期，那些制度约束不到的地方就会形成一定的制度漏洞。正式制度的维持与运转是需要消耗一定的社会资源的，受到正式制度约束的组织势必会承担资源消耗所产生的成本，对维持正式制度正常运转成本的降低不只是通过简单的成本均摊或摊派，而是需要有其他较为灵活的非正式制度作为补充来弥补正式制度所约束不到的地方。而非正式制度指不依赖于个人意志和情感偏好而形成的，能够在一定程度上预测其他行为主体的行为偏好或行动并对行为主体产生某种行为约束的行为传统或文化规范，[②] 包括行为准则、行为规范、习俗惯例、伦理道德等。

诺斯（1990）指出了非正式制度约束的三个特性：（1）正如前面所提到的，非正式制度约束是对正式制度约束的补充、延伸和修正；（2）非正式制

---

① 王跃生. 非正式约束·经济市场化·制度变迁 [J]. 当代世界与社会主义, 1997 (3)：17 - 22.

② Elster J, The Cement of Society：A Study of Social Order [M]. Cambridge, UK：Cambridge University Press, 1989.

度约束是在一定范围内产生作用的，其作用范围通常局限于认同非正式制度的群体内部或个人；（3）非正式制度也与正式制度类似，具有一定的奖惩机制，但与正式制度具有明确奖惩制度不同的是，非正式制度对行为规范的约束是采用社会制裁的方式。① 非正式制度约束的存续也不同于正式制度的约束，正式制度约束的存续可以将相关成本通过合法的方式均摊到其他组织和群体，不同的交换行为普遍存在于组织中的行为主体间或利益群体间，就交换过程来说组织总资源是有限的，交换过程的发生不能无限制的消耗组织资源。虽然非正式制度的约束过程也是普遍存在于组织内部行为主体间或群体间的，非正式制度的普遍存在性决定了非正式制度的存续方式是与正式制度存续方式是不同的。非正式制度通过降低交换双方的成本，撮合交换行为向着有利于交换双方的情形发展，并使交换双方在今后的交换过程中自愿执行这种默认的非正式制度来实现非正式制度本身的存续。

（三）在不同制度环境下劳资伙伴的反应及应对策略

在同一组织范围内或类似组织群内，即使组织面临相似的环境氛围，不同制度环境的作用过程和压力传导方式也是不同的，组织承受不同制度要素的压力和适应环境的能力也不相同。制度环境要素由规制性要素、规范性要素与文化认知要素这三种要素构成（斯科特，2013），不同要素也会通过不同的方式将制度的要求和约束传递到组织内部，同时制度环境也会通过这三种要素的传播渠道来传导环境压力，迫使组织内部系统发生改变和调整。

斯科特指出制度是通过四种传递方式将其压力传导到组织内部的，这四种传递方式分别为符号系统、关系系统、惯例和人工器物。② 外部制度环境通过传导环境压力使得组织中的符号系统、关系系统、惯例和人工器物发生转变，进而逐步调整组织行为主体和群体重新配置现有的利益分配机制。但是组织和组织内的劳资伙伴关系系统也不完全是被动接受制度环境传导的环境压力，奥利弗指出在面对制度环境压力时，组织会采取不同的战略来响应。③ 斯科特认为整个制度系统是基于三种方式实现制度化的，即基于回报递增的制度化、基

① North D C. Institutions, Institutional Change and Economic Performance, by Douglass C. North ［M］. Cambridge, UK: Cambridge University Press, 1990.

② Scott W R. Institutions and organizations: ideas, interests, and identities (4th) ［M］. Thousand Oaks, CA: Sage Publications, 2013.

③ Oliver C. Strategic Responses to Institutional Processes ［J］. Academy of Management Review, 1991, 16 (1): 145 –179.

于承诺递增的制度化、日益客观化而出现的制度化。① 为了展现不同制度环境下劳资伙伴的反应及应对策略，本节以构成制度的制性要素、规范性要素和文化认知性要素这三种传导制度压力的机制作为分析的切入点，将制度环境与组织中的劳资伙伴关系的互动过程分为规制过程、规范过程和文化认知过程。

规制过程（regulative process）通常是制度环境中的法律、政治制度、经济规则，通过明确的奖惩机制和监督机制，来保障制度控制范围内的成员有效遵守并执行有关制度要求，这种制约机制利用外部环境中的强制性权力所形成的权威来控制环境中的有机体。组织的合法性地位是其在一定范围内从事经营性或非经营性活动的牌照，由于规制性要素的约束，如果组织失去合法性地位，将不能在一定范围内的制度环境中生存。环境中的权威机构通过行使赋予组织和其成员合法性地位的权力，使组织及其成员遵守权威主体的要求。尤其是外部制度环境中的法律、政治制度和经济规则，通过奖惩机制使组织沿着一定的路径发展，即当组织和组织参与者顺应组织外部法律、政治制度等制度性要求开展组织行动时，组织就会免于被处罚并得到相应的奖赏。这从另一侧面强化了组织在法律、政治制度和经济规则范围内开展今后活动的要求，同时使得组织采取替代发展路径的成本增高，外部制度环境正是通过这样一种正反馈机制来保障组织遵守其制度要求。亚瑟（Arthur，W. B.，1994）经过研究提出了一种正反馈机制，其正反馈机制包括四种自我强化机制，组织正是通过这四种自我强化机制沿着制度环境提供的路径开展组织活动。这四种机制包括：（1）初期成本较高导致组织一旦选择某一发展路径后，若要放弃现有发展路径就势必要放弃原始投入的高额成本，给组织造成不必要的损失；（2）学习效应，就是指组织一旦熟悉某一路径时就不愿意考虑其他发展路径；（3）协作效应，就是指与制度环境中其他同类组织采纳同一发展路径，会给组织带来更多的协同优势；（4）预期适应，是指先期采纳制度环境发展路径的组织，会刺激后进入的组织倾向于采用同样的组织发展路径。② 这种遵守制度环境要求和预定发展路径的组织就会被环境中的权威机构赋予在环境中合法性的地位，获得合法性地位的组织也会在环境发展路径的约束下进一步按照预定发展路径开展行动。

---

① Scott W R. Institutions and organizations: ideas, interests, and identities (4th) [M]. Thousand Oaks, CA: Sage Publications, 2013.

② Arthur W B. Increasing returns and path dependence in the economy [M]. Ann Arbor: University of Michigan Press, 1994.

制度的规范过程（normative process）对组织的约束介于正式约束与非正式约束之间，部分明确的流程、规则或规范则以较为正式的约束形式制约组织及其成员，另外一部分如伦理道德、默会要求等通过非正式约束的形式制约组织及其成员。正式约束的制度规范过程以一种类似于制度过程中的路径演进机制，来使环境中的制度逐渐被组织成员所接受并固化。制度规范等较为正式的约束形式，通过组织成员熟悉的方式来强化工作所需的流程、实现结果所需的手段和方法等规范要求，并创造出组织成员所能接受的符号、关系与器物，同时以利益为诱饵固化组织成员的行为惯例和价值取向。[1] 另外环境则通过对组织进行不同形式的扰动等间接方式，促使组织内部成员间形成利益分配和风险共担的制度规范、伦理道德、默会要求等非正式约束形式。在非正式约束形式中，组织中的成员与不同利益群体间并不是相互孤立的，而是错综复杂的利益交换和社会关系网络相互交织，同时组织中的成员与外部环境之间存在着不同形式的利益输出与交换。这种组织内部成员所形成的复杂利益关系网络和社会联结网络增强了成员间的彼此联结，在面对外部环境冲击时，使其有更充分的理由来分化环境风险并共享环境红利。制度规范更加强调通过影响行为主体的自我偏好、自身需求和认知理解，来实现行为主体比较评价标准的改变。自我偏好或认知理解的改变需要组织内部成员具备一定的积累能力，确保能够从环境中不断积累复杂的行为模式和组织内资源、信息等要素，同时还需要组织具备不断自我调整的能力。制度规范的完善正是在组织成员和组织劳资伙伴关系系统不断自我优化、自我积累的过程中逐步实现的。

制度的文化认知过程（cultural-cognitive process）对组织的约束程度是以一种非正式的约束形式而存在的，这种非正式约束通过缓慢地渗透方式影响组织内的劳资伙伴关系系统和其成员。合作参与者的情感认知和工作价值观念是在合作建立及维系的过程中形成的，这种共同的文化认知和情感理解在合作过程中逐渐外化为合作主体外显的客观性系统符号，这种系统符号也就是组织长期演进过程中所形成的文化氛围或劳资合作氛围。构成组织合作关系氛围的行为主体同样也受到组织外部环境中社会文化认知的影响，参与合作的行为主体是不能脱离主体社会文化认知而存在的，社会文化的基本构成要素和共同理解会通过参与合作的行为主体传导到组织内部。尤其是当环境中存在较强的文化认同时，组织劳资合作氛围会受到一定程度的影响。这种影响其实就是环境会

---

① Scott W R. Institutions and organizations: ideas, interests, and identities (4th) [M]. Thousand Oaks, CA: Sage Publications, 2013.

直接通过其与组织交集中的行为个体将社会文化认知传导到组织内部，而制度环境会通过另一种传导机制将环境压力传递给组织内部合作群体及劳资伙伴关系的参与者。组织内有差异行为的参与者经过长期的调和而形成一个个完整的群体，但是为了群体利益最大化和争夺组织的控制权，组织群体间的差异会逐步扩大并有可能导致组织分化。① 制度环境中的利益相关者会与组织内的群体建立短暂的利益关系或同盟关系，以便帮助内部群体夺取组织控制权。组织外部的利益相关者的关注点是确保获得之前约定好的利益，利益得到保障后会赋予组织内部利益群体代表自身权益的合法性社会地位。而社会文化认知要素则会通过利益联盟的渠道传递到组织内部，进而刺激组织内部进一步调和或分化，但组织文化氛围内部要素控制主导权仍然掌握在组织内部。组织可以通过群际沟通、强化特定行为来加深参与者对组织内特定要素或符号的理解，②进而使组织内成员形成共同的心理认知和对特定事物的一致性理解方式，并以特定的方式和方法与组织劳资伙伴关系系统内的其他成员传播交流其思想和认知。组织的自主控制权会在环境中互相冲突的约束性要求的再平衡过程中受到损失，而共同的心理认识会引导成员在组织边界内形成特定的行为基础和应对环境的方式，群体成员会采取保护措施来降低其中的行动个体受到伤害的可能性和受损程度。③

（四）在相同制度环境下不同劳资伙伴的反应及应对策略

制度同构（institutional isomorphism）④ 理论认为，组织由于受到环境中相同的制度压力（institutional pressures）而使得同类型组织随着时间的推移而形成了组织间相似的结构和形式。组织制度的同构性变迁基于三种机制，即强制性同构（coercive isomorphism）、模仿性同构（mimetic isomorphism）、规范性同构（normative isomorphism）。⑤ 处在环境场域内的组织都会受到场域内因素的影响，然而不同类型或状态的组织在面临相同或类似环境时对环境的适应能力和抗压程度是不同的，⑥ 尽管同类组织或企业可能面临同样的制度环境，但这

---

① ② ③　Paulsen N, Hernes T. Managing Boundaries in Organizations: Multiple Perspectives [M]. Hampshire, UK: Palgrave Macmillan, 2003.

④　Pfeffer J, Salancik G R. The External Control of Organizations: A Resource Dependence Perspective [J]. Stanford, California: Stanford University Press, 1978.

⑤　DiMaggio P J, Powell W W. The Iron Cage Revisited: Institutional Isomorphism and Collective Rationality in Organizational Fields [J]. American Sociological Review, 1983, 48（2）: 147–160.

⑥　Scott W R. Institutions and organizations: ideas, interests, and identities（4th）[M]. Thousand Oaks, CA: Sage Publications, 2013.

并不意味着这类组织或企业会形成相同的组织制度结构。

在很多情况下，由于受到制度传递者、对制度环境的不同解释、对应用规则的理解程度、单个组织或组织网络对制度环境的不同应对策率等相关因素的影响，组织往往会形成不同的制度结构，或者说组织的制度是具有趋异性的。① 奥利弗（1991）认为组织顺从制度环境所产生的压力的程度由组织能力、冲突和意识所限定的，即组织可能没有足够的资源或能力来顺从来自制度环境的压力。② 当制度环境要求组织只能顺从相互冲突的多种制度中的其中一种时，组织的资源或能力更显得不足。此外，对制度预期的理解和认知的程度，都会限制组织符合制度要求的能力。换句话说，即使组织面临相同的制度环境要求，由于组织自身所具有的应对能力、冲突状况和认知水平不同，不同组织在顺从制度环境时也会产生差异。奥利弗（1991）认为组织为顺从制度环境，根据其对制度环境的感知、理解程度和自身的能力水平，会适时适地采取不同应对策略，即默许策略、妥协策略、回避策略、对抗策略、操控策略五种策略响应。③

1. 默许策略。当组织感知到外部环境中规制性、规范性和文化认知性要素的威势时，组织会有意或无意的学习、模仿或遵从制度环境中的要求而采取战术手段。尤其是组织出于增强其自身合法性地位和获得社会环境的支持等目的时，④组织会更加自觉地学习、模仿或遵从制度环境中的要求。例如，当组织对环境中的资源和信息产生强烈的依赖性时，组织发展就会完全受到环境中某些要素牵制，没有足够的能力来对抗环境中操控制度的利益相关者。如果组织通过执行环境压力所传导的制度规范和要求能增强其在社会环境中的合法地位时，组织抵制环境压力的可能性也会非常低，更可能采取默许的策略来增加组织生存的概率，获得组织的发展资源和信息。奥利弗（1997）还提到了一种组织默许策略（就是模仿策略），组织面对环境压力无力抗争时，也会模仿环境中与组织相仿机构所采取的应对行为和应对方式。⑤

2. 妥协策略。在相互冲突的制度环境中，追求效率与自主性的组织往往会发现自身目标期望与制度环境的期望要求出现不一致的情况，此时与外部环

① Scott W R. Institutions and organizations: ideas, interests, and identities (4th) [M]. Thousand Oaks, CA: Sage Publications, 2013.

②③④ Oliver C. Strategic Responses to Institutional Processes [J]. Academy of Management Review, 1991, 16 (1): 145 – 179.

⑤ Oliver C. The Influence of Institutional and Task Environment Relationships on Organizational Performance: The Canadian Construction Industry [J]. Journal of Management Studies, 1997, 34 (1): 99 – 124.

境中相关方进行平衡、安抚或议价就成为此时最好的选择。① 例如，组织劳资伙伴关系建设需要与环境交换资源、信息等要素，如果组织对外部环境变化和资源的依赖性较强，当环境对组织内部产生巨大的压力时，为了保障劳资伙伴关系系统建设或运行的顺畅性和延续性，合作参与者往往选择妥协策略来应对环境压力和相关利益群体的利益诉求。当然妥协策略也分为防守型妥协策略和进攻性妥协策略，虽然组织对外部环境有较强的依赖性，需要环境提供相应的资源和信息来维持组织发展，但是当组织有其他渠道或相应的替代品来减轻环境依赖性时，此时组织的力量不足以完全脱离或仅有小部分能够脱离外部环境的依赖能力，合作参与者与环境中的利益相关者进行谈判时，就会尽量使组织自我利益最大化，从而采取进攻型妥协策略，反之则采取防守型妥协策略。

3. 回避策略。奥利弗（1991）认为回避策略是指组织通过掩饰其不顺从的目的，试图避免必须遵从制度环境的威势要求而对自身产生的不利影响，进而实现缓冲制度压力、逃避制度规则或期望的目标。② 例如，有时不同制度对组织自身要求互不相同或相互冲突，当组织内的参与者有一定的意愿或意向顺从其中一个制度要求而放弃顺从其他制度要求时，此时就会形成一种氛围，即参与者默许放弃其他相关者的利益诉求。③ 需要注意的是这种默许形式的对抗有时是有很大风险的，尤其是组织内合作参与者的力量不足以对抗外部环境时，往往意味着整个系统会面临着更大的环境压力，此时合作参与者就会面临选择困境。当默许和妥协策略已不能适应应对当前环境的要求，回避其他利益相关者的要求时，采取迂回策略也许是此时劳资伙伴关系参与者处理复杂环境问题的理性选择之一。

4. 对抗策略。组织以一种更加主动的方式来应对制度环境对自身产生的影响时，通常组织采用抵制或公开对抗或反对的方式来回击制度环境的束缚。例如，组织是否采取对抗策略取决于两种情景，一种情形是当环境中有多个施压方，外部制度规范要求与组织本身的目标并不一致，组织不能同时满足多方的要求且外部环境中利益相关者各方势力较为均等时，此时组织会陷入执行相互冲突的命令的矛盾状态。当冲突与矛盾达到组织内部合作参与者无法执行或

---

①② Oliver C. Strategic Responses to Institutional Processes [J]. Academy of Management Review, 1991, 16 (1): 145 – 179.

③ Oliver C. The Influence of Institutional and Task Environment Relationships on Organizational Performance: The Canadian Construction Industry [J]. Journal of Management Studies, 1997, 34 (1): 99 – 124.

执行后会使整个劳资伙伴关系系统受到极大的损失时，合作参与者就会采取对抗策略，制度环境中施压方数量的多寡、压力产生的原因、环境对组织控制的程度等多种因素会决定组织对环境抵抗的程度。① 另一种情景，正如奥利弗（1997）所认为的那样，环境中制度或规范的自由扩散程度会影响组织对环境中的规则和规范的执行程度。② 当环境中制度或规范的自由扩散程度较低时，如在外部环境中制度制定者推广其新制度的初期，组织可能就会采取不执行的策略。当组织对外部环境依赖较低或组织有多种选择（选择的主动权掌握在组织内部）时，组织就会有相应的能力或资本来对抗环境中的制度施压者，组织掌握自由处置权的程度也能解释组织对环境压力采取对抗的程度。

5. 操控策略。这是一种更为积极的应对方式，组织有目的地与制度环境中的相关方进行合作，通过拉拢、影响或控制等手段来减轻或改变制度环境中的压力和对其的影响。③ 例如，组织有相应的能力能控制环境中的某些要素或资源，或者组织整体的体量足以占据某一行业的主体或操控多个行业主体时，制度或规范对组织造成的影响逐步降低，组织抵抗环境压力的能力逐步增强。④ 此时组织可能会操控或直接替代环境中部分制度制定者的角色，修改环境中不利于组织发展的制度规范和要求，以相对"合法"的身份来掩饰其行动目的，直至达到组织预期的目标，使环境服务于组织的发展与扩张。

第二节　资源变化对劳资伙伴关系的扰动过程

一、资源变化对劳资伙伴关系的扰动

资源或环境的不确定性，一方面源自维持劳资伙伴关系系统正常运转所需交换过程的不确定性。⑤ 交换过程的不确定性多发生在组织所需的稀缺资源方

①② Oliver C. The Influence of Institutional and Task Environment Relationships on Organizational Performance: The Canadian Construction Industry [J]. Journal of Management Studies, 1997, 34 (1): 99 – 124.

③ Oliver C. Strategic Responses to Institutional Processes [J]. Academy of Management Review, 1991, 16 (1): 145 – 179.

④ Oliver C. The Influence of Institutional and Task Environment Relationships on Organizational Performance: The Canadian Construction Industry [J]. Journal of Management Studies, 1997, 34 (1): 99 – 124.

⑤ Pfeffer J, Salancik G R. The External Control of Organizations: A Resource Dependence Perspective [J]. Stanford, California: Stanford University Press, 1978.

面，通常情况下组织不能直接掌握自身所需要的所有资源，特别是外部的稀缺资源，组织内各利益群体需要与外部环境或其他组织进行交换才能获得稀缺资源的使用权。稀缺资源供应的数量与质量、供应渠道的通畅性等条件都会对资源交换过程造成扰动，从而使得整个资源交换过程变得不确定和不稳定。交换过程的不确定性随着资源和行为主体的行为传导到劳资伙伴关系系统，部分不确定性和不稳定性因素随着传递过程的延长和系统要素的扰动，其不利影响因素也会放大，造成全系统的不稳定，这种不确定性是在资源获取过程中所产生的不确定性。

资源或环境的不确定性，另一方面源自资源或信息中存在大量变化且不可预估的要素，国家产业政策的调整、替代资源的大量供应、组织需求的不确定性等在较短时间内的突然调整也会导致资源或信息的不确定性增加。组织生命的延续取决于组织对资源和环境的需求能否得到不断满足，只有持续的资源供应才能保持组织及劳资伙伴关系的生命力。不可预估要素的扰动会造成组织在资源掌控上出现不确定性，组织常常通过提前预置或囤积部分资源来应对环境因素对资源供应稳定性造成的影响，但预置或囤积外部资源会占据组织有限的资金和精力。组织对外部资源掌控能力的提高会降低组织不必要的资源预置或囤积，从而减轻组织在资源投入上的资金压力，因此，组织较强的资源管理控制能力会抵消不可预估要素对组织造成的不确定性。

当组织对外部资源具有较强的管控能力时，组织就能保证自身所需资源供应的稳定性，减弱不可预估因素对资源供应水平的扰动作用，提高组织应对环境的能力，降低组织中不确定因素所形成的风险，同时提高资源的利用效率，有利于组织将有限的资源投入到能够为组织带来更高价值的伙伴关系主体或群体。资源配置过程的不确定性一般会受资源配置过程的效率和资源匹配过程所需的时间成本这两个因素的影响，资源配置过程的不确定性会经常发生在劳资伙伴关系系统中人力资源和资金资源的配置上。

虽然组织可以通过财务手段预测财务资源的投入与产出以便使资金的利用效率最大化，但组织却不能保证获得财务资源注入的群体或行为主体一定能实现投资收益率的最大化。资金一旦注入组织，要想重新配置原有的财务资源是不可能的，换而言之，资源的投入是有沉没成本的，而对于未能获得资金注入且对财务资源有需求的群体或行为主体而言，资源的配置或分配就会形成一种机会成本。人力资源配置同样也会面临沉没成本和机会成本，不过人力资源是一种可以重新配置的资源，但人力资源重新配置的过程往往会降低资源的利用效率并增加资源配置的时间成本。

（一）组织柔性化增强了其抵御外部扰动的能力

组织柔性化是一种组织适应环境变化的能力，具体来说就是当环境对组织形成压力时，劳资伙伴关系系统对环境做出弹性反应，组织管理能力与系统控制能力相互作用后所达到的一种平衡状态。组织柔性的实现也是组织中不同系统柔性程度的汇集，但组织内各系统间的复杂程度、功能结构是不同的，因此不同系统的柔性程度也是各不相同的，柔性的实现途径及方法也是不同的。沃尔伯达（1996）认为组织柔性不是组织的一种静态的性态，而是动态演化的过程，反应速度（speed）是衡量组织柔性程度的一个重要因素，而管理能力的多样性（variety of managerial capabilities）是组织柔性的另一个衡量因素。组织的柔性实质上意味着组织具备了更强的管理能力和抵御风险的能力，面对可能出现的机会或威胁，柔性较高的组织具备更强的潜在能力来抵御环境中的多种扰动力量，因此，组织柔性需要组织具备一个广泛的、多维的能力集合。[①]

沃尔伯达（1996）以管理能力的多样性和反应速度这两个维度为划分标准，将组织柔性划分为四种类型，即稳态柔性（steady-state flexibility）（管理能力的多样性较低、反应速度较低）、操作柔性（operational flexibility）（管理能力的多样性较低、反应速度较高）、结构柔性（structural flexibility）（管理能力的多样性较高、反应速度较低）、战略柔性（strategic flexibility）（管理能力的多样性较高、反应速度较高）。有的学者则提出了增强劳动力系统柔性的五种途径和手段，即增强协调柔性（co-ordination flexibility）、功能柔性（functional flexibility）、报酬柔性（reward flexibility）、位置柔性（locational flexibility）、资源柔性（resource flexibility）。[②]

组织柔性化是组织在不稳定环境和不确定环境下的一种应对策略，而且是组织在维持其生存发展的一种重要手段，尤其是在超强竞争环境中。超强竞争环境（hypercompetitive environments）中组织获得的竞争优势往往是短暂的，而且单独一家组织或机构很难在超强竞争环境中建立持久稳定的竞争优势，并获取长期的市场绝对垄断地位，组织的核心竞争能力往往在超强竞争环境中迅

---

① Volberda H W. Toward the Flexible Form：How to Remain Vital in Hypercompetitive Environments [J]. Organization Science，1996，7（4）：359 – 374.

② Madhani P M. Organizational Flexibility：Real Option Approach［J］. SCMS Journal of Indian Management，2013，3（7 – 9）：43 – 54.

速崛起并突然消失，激烈的竞争迫使组织采取更为快速且大胆的方式，突破传统理论的束缚，去探索获取竞争优势并保持竞争优势的方式。[①]

如果单纯地从组织对资源依赖性的角度来分析就会发现，一味地依赖某一种资源难以在超强竞争环境中获得持久的竞争优势，技术革新使组织对某种资源的依赖性降低，同时逐步提高了对该种资源的利用效率，直至该种资源被其他资源所替代。组织会对外部环境中所需稀缺资源的供给者产生依赖，部分组织通过提高对资源利用效率的技术投入或提高对替代型资源的技术投入来减轻对外部资源供给者的依赖。那些投入技术后并取得一定成果的组织，通常会获得较快的信息处理能力和较高的资源利用效率，促使组织在与外部环境进行交换的过程中所产生的成本与费用进一步降低。对外部资源依赖性的降低，组织的议价能力和资源掌控能力也逐步提高，而未采取技术革新或保持系统刚性结构的组织，其核心竞争能力会随着行业环境的变化被逐步淘汰。在超强竞争环境中，组织要根据环境的变化逐步调整对资源需求的结构，并通过更高的柔性以维持对环境的灵活适应。

（二）开放的劳资伙伴关系系统对资源的依赖

在构建劳资伙伴关系体系的过程中，劳资伙伴参与者需要与组织外部保持沟通渠道与交流机制的通畅。作为组织系统的重要组成部分，劳资伙伴关系系统同样也具备组织系统开放性的特征，系统的开放性要求系统内部与外部环境和其他组织保持持续的资源交换行为，以维持系统的正常运行。由于环境是始终不断变化和不确定的，这会加剧非垄断市场中资源的价格和供给数量的波动。在资源无差别的条件下，资源供应者会根据市场情况自发调节供给价格和供给水平，环境的不确定性就通过这样的传导机制来影响资源供给。随着资源供给的变化，不确定性的影响又传导给对资源有依赖需求的组织。

组织中劳资伙伴关系系统建立的首要目的，就是要通过系统的持续优化来延长组织的生命，避免组织过早进入衰退期。由于组织不能掌握自身所需的所有资源，组织维持其合法性和生命力需要不断从环境中获得自身所需要的资源，如果组织所需的资源在环境中是稀缺和不可替代的，且资源的供应者垄断了这种稀缺资源，那么组织就会对这种资源产生强大的依赖性，最终组织会丧失主导性和独立性。为了维护组织在环境中的合法性，并提高其在环境中生

---

① Volberda H W. Toward the Flexible Form：How to Remain Vital in Hypercompetitive Environments [J]. Organization Science，1996，7（4）：359-374.

存的概率，组织会动用相关资源和力量逐步摆脱对外部稀缺资源或关键资源的依赖，通过替代品或直接控制外部相关稀缺资源等方式来掌握对关键稀缺资源供应的主导权。

组织内的系统不仅在形式上具有多样性，而且在演进程度上也不尽相同。从形上来说，组织系统有简单的、复杂的、有机的、科层制的；从演进程度上来看，部分系统演进的过程可能复杂而漫长，而部分系统演进过程可能简单而快速，[①] 组织系统的多样性会导致系统的开放程度和对环境中资源的依赖程度存在差异。普费弗和萨兰西克（1978）认为组织内或组织间的依赖形式是多样的，两位学者将相互依赖分为成果依赖与行为依赖。[②] 成果依赖是指不同行为主体间、群体间或个体与群体间在交互过程中，部分成果的获得上存在着互相影响的过程。例如，收益分享计划就是将部门中的个人或组织中的不同群体获得收益的水平与部门中的个体或小组联结起来，通过收益获取水平与参与者绩效水平进行捆绑而带动组织整体绩效水平或收益的提高。而行为依赖则是将不同行为主体的行为活动进行捆绑，使得不同行为主体间或不同群体间在行动上相互依赖。例如，劳资伙伴关系系统中的行为主体或利益群体在价值判断、资源与信息掌控、力量与能力等要素上是有差异的，而且组织内某一项目或产出需要整合组织内部不同的资源、信息与能力，组织中的某些项目或产出需要不同的行为主体或不同的利益群体在同一时间或在流程上按照先后顺序互相配合来完成，任何单一行为主体或利益群体是无法独自完成的。

二、组织资源对劳资伙伴行为的影响

组织作为与外部环境进行交换的行为主体，并未掌握对资源和信息的绝对控制权。部分组织或组织内的劳资伙伴系统为了维持正常运转，不得不依赖自身控制范围之外的资源和信息。这种情况下，掌控稀缺资源或信息的其他组织及群体就会对组织拥有一定的控制权，与此同时，组织也会丧失部分的独立性和自主性。对于劳资伙伴关系的参与者来说，能够获取稳定的资源

---

① Scott W R, Davis G F. Organizations and Organizing: Rational, Natural and Open Systems Perspectives (New International Edition) [M]. New York, NY: Pearson, 2013.

② Pfeffer J, Salancik G R. The External Control of Organizations: A Resource Dependence Perspective [J]. Stanford, California: Stanford University Press, 1978.

供应或掌握资源的主导权，是提高组织自主性并维持劳资伙伴关系系统稳定运转的关键。

从组织内部资源的分布来说，参与组织劳资伙伴关系建设的不同利益群体掌握着组织中不同的资源，组织的资方或高级管理者通常掌握着组织中的资金资源，组织中的高级工程师控制着组织生产的核心技术，即使作为最普通的劳动者也将劳动力资源牢牢地置于自己的控制中。在单一行为主体的掌控下，资源通常不能获得利用效率最大化。资源只有获得了极大的自由流动性，才能在不同利益群体间相互交换并进行合理配置，组织的绩效水平和系统的效率才能提高。

组织目标或群体利益的实现，往往离不开其他利益群体提供的资源，对稀缺资源的迫切需要，会刺激需要这些资源的利益群体试图掌握对稀缺资源的控制权。在这一过程中，稀缺资源的需求者为了获得控制权就有可能对其他利益群体施加影响，对资源主导权的争夺会加深利益群体间的冲突与矛盾。不同利益群体掌握的资源属性通常是不同的，群体核心利益的实现需要汲取不同的资源并对不同资源进行加工合成，同时需要以交换的形式传递到组织外部或组织中的其他群体，不与组织中其他利益群体或组织外部环境进行交互的群体是不能长期存在于组织内部的。

除了通过对稀缺资源主导权的争夺来实现群体利益外，群体间也可以通过互利交换的形式实现组织内部资源利用的最优化，降低对组织外部稀缺资源的依赖。合作模式或劳资伙伴关系模式可以最大限度地实现组织对群体间利益协调的管控，从成本角度分析，互相协调的群体比互相冲突的群体在对自身资源利用效率方面更具有优势。寻求对自身资源的依赖减少了组织对外部资源依赖的程度，组织的独立性和控制力得到进一步的加强，提高了稳定性和确定性。组织提高自身资源利用效率的同时也降低了对资源控制权的争夺程度，提高了组织整体的稳定性与协作效率。组织中劳资伙伴关系参与者为了维持伙伴关系的稳定，并提高其对环境的掌控权，会扩大资源使用范围，扩大所需稀缺资源的来源，使资源供应渠道更加多元化，降低对某一种资源的过度依赖。部分组织或劳资伙伴关系系统可能通过合并及控股等方式增强对资源的控制权，减少对外部资源单一供应渠道的依赖。另外，通过增加供应稀缺资源主体的多样性，即扩大资源供应主体的范围并与更多的社会资源控制者进行合作，也能够降低对某一种资源的依赖程度。

第三节　环境和资源对劳资伙伴关系期望的影响

在资源和环境的作用下，劳资伙伴关系系统会呈现出多种多样的均衡状态，但是组织结构要素与流动到系统中的必要资源之间存在一一对应关系。① 在均衡状态下，组织边界成为组织内部系统与组织外部环境之间联系的纽带，并始终发挥着两种重要的功能，即信息整理搜集与对外代表的功能。② 从奥德里奇（Aldrich，H.）和赫克尔（Herker，D.）对组织边界与功能的定义来看，除了传统的代表组织身份和区分组织的物理、社会、心理地域等对外代表权的功能外，组织边界还发挥着渠道功能，用来传递组织与环境之间交换的资源信息，并对所传递的资源、信息进行鉴别和整理。

一、组织的边界渗透与突破边界障碍

参与劳资合作的各方主体或群体在建立劳资伙伴关系的过程中，一方面要避免过度深入地卷入到合作过程中，以免丧失独立性，各参与方保持独立性的行为客观上使组织空间保持了一定的完整性，组织空间的独立性和完整性在一定程度上赋予了组织边界的阻隔性；另一方面，合作参与群体过分保持其在组织内或参与合作过程中的独立地位，会使参与群体在组织内的合法性逐步降低，为了避免合法性的丧失，参与群体就必须参与到劳资伙伴关系的合作过程中，此时，相应的资源与要素就会渗透进群体边界或组织边界，从而在群体间与组织间流动。③

保尔森与赫尼斯（Paulsen，N.，Hernes，T.）认为组织边界的结构和属性可从物理边界、社会边界与心理边界三个层面来分析与探索。④ 物理边界一方面是指组织实际存在的物质边界或在一定时期内所形成的物理壁垒；另一方

---

① Hannan M T, Freeman J. The Population Ecology of Organizations [J]. American Journal of Sociology, 1977, 82 (5): 929-964.

② Aldrich H, Herker D. Boundary Spanning Roles and Organization Structure [J]. Academy of Management Review, 1977, 2 (2): 217-230.

③ Rogers D L, Whetten D A. Interorganizational coordination: Theory, research, and implementation [M]. Ames: Iowa State University Press, 1982.

④ Paulsen N, Hernes T. Managing Boundaries in Organizations: Multiple Perspectives [M]. Hampshire, UK: Palgrave Macmillan, 2003.

面是指影响资源在组织内外流动的自由度，以及制约组织中的成员与组织外的人员或与环境发生交换行为的那些规则或制度。[①] 社会边界通常指在组织长期演化的过程中，组织成员通过相互交往所形成的共同的价值衡量标准以及同质性的行为准则。社会边界依赖于组织成员的社会交互过程，[②]是成员内部间或内部成员与组织外部成员建立的社会交换关系的分隔线。而心理边界则体现为组织内群体成员对组织所产生的认同感，以及组织成员如何定义并描述组织利益相关者与组织成员的异同点，心里边界通常表现为组织与其成员所建立的心理契约和组织成员的组织认同感。

（一）组织边界的渗透性

由于外部环境和资源处在不断变换和调整的过程中，以边界壁垒的形式来获取竞争优势的组织数量逐渐减少。在这种情况下，保持组织的开放性与灵活的边界结构，逐渐成为组织在不确定环境中维持生存与发展的选择之一。激烈的竞争形势与快速的市场变革，迫使组织中不同群体与行为主体不断从环境中吸收能够促进合作机制构建的有利要素，同时降低不利要素的引入。组织在不确定环境中需要具备能够选择性的吸收有利要素和排斥不利要素的能力，只有这样组织边界才具备开放性。

组织边界保持一定的开放性可以将不同组织系统连接起来，交换各自所需的资源和信息，并在一定程度上抵御环境要素对组织的干扰，[③] 而决定组织吸收何种要素和抵御何种要素的调整过滤区域就落在组织边界上。组织边界的渗透性使组织系统与外界环境之间保持一定的开放性，组织边界的开放性使得组织形态与外部环境维持较为密切关联程度，外部环境的稳定程度与同质程度会通过组织边界的渗透程度将相关性态传导到组织内部，进而影响组织正规性与层级数量。[④]

由于组织的要素结构、层级、偏好、系统结构、价值取向等方面存在差异，这些差异促使组织在对外界环境敏感程度的感知上会有不同。而敏感程度的不同集中体现在组织物理边界、社会边界、心理边界的迥异，换而言之，组

---

①② Paulsen N, Hernes T. Managing Boundaries in Organizations: Multiple Perspectives [M]. Hampshire, UK: Palgrave Macmillan, 2003.

③ Fennell M L, Alexander J A. Organizational Boundary Spanning in Institutionalized Environments [J]. Academy of Management Journal, 1987, 30（3）: 456－476.

④ Scott W R, Davis G F. Organizations and Organizing: Rational, Natural and Open Systems Perspectives（New International Edition）[M]. New York, NY: Pearson, 2013.

织的边界渗透性强弱随着组织系统与结构的差异而变化，不同组织边界的渗透能力也是有差异的。但组织边界的渗透性并不意味着组织会无条件地接收从环境中传导到组织内部的信息、资源或压力，也就是说组织边界是一种有选择性的渗透边界，吸收有利因素的同时过滤不利因素的影响。这种边界渗透能力同样体现在组织劳资伙伴关系系统的边界上，组织内劳资伙伴关系系统作为整个组织中各项系统中重要的一部分，同样存在边界性。

系统边界性针对的是外部环境和资源限制的，相对于其他组织内劳资伙伴关系系统，系统边界一方面界定了组织内劳资伙伴关系系统的独特性，限制某些资源与信息的自由流动；另一方面释放了空间能量，维持与外部环境的交换关系。组织边界除了具有物理性质外，还具有社会心理性质的特征。组织边界同时也是一种社会文化构成，是区分组织内与组织外部人群的社会心理边界，而社会文化边界往往存在于劳资伙伴关系系统中行为主体或内部群体中。从组织外部来说，组织社会文化边界的渗透性功能阻隔了外部环境中的某些要素，是组织内部身份的集中体现；从组织内部来说，社会文化边界的渗透性是组织内部不同利益群体间交换各自所需资源、信息的有效渠道，是联结群体的纽带。

（二）组织边界阻隔性与突破边界障碍

环境尤其是环境中的市场，是一种资源配置的手段，通过价格机制和交换过程撮合资源供给方将其手中的资源配置到资源需求方手中。与此同时，交换双方还需要完成相关复杂交易手续，并需要双方承担交换过程中可能发生的风险。参与者间互相联结，表现出相应的行为，做出相关行动，这些构成组织的整体行动能力。然而组织整体的行动能力也会受到参与者参与意愿的制约，[①]也就是说参与者采取行动的意愿、实际行动与组织的目标相关性或一致性，都会制约组织整体的行动能力。

从某种意义上来说，组织也是一种资源配置与交换的机制，组织中的劳资伙伴关系系统一方面需要与组织外部环境中的利益相关者交换其生产过程中所需的资源，并将其制造出来的成本释放到环境中去，在交换过程中获得收益，也间接为其他组织提供其正常运转所需的资源；另一方面组织劳资伙伴关系系统也会撮合合作参与者之间通过某种方式进行资源交换，使交换过程合理、快

---

① Pfeffer J，Salancik G R. The External Control of Organizations：A Resource Dependence Perspective [J]. Stanford，California：Stanford University Press，1978.

速地完成，并尽量减少交换过程中发生的不必要的损耗。但组织劳资伙伴关系系统控制和调配资源交换关系的能力是有限的，尤其是涉及组织外部独立、合法的利益相关者所控制资源的调配。组织劳资伙伴关系系统协调和调配资源的能力随着组织边界的扩展而逐渐衰减，当组织对资源配置能力止于某一点时，组织边界管控能力也会止于这一点。

组织边界管控能力有边界，恰好说明组织边界具有阻隔性。组织边界的阻隔性一方面是指组织采用合法的手段协调与配置相关资源能力的边界，对于环境中其他组织或利益相关者来说，如果跨越其他组织的物理或社会边界，采用某种非法手段配置其内部资源，那么被控制的组织就会利用抵制手段来保护其内部资源或信息，所以组织或劳资伙伴关系系统的边界阻隔性是组织权力利用合法性的边界，也是组织自我防卫的底线。从另一方面来说，由于组织边界集中体现为组织系统对其成员行为的控制能力，对于组织合作系统来说，纳入其中的是合作者参与合作行为而不是合作者本身，[①] 因此，从这种意义上来说组织边界的阻隔性可以归结为组织在一定程度上具有排他性地控制与约束员工的行为。

组织边界的阻隔性还体现在其作为组织文化与其他组织文化区别的关键，可作为组织牵制合作参与者行动导向的手段，同时组织边界也是其凝聚文化不断衰减的关联临界点。[②] 保尔森和赫尼斯也指出组织边界的阻隔性作为一种社会文化限制集中体现在三个方面，即互惠性限制、归属性限制与选择性限制。社会文化边界的阻隔性一方面使得劳资伙伴关系建设的参与者能够在一个更加稳定、安全的工作环境，且能够使参与者对组织的归属感进一步增强；另一方面，社会文化边界的阻隔性使得劳资伙伴关系的参与者疏远和排斥组织外部环境的其他利益相关者，强烈的自我认知和组织归属感会降低组织对外部环境和利益相关者的依赖感，同时组织的封闭性也会进一步增强。[③]组织边界的阻隔性并不是意味着组织是完全封闭的，不与外部交换相关资源和信息，完全封闭且自我独立的组织也是很难生存的，组织边界的阻隔性更加强调了组织在边界范围内进行自我调节的功能与对环境偏好的反应。组织的阻隔性虽然给予组织内部的成员、资源、资金一定的保护，同时过滤一些外部环境中传递到组织内

---

① Pfeffer J, Salancik G R. The External Control of Organizations: A Resource Dependence Perspective [J]. Stanford, California: Stanford University Press, 1978.

②③ Paulsen N, Hernes T. Managing Boundaries in Organizations: Multiple Perspectives [M]. Hampshire, UK: Palgrave Macmillan, 2003.

部的有害要素，但组织内劳资伙伴关系系统仍需与环境交换资源，从外部环境中汲取组织成长所需的能量和资源，因此，组织系统需长期保持开放性。

（三）组织边界管理过程中的动力与惰性

保尔森与赫尼斯认为制定了正式规则的组织或合作关系流程可将这种规则和制度推广到不同地区，并为这些地区可能出现的突发状况提供统一的解决方法，这同时也会促进合作顺利进行。① 合作背后的关键问题是合作参与者需要了解彼此的偏好和可能采取的行为方式，具体来说，合作参与者不仅需要清楚自己的参与偏好及可能采取的行动方式，而且还需了解其他参与者对自己参与偏好与行动方式的了解程度。② 增强合作参与各方对彼此需求和行为判断的准确性，能减少并降低不必要的误判与冲突摩擦。

正式的规则与稳定的资源供应是组织内部劳资关系变革的基本保障，管控与利用好组织边界的渗透性与阻隔性，能为组织内营造较为规范的合作氛围，进一步规范合作规则，有利于较为稳定的外部资源供应。明确的交换规则和稳定的资源环境不仅能够增强合作群体在组织内部的合法地位，还能够提高合作过程的稳定性。与组织内部环境不同，组织外部的环境和资源处在不断变化过程中，但组织边界要具备应对外部环境要素与资源要素的能力，并在适应环境与资源变化的过程中将不同利益群体与生产要素按照一定顺序、层次和分工组织起来，组织边界的管理实质上也是组织的一项变革能力或创新能力。

组织在交付时间、物品或服务质量上常常需要对利益相关者做出承诺，但这种承诺要求组织在物品或服务上提供一种可靠性，可靠性意味着组织面临环境与资源变化时需要保持必要的稳定性。③ 这种稳定性的优点是为组织的生产经营提供了有序的制度流程，在规范的流程中，相关资源得以整合，不确定性因素减少，促使组织形成特有的核心竞争能力；缺点是组织惰性也会使组织的核心竞争能力固化，造成组织动态变革的能力不能根据环境的改变而调整自身

① Paulsen N, Hernes T. Managing Boundaries in Organizations: Multiple Perspectives [M]. Hampshire, UK: Palgrave Macmillan, 2003.

② Schofield N. Anarchy, Altruism and Cooperation: A Review [J]. Social Choice & Welfare, 1985, 2 (3): 207 –219.

③ Kelly D, Amburgey T L. Organizational Inertia and Momentum: A Dynamic Model of Strategic Change [J]. Academy of Management Journal, 1991, 34 (3): 591 –612.

战略方向，从而损害持久竞争能力。① 组织中的行为主体在一定时期内会保持其原有的状态和行为，这种维持原有状态的力量是组织惯性的一种表现。

吉尔伯特（Gilbert，C. G.）将组织惰性分为两种，一种是未能改变资源投资模式；另一种则是未能改变使用这些资源投资的组织流程。前者称为资源惰性（resource rigidity），后者称为习惯惰性（routine rigidity）。② 伦纳德巴顿（Leonard-Barton，D.）认为当面临外部环境和资源的变化调整时，组织通常在创新与维持现状之间徘徊，而重组内部核心资源能使组织形成应对环境和资源变化的快速反应能力，仅仅将注意力放在组织内部的资源重组也使得组织失去把握环境与资源变化能为组织变革带来的机遇，③ 这种内部路径变革依赖也是组织惯性产生的原因之一。

二、环境变化和资源分配机制在框架图内的演变过程

奥多德（O'Dowd，J.）和罗奇指出劳资伙伴关系是一种具有战略性和可操作操作性的结构关系，而参与劳资伙伴关系建设的主要群体（雇主、雇员和工会）在组织劳资伙伴关系构建及维系的实践过程中通常对实践结果持有积极的态度。④ 但是在实际运行过程中，参与劳资伙伴关系建设的群体也会从各自的群体利益出发，做出有利于实现所在群体利益最大化的决策，群体利益最大化的行为与而组织利益最大化的行为并不完全一致，前者常常会使劳资伙伴关系预期结果发生偏差，这种偏差会使得组织内劳资伙伴关系系统处于一种非均衡状态。在资源和环境的干扰下，系统如何自我纠正偏差并实现向新均衡状态的演进，成为劳资伙伴关系计划的关键。这里将从以下两方面分析劳资伙伴关系系统的演进过程：

（一）内部与外部平衡

劳资伙伴关系内部与外部的平衡过程，是环境与资源的压力对劳资伙伴关

---

① Teece D J，Pisano G，Shuen A. Dynamic capabilities and strategic management［J］. Strategic Management Journal，1997，18（7）：509－533.

② Gilbert C G. Unbundling the Structure of Inertia：Resource versus Routine Rigidity［J］. Academy of Management Journal，2005，48（5）：741－763.

③ Leonard-Barton D. Core capabilities and core rigidities：A paradox in managing new product development［J］. Strategic Management Journal，1992，13（1）：111－125.

④ O'Dowd J，Roche W K. Partnership structures and agendas and managers' assessments of stakeholder outcomes［J］. Industrial Relations Journal，2009，40（1）：17－39.

系系统冲击和挤压的过程，也是组织内部力量试图通过适应或对抗环境压力来恢复稳定状态的过程，如图 5 - 1 所示。环境压力与资源压力的作用会使劳资伙伴关系发生形变，改变劳资伙伴关系的合作意愿、合作基础与合作的稳定性之间的咬合关系，原来的空间直角坐标系变为时空斜坐标系。而组织内部也会产生相应的反作用力，以此纠正由环境与资源对劳资伙伴关系系统的扰动而产生的偏差。当整个系统受到环境与资源压力的剧烈冲击时，参与劳资伙伴关系建设的各方群体做出相应的决策或行为来应对环境变化，例如，调整产量、制定临时性生产协议、雇佣政策的调整等。在现有空间维度下，坐标轴间原有的正交关系变成相交关系，而坐标轴之间所形成的夹角大小取决于环境资源压力与组织适应或反抗能力综合较量的结果，劳资伙伴关系系统内部与外部会同时做出调整变化，直至到达新的平衡状态或恢复到原有的平衡状态。

组织通过政治活动来获取有利于组织内各系统稳定运行的法律和社会条件，向其所依赖的社会环境系统证明组织活动的合法性，实现组织与资源（包含信息资源）的交换及转化过程，最终使组织在新的环境下实现利益最大化。组织对外部环境与资源的反应过程在框架图内表示为三支向外的箭头，使劳资伙伴关系整体框架维持原有的状态，如图 5 - 1 所示。在 E_I 制度环境因素与 E_T 任务环境因素、N_{RE} 自然资源与 S_{RE} 社会资源等因素的作用下使得 x 轴、y 轴、z 轴的相互正交关系发生改变，即空间直角坐标系变为空间斜坐标系，而框架图内的反抗因素则试图支撑着 x 轴、y 轴、z 轴的相互正交状态。

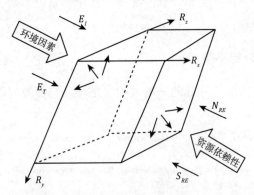

图 5 - 1　劳资伙伴关系整体框架形变与恢复

注：R_x 为合作意愿维，R_y 为合作基础维，R_z 为合作稳定性维；N_{RE} 为自然资源，S_{RE} 为社会资源；E_I 为制度环境因素，E_T 为任务环境因素。

（二）动态均衡

本书前面分析了环境和资源对劳资伙伴关系系统的扰动过程，以及劳资伙伴关系系统如何更有效地利用资源和环境来实现组织绩效的改进。沃尔顿（Walton, R. E.）和罗伯特（Robert, B. M.）认为合作关系有其发展的自然属性，起初不同利益群体之间的关系由冲突对抗变为和解退让，然后劳资关系各方群体建立合作关系，但这种合作关系的建立不会消灭劳资间存在的根本矛盾，组织内部不同群体间所建立的合作关系永远处于动态演化的状态。随着时间的推移，合作方通过集体谈判不断地修订合作各方的权利义务，从动态博弈过程看，合作关系建立的过程强化了劳资关系中合作与冲突的交替演进过程。[①] 劳资合作者之间产生的良性冲突或临时性组织困境，也为劳资伙伴关系的建立催生了新的机会。沃尔顿和罗伯特（1965）指出，有时人为地强制合作可能会引发组织决策困境，进而使组织决策机制僵化，最终导致激烈的劳资冲突。[②]

环境和资源对劳资伙伴关系系统的扰动作用，在框图内集中表现为构成系统的空间坐标系结构的变化。劳资伙伴关系系统动态平衡的过程，一方面，环境压力和资源限制使得整个系统框架发生形变，导致坐标轴上点的空间相对位置发生改变，从而使整个图形发生了拉伸和延长的形变；另一方面，环境和资源要素对组织框架的冲击使得合作意愿、合作基础或者合作稳定性中的一个或多个要素的点位改变，从而劳资伙伴关系期望在框架图内的图形随着时间的位移而发生变化，原有的合作意愿、合作基础与合作稳定性在劳资伙伴关系的坐标点位置都发生了改变，使坐标点的位置发生漂移，进而影响劳资伙伴关系的形态。如图 5 - 2 所示，环境因素中的制度环境因素 E_I 与任务环境因素 E_T、资源因素中的自然资源 N_{RE} 与社会资源 S_{RE}，共同对劳资伙伴关系系统框架施加影响。原有的劳资伙伴关系期望 LMP_1 被横向拉伸，而且随着时间的变化，R_y 轴上的点向下逐渐位移，因此劳资伙伴关系期望也由 LMP_1 向 LMP_2 变化。

均衡状态恢复的过程也是劳资伙伴关系系统与资源环境等要素交互的过程，组织与资源环境系统是通过两种途径恢复到原有均衡状态或达到新的均衡状态的。一是防守模式，即劳资伙伴关系系统以适应资源环境为主，调整自身的结构和形态，使新的劳资伙伴关系体系适应新的环境变化，例如在经济下滑

---

①② Walton R E, Robert B M. A Behavioral Theory of Labor Negotiations: An Analysis of a Social Inter-action System [M]. New York: McGraw-Hill, 1965.

时，雇主可能采取弹性工作制、冻结人员、招聘派遣制雇员等管理手段，以最大限度稳定组织内部劳动群体并保护雇员的集体利益。二是对抗模式，即劳资伙伴关系系统通过组织的影响力迫使环境发生调整，利用协议签订或游说政府等方式扭转组织在应对环境和资源等因素时面临的不利局面，将不利因素转变为对劳资伙伴关系系统有利的因素。

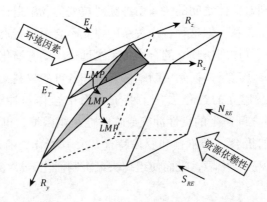

图 5 - 2　劳资伙伴关系期望在框架图内空间坐标系结构的变化

注：R_x 为合作意愿维，R_y 为合作基础维，R_z 为合作稳定性维；N_{RE} 为自然资源，S_{RE} 为社会资源；E_I 为制度环境因素，E_T 为任务环境因素；LMP_1 是时间为 t_1 状态下的劳资伙伴关系，LMP_2 是时间为 t_2 状态下的劳资伙伴关系，LMP_n 是时间为 t_n 状态下的劳资伙伴关系。

三、公平的竞争与晋升环境及公正的资源分配制度

奈特（Knight, J., 2009）指出，组织制度的有效构建必须包含两个要素，一是围绕参与者构建的规则具有社会互动性，也就是互动性；二是制度的参与者必须知晓并理解这些制度规则，也就是知晓性。[1] 从奈特的分析看出，组织制度的有效性在于组织内的参与者对组织制度的知晓和认可，并按照制度要求付出实际行动。合作参与者对合作制度的认同和执行是以制度本身能否为参与者构建一个公平的竞争与晋升环境及公正的资源分配机制为前提的，此外，劳资伙伴关系制度的构建还需要合作参与者制定监督管理机制、不同层级的对话沟通机制以及收益分配保障等举措。不同组织劳资伙伴关系系统所依赖的资源及组织环境场域是不同的，不同组织劳资伙伴关系系统中的合作模式、合作机

---

① Knight J. Institutions and Social Conflict [M]. UK：Cambridge University Press，2009.

制与内容也存在较大差异，并形成了不同的组织公平感。

1. 公平的内部竞争环境和晋升环境。公平的内部竞争环境和晋升环境的形成是组织内部劳资伙伴关系运行的稳定剂，参与劳资伙伴关系建设的行为主体在价值偏好、行动方式、知识技能水平、社会关系与社会地位、资源掌控能力等方面存在较大的差异。这些原有的差异会促使组织在资源、信息和利益的分配上出现不均衡的状况或偏差，虽然行为主体绩效水平差异所形成的收益不均衡或偏差在一定程度上是合理的，但劳资伙伴关系系统内往往也会存在由于非绩效水平原因所带来的收益分配差异，长期不合理的收益分配机制会影响组织内整体的劳资合作氛围甚至是组织的稳定。因此，在劳资伙伴关系系统内部建立公平的竞争环境和晋升环境，不仅可以维持整个系统的稳定运行与发展，还会进一步激励系统内行为主体更加积极地维系劳资伙伴关系系统。

关于组织的公平性要从两个方面来理解。一方面，组织公平性是真实存在于组织内部的一种客观状态，制度环境中调节劳动关系的法律法规、组织内部的利益资源分配制度及处理交换关系的默会原则等都是用来维系组织稳定、保证组织公平的可选择措施，任务环境中的市场竞争机制、行业或产业格局、技术发展水平及组织开放程度等因素也会间接为组织维持其公平性提供便利条件。另一方面，参与合作的组织成员或领导者对组织公平性的感知是在一定的个体主观感知基础上建立起来的，而且个体的主观感知水平受到人口因素（年龄、社会阶层、知识水平）、工作经验与技能水平、个人价值观等诸多要素的影响，所以即使在同一组织环境或相似工作职位的条件下，个人对组织公平感的感知也是不同的。

组织公平三因素模型从三个角度对组织公平进行了剖析和界定，即分配公平（distributive justice）、程序公平（procedural justice）和互动公平（interactional justice）。[1] 科尔基特（Colquitt, J. A.）则认为组织公平的维度构成除了上述三种公平外还应添加信息公平（informational justice），[2] 相关研究指出，组织公平的三个维度或四个维度构成与组织成员满意度、离职意愿、合作积极性、上下级信任关系等要素都具有相关性。劳资合作关系参与者通常会选择在集体谈判基础上搭建彼此间的利益沟通制度，而集体谈判后劳资双方达成的相

---

① Cohen-Charash Y, Spector P E. The role of justice in organizations: A meta-analysis. [J]. Organizational Behavior & Human Decision Processes, 2001, 86 (2): 278 – 321.

② Colquitt J A. On the dimensionality of organizational justice: a construct validation of a measure [J]. Journal of Applied Psychology, 2001, 86 (3): 386 – 400.

关文件和沟通机制是双方将合作关系继续下去的一种静态制度约束，约束劳资参与各方主体在一定的规则制度下采取必要的行动来保证对方利益，保证了劳资伙伴关系政策的稳定性和延续性，为合作参与各方协调群际间的利益提供了一种可行的方案。劳资伙伴关系系统可以通过配备完善的沟通决策机制、明确的参与规则及合理的分配制度等，在组织层面上建立较为公平的制度规则，营造一种较为公平的组织合作氛围和竞争机制，从而提高合作参与者对组织公平的整体感知。

2. 公正的资源分配制度。在构建劳资伙伴关系的过程中，需要从组织外、组织中或不同群体间获取大量的生产资源或信息。而资源在不同组织间、组织内部或不同群体间分布是不均衡的，资源供应在稳定性和充足性方面往往不能满足组织实际生产需要，为此合作参与群体需要与不同组织或组织内不同群体交换其所需的资源和信息。资源分配制度的公正性会影响到参与主体参与劳资伙伴关系系统建设的积极性，为劳资伙伴关系的参与者创建公正的资源分配制度，将合适的人放到能充分发挥自身价值的岗位上去，使劳资伙伴关系参与者都能有相应的平台来充分发挥自身的创造力。即使组织的资源供给足够充分，如果组织内存在某种能力与岗位错配的情况，那么参与者的能力、技能便得不到施展，无法获得最优的个人绩效。

在劳资伙伴关系系统中，参与者的价值与其岗位职责相匹配是建立公正的资源分配制度的前提条件。劳资伙伴关系系统中的不同参与者需要一定的制度或流程来保证其与内部其他成员或外部环境交换资源和信息，公正的资源分配制度也会降低交换过程中的不确定性，有制度保证的交换环境会使不同群体间的交换关系更加容易构建。在英国工会联盟（Trades Union Congress，TUC）提出的劳资伙伴关系构建六项原则中，特别提到构建劳资伙伴关系的企业应保持其合作系统的透明性与公开性，公平的资源分配制度、公开透明的组织交换机制，这是不同利益群体间构建真正合作伙伴关系的基础。劳资伙伴关系系统需要有相应的公正分配制度来保证资源或信息的顺利交换，公平的组织资源分配包括三个部分：（1）组织从外部环境中汲取组织生产过程中所需的必要资源或稀缺资源，并公正合理地按照一定的比例分配给合作参与群体；（2）不同群体控制着不同的生产资源，合理公正地交换不同群体所掌握的资源，平衡合作群体之间的利益；（3）涉及组织再生产过程的资源分配问题，组织在一定的生产经营周期后，将收益合理地分配给不同的利益群体，为合作群体下一步的再生产而采购必要的资源做准备。

第六章
劳资伙伴关系的动态演化与均衡过程

劳资伙伴关系基于尊重组织内部每个行为主体并为每个行为主体提供能够实现其价值的权力和条件，以劳资参与各方认可约定的伙伴关系规则为前提所共同建立的一种新型合作关系。以往的劳资伙伴关系模型往往聚焦于劳资伙伴关系建构过程中个别变量之间关系的讨论与分析，而劳资伙伴关系模型需要突破传统的变量分析方式，从更加宏观且动态的视角来探索劳资伙伴关系在组织内部的变化及演进。

为了构建宏观的、动态的劳资伙伴关系模型，本书前几章做了较为充分的理论准备，为模型的构建奠定了基础。第二章详细叙述了对抗与冲突的形式、诱因及劳资双方如何通过合作解决矛盾与争议的途径，在此基础上，用合作意愿、合作基础、合作稳定性这三维度构建了劳资合作的基础模型。第三章在劳资合作基础模型框架中引入了劳资伙伴关系期望的概念，重点剖析劳资伙伴关系期望的动态轨迹。第四章详细叙述了劳资治理结构中行动主体或群体间的经济、社会、网络交换关系，分析对劳资伙伴关系系统产生影响的环境与资源问题。第五章在分析框架中将三种交换关系和环境与资源都纳入劳资合作基础模型中，建构了劳资伙伴关系模型，描述其运动方式、作用机理及影响方式等。

本章在前几章的基础上，将相关要素与变量进行数量化、图形化处理，将其纳入劳资伙伴关系模型框架的分析中。以环境的强弱变化和组织对资源的依赖程度为基础，将劳资伙伴关系的动态均衡演化过程分为六种情景，并详细阐释每种均衡情景的变化情况。

第一节　劳资伙伴关系动态分析模型的构建

前几章对组织中三种交换关系和组织外部资源和环境的作用机制进行了分析，这些分析中所使用的变量也成为本章劳资伙伴关系模型中所使用的变量。在构建劳资伙伴关系动态分析模型之前，首先要清晰描述模型框架内变量的构成和变量名称，并将有关变量进行数学化抽象，以便后期更加清晰地分析模型中变量的运动轨迹。另外，还要界定并厘清平衡与均衡这两个概念的联系与区别，将系统状态与系统中变量的联结关系进行区分，为后续模型情景化运动的阐释做铺垫。在一系列基本分析和逻辑推演的基础上，本章构建了劳资伙伴关系的动态分析模型。

一、劳资伙伴关系的动态分析和数学模型的构建

把相关变量和维度进行一定程度的数学抽象，将相关变量运用直观的图形和公式加以推理和演算，能够抽象地分析变量间的关系，得出更为简洁的结论。为了便于模型分析，首先定义几个模型的数学表达。

（一）模型内要素的数学定义及表达

1. 环境与资源要素的数学抽象化及表达。首先定义的是环境和资源要素的数学表达，其中在环境要素中，制度环境要素表示为字母 E_I（institutional environment 的缩写），任务环境要素表示为字母 E_T（task environment 的缩写）；在资源要素中，自然性质资源表示为字母 N_{RE}（natural resources 的缩写），社会性质资源表示为字母 S_{RE}（social resources 的缩写）。

2. 交换关系要素的数学抽象化及表达。在空间直角坐标系下，经济交换关系在 x 轴的刻度表现为 x_0，社会交换关系在 y 轴的刻度表现为 y_0，网络交换关系在 z 轴的刻度表现为 z_0。其中，x_1 为组织中的经济交换关系在时间为 t_1 状态下的运动轨迹，y_1 为组织中的社会交换关系在时间为 t_1 状态下的运动轨迹，z_1 为网络交换关系在时间为 t_1 状态下的运动轨迹。在空间斜坐标系下，经济交换关系在 R_x 轴的刻度表现为 r_x，社会交换关系在 R_y 轴的刻度表现为 r_y，网络交换关系在 R_z 轴的刻度表现为 r_z。其中，r_x' 为组织中的经济交换关系在时间为 t_0 状态下的运动轨迹，r_y' 为组织中的社会交换关系在时间为 t_0 状态下的运动

轨迹，t'_z 为网络交换关系在时间为 t_0 状态下的运动轨迹。

3. 劳资伙伴关系合作期望要素的数学抽象化及表达。合作期望的数学表达主要是坐标轴 x 所代表的合作意愿维、坐标轴 y 所代表的合作基础维与坐标轴 z 所代表的合作稳定性维度上不同点所构成的三角形或者形成的三角形所在的平面。劳资伙伴关系合作期望在框架图内所代表的含义为三角形 $S_{\triangle LMP_1}$ 或者说为平面 LMP_1，而合作意愿、合作基础、合作稳定性的要素值则指平面 LMP_1 与 x 轴、y 轴、z 轴的交点。

（二）变量运动轨迹和运动方向的简化分析

1. 有关交换关系变量运动轨迹和运动方向的简化分析。组织中行为主体或群体间的经济交换关系、社会交换关系与网络交换关系的发展变化受到组织内外部不同条件的制约和影响，因此这三种交换关系在框架图内的变化方向有时并不一致，即点 x_1、点 y_1、点 z_1 分别为点 x_0、点 y_0、点 z_0 沿 x 轴、y 轴、z 轴运动后的落点，点 x_0、点 y_0、点 z_0 的运动方向可能是分别沿 x 轴、y 轴、z 轴正向运动或反向运动，而正方体 $x_0 y_0 z_0$ 的变化趋势则表现为总体向原点外扩张或总体向原点收缩的两种趋势。在后面的劳资伙伴关系动态分析模型中则将对点 x_0、点 y_0、点 z_0 运动轨迹转化为正方体 $x_0 y_0 z_0$ 的图形变化趋势，如图 6-1 所示。

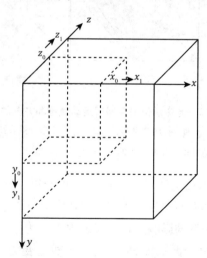

图 6-1　变量运动轨迹和方向的简化

注：x 轴为合作意愿维，y 轴为合作基础维，z 轴为合作稳定性维；点 x_0 代表组织中行为主体间的经济交换关系，点 y_0 代表组织中行为主体间的社会交换关系，点 z_0 代表组织中行为主体间的网络交换关系；点 x_1、点 y_1、点 z_1 分别为点 x_0、点 y_0、点 z_0 沿 x 轴、y 轴、z 轴运动后的落点。

2. 有关劳资伙伴关系期望运动轨迹和方向的简化分析。劳资伙伴关系期望的变化表现为合作意愿、合作基础、合作稳定性落点位置的变化及性态的改变，与三种交换关系运动变化轨迹一样，合作三要素的运动变化形态通常也是不一致的，但均衡过程只需考察劳资伙伴关系整体的运动状态，而不是单一要素点位的变换。因此，为了便于清楚地分析不同情景下的均衡过程，在这里将合作三要素的同时变动简化为一种要素的变动，在框架图内则表示为LMP_0是时间为t_0状态下的劳资伙伴关系期望，LMP_1是时间为t_1状态下的劳资伙伴关系期望。随着时间的变动，a'运动到点a''，三角形$S\Delta_{LMP_0}$（时间为t_0状态下的劳资伙伴关系期望）变动到三角形$S\Delta_{LMP_1}$（时间为t_1状态下的劳资伙伴关系期望），如图6-2所示。

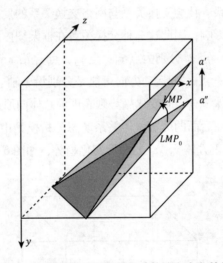

图6-2 劳资伙伴关系期望运动轨迹和方向的简化

注：x轴为合作意愿维，y轴为合作基础维，z轴为合作稳定性维；LMP_0是时间为t_0状态下的劳资伙伴关系期望，LMP_1是时间为t_1状态下的劳资伙伴关系期望。

3. 有关环境与资源运动轨迹和方向的简化分析。环境与资源要素对劳资伙伴关系系统的影响集中表现为环境与资源要素对合作意愿、合作基础、合作稳定性三维度间结构关系的影响，在框架图内表示为空间直角坐标系xyz就变为空间斜坐标系$R_xR_yR_z$，此时x轴、y轴、z轴也变为R_x轴、R_y轴、R_z轴，如图6-3所示。

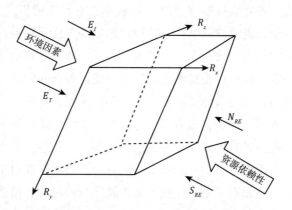

图 6 - 3　环境与资源运动轨迹和方向的简化

注：R_x 为合作意愿维，R_y 为合作基础维，R_z 为合作稳定性维；N_{RE} 为自然性质资源，S_{RE} 为社会性质资源；E_I 为制度环境因素，E_T 为任务环境因素。

二、劳资伙伴关系均衡模型

多宾斯（Dobbins，T.）和邓登（Dundon，T.）认为管理者难以对组织交换过程给予全过程的支撑，环境中缺乏法律法规对劳资伙伴关系实践创新性的支持，多层级组织架构中地方管理者战略选择主动权的缺失等原因使得在组织内部构建持续的劳资伙伴关系成为一种幻想。[①] 虽然组织内部劳资伙伴关系处在一个不断调整及变化的过程，但组织中的劳资伙伴关系变化也并不是杂乱且不确定的，其系统中的要素在某一阶段也会维持一种平衡关系，劳资伙伴关系系统也会维持一定的均衡状态。平衡与均衡是两个互相区别而又相互联系的概念，平衡是要素间关系的表述，通常指组织系统中要素间或主体间一种稳定的联结关系；而均衡则是一种状态表述，通常涉及组织系统的整体运行状态是否稳定或达到一种相对确定的状态。此外，平衡通常只涉及量级关系间的均等或平等；而均衡有时不仅仅涉及量级间的均等关系，而且涉及一定的位置运动轨迹的指向性。

在经济学上，平衡（balance）通常指的是一个数理经济学的概念，代表的是几个微分方程能达到一种相等的状态或代表数学上的一种等价形式。从统

---

① Dobbins T，Dundon T. The chimera of sustainable labour-management partnership ［J］. British Journal of Management，2017，28（3）：519 – 533.

计学意义上来说，平衡则指能够求解公共解集的方程或解析式，在管理学上，平衡的概念一般指劳资双方间维持一种相对稳定的关系或联系，这种关系或联系是在一定的时间段内持续存在的。平衡代表了一种相对稳定的关系，使系统内部各要素之间能够在一种相对确定的状态下维持彼此间的联结，但即使是组织内部各要素间的结构关系能够达到一种平衡的关系，也很难达到一种均衡的状态。一个系统内部可能会有很多的平衡点或平衡解，而且系统内部各行为主体与各要素之间也会维持许多复杂的关系，这些关系从某些方面来说是可以测量或衡量的。如工作生活平衡（work-life balance）指的是雇员正确认识并对待工作与家庭生活的相对关系，这种平衡涉及雇员将时间、情感、个人精力在工作与家庭之间合理分配的过程。

均衡（equilibrium）最初是指不同曲线或方程的交汇点，使图形到达一种稳定状态或者方程组有最优解。随着博弈论与信息经济学等经济学理论的发展，均衡概念的表达也有所拓展，其中典型均衡概念的代表就是纳什均衡（nash equilibrium）。纳什均衡在某种程度上代表了最优策略或最优解，此时的均衡代表着系统达到了一种相对稳定的状态，博弈各方也无意愿或认为不值得改变现有的策略，均衡此时是相对稳定系统中所谓的"各方最优博弈策略"。[①] 平衡指组织系统内部各要素间、行为主体或群体间、要素与行为主体或群体间的一种相对稳定的关系，与平衡的概念不同，均衡是指系统内部的一种状态或者指在一定时期内系统的一种相对稳定的状态，是组织内部系统演化过程的动态描述，也就是说，即使组织内要素间达到一种相对平衡的状态，组织系统也有可能处于一种非均衡的状态，或者可以这样理解，即整体系统还有可能处于一种不断演化的过程中且并未有相关最优解。

伊诺哈拉（Inohara, T., 2008）认为均衡解的框架分析模式方便了管理者把握决策过程中参与者的经济和社会心理状态，[②] 寻找均衡解的过程是在不同外部条件下，组织中不同参与力量与不同关系的磨合过程。本书将经济学的均衡思想概念引入到组织劳资伙伴关系理论的分析中，用经济学的均衡思想来分析不同情形下劳资伙伴关系在组织各方力量动态交互过程中所达到的最优状态

---

① Zhang Y, Azizalaoui M A, Bertelle C, et al. Local Nash equilibrium in social networks. [J]. Scientific Reports, 2014, 10 (4): 6224 – 6224.

② Inohara T. Relational Nash equilibrium and interrelationships among relational and rational equilibrium concepts [J]. Applied Mathematics and Computation, 2008, 199 (2): 704 – 715.

或最优策略。

前面定义并分析了劳资伙伴关系框架中有关变量的数学表达，在这里将有关变量进行组合，分析了劳资伙伴关系的均衡分状态，如图6-4所示。在该劳资伙伴关系的均衡分析中，最重要的均衡状态是三角形 $S\Delta_{SE_0}$，即正方体 $x_0 y_0 z_0$（经济交换关系、社会交换关系与网络交换关系的总体变化特征）与三角形 $S\Delta_{LMP_0}$（时间为 t_0 状态下的劳资伙伴关系期望）相交的截面（也有可能相交为点或线段）。

这一均衡分析是劳资伙伴关系动态分析的基础模型，第二节提出了弱环境与低资源依赖条件以及强环境与高资源依赖条件这两个路径，用于分析组织中劳资伙伴关系的动态演化。本章最重要的工作是提出了劳资伙伴关系动态模型的六种形态及不同要素的运动轨迹：交换关系变化而合作期望相对固定条件下的均衡（情形L1）、合作期望变化而交换关系相对固定条件下的均衡（情形L2）、交换关系与合作期望均变化条件下的均衡（情形L3）；交换关系变化而合作期望相对固定条件下的均衡（情形H1）、合作期望变化而交换关系相对固定条件下的均衡（情形H2）、交换关系与合作期望均发生变化条件下的均衡（情形H3）。

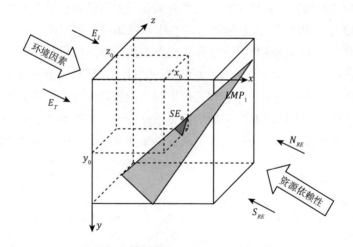

图6-4 劳资伙伴关系动态分析模型

注：x 轴为合作意愿维，y 轴为合作基础维，z 轴为合作稳定性维；N_{RE} 为自然性质资源，S_{RE} 为社会性质资源；E_I 为制度环境因素，E_T 为任务环境因素；LMP_0 是时间为 t_0 状态下的劳资伙伴关系期望，LMP_1 是时间为 t_1 状态下的劳资伙伴关系期望。

第二节 弱环境与低资源依赖条件下劳资伙伴
关系的演化与均衡

从 20 世纪 80 年代末开始，部分学者、实践者与政策制定者开始尝试在企业或公共组织内部开展劳资伙伴关系管理实践的分析与探索。他们希望打通组织内部不同层级、不同利益群体间的权益壁垒，通过统一各层级群体的工作目标来实现组织绩效和行为主体自身长期健康的发展。然而部分组织由于缺乏相应的监管体制、运营机制，中途停止了合作伙伴关系实践模式的尝试。这些成功与失败的案例为劳资伙伴关系理论的发展提供了丰富的研究素材，学者对组织内劳资伙伴关系的实践进行了较为完善的总结，形成了相对较为成熟劳资伙伴关系理论及理论模型，如寇肯等人（2008）[①] 的研究等。与此同时，国内学者对劳资伙伴关系的相关问题也进行了探究，一部分学者对国外劳资伙伴关系已有的研究进行梳理，希望通过分析以往劳资伙伴关系研究成果来总结劳资伙伴关系的影响因素和相关变量，如赵卫红、张立富等[②]以及王德才;[③] 另一部分学者围绕如何构建劳资伙伴关系模型并量化相关指标进行了探索和分析，如席猛、赵曙明（2013）[④] 以及彭娟、刘善仕等（2012）。[⑤]

从国内外相关研究成果看，这些研究更多的是围绕劳资伙伴关系概念和影响因子进行的分析，围绕劳资伙伴关系相关变量进行探究，而没有更进一步研究劳资伙伴关系系统内部的构成和运作机制，没有抓住劳资伙伴关系产生、运行的核心本质。本书以既有的劳资伙伴关系理论和交换关系理论为出发点，从动态的交换关系视角剖析劳资伙伴关系在环境变化下如何进行演进，构建了组

---

① Kochan T A, Adler P S, Mckersie R B, et al. The potential and precariousness of partnership: the case of the Kaiser Permanente labor management partnership [J]. Industrial Relations, 2008, 47 (1): 36 – 65.

② 赵卫红，张立富，张义明. 合作型劳动关系的研究进展与启示 [J]. 中国人力资源开发，2015 (16): 92 – 99.

③ 王德才. 伙伴关系实践的结构维度及其对劳资冲突的影响——中国情境下的实证研究 [J]. 南大商学评论，2015, 30 (2): 152 – 167.

④ 席猛，赵曙明. 合作伙伴关系实践、劳动关系氛围与组织依附 [C]. 第八届（2013）中国管理学年会——组织行为与人力资源管理分会场论文集，2013.

⑤ 彭娟，刘善仕，滕莉莉. 国外雇佣双方合作伙伴关系研究回顾与展望 [J]. 外国经济与管理，2012, 34 (8): 50 – 56.

织内劳资伙伴关系模式分析体系，并进一步探索劳资伙伴关系系统在环境变化情形下的各种均衡性态。

弱环境与低资源依赖是指组织所处环境较为平稳或稳定，环境压力对组织产生较小的影响或者指组织控制环境的能力和意识较强，能够塑造有利于组织发展和平稳运行的环境，同时组织对外部自然性质资源和社会性质资源具有较低的依赖性。外部资源中的 N_{RE}（自然性质资源）、S_{RE}（社会性质资源）与外部环境中的 E_I（制度环境因素）、E_T（任务环境因素）对组织劳资伙伴关系冲击或影响较小，表现在图中则为 x 轴、y 轴、z 轴是相对正交的状态，即任意坐标轴上的一点在其他两坐标轴除原点外均无投影，如图 6-5 所示。

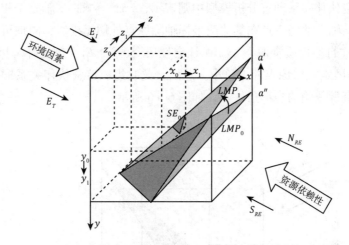

图 6-5　在弱环境与低资源依赖条件下劳资伙伴关系的均衡过程

注：x 轴为合作意愿维，y 轴为合作基础维，z 轴为合作稳定性维；N_{RE} 为自然性质资源，S_{RE} 为社会性质资源；E_I 为制度环境因素，E_T 为任务环境因素；LMP_0 是时间为 t_0 状态下的劳资伙伴关系期望，LMP_1 是时间为 t_1 状态下的劳资伙伴关系期望。

由于不同组织采用不同的管理方法来调整其内部劳资伙伴关系，因此劳资伙伴关系就会有不同的演变方式，如可以通过调整劳资伙伴间的交换关系来修正组织内劳资伙伴关系的状态；也可以通过沟通渠道、激励方式等方面的改变来修正合作意愿、合作基础、合作稳定性等要素，进一步影响组织内劳资伙伴关系的均衡状态。为此，劳资伙伴关系的动态分析模型在弱环境与低资源依赖条件下就会有三种演化情形，即交换关系变化而合作期望相对固定条件下的均衡（情形 L1）、合作期望变化而交换关系相对固定条件下的均衡（情形 L2）、交换关系与合作期望均变化条件下的均衡（情形 L3）。

一、情形 L1：交换关系变化而合作期望相对固定的条件下的均衡（弱环境与低资源依赖）

情形 L1 的环境条件：组织外部环境（任务环境和制度环境）相对简单稳定，且组织对外部资源（自然性质资源或社会性质资源）依赖程度较低，环境和资源的数量与质量对劳资伙伴关系系统产生的影响相对较小；或者组织或劳资伙伴对外部环境具有较强的驾驭能力，能够及时修正环境对自身产生的不利影响，核心的生产要素等资源都在组织的控制之下。

在劳资伙伴关系动态分析模型中则表示，x 轴、y 轴、z 轴处于相对正交的状态，即 x 轴上的任一点在其他两坐标轴除原点外均无投影，同理可得 y 轴与 z 轴。N_{RE}（自然性质资源）、S_{RE}（社会性质资源）、E_I（制度环境因素）、E_T（任务环境因素）对原点冲击较小。总之，此时组织劳资伙伴关系框架处于弱环境和低资源依赖的外部条件下，如图 6-6 所示。

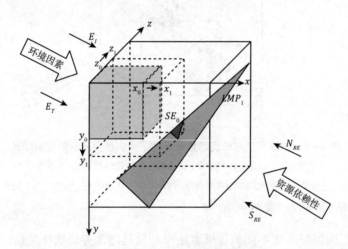

图 6-6　交换关系变化而合作期望相对固定条件下的均衡（弱环境与低资源依赖）

注：x 轴为合作意愿维，y 轴为合作基础维，z 轴为合作稳定性维；N_{RE} 为自然性质资源，S_{RE} 为社会性质资源；E_I 为制度环境因素，E_T 为任务环境因素；LMP_1 是时间为 t_1 状态下的劳资伙伴关系期望。

情形 L1 相对固定（稳定）的要素：劳资伙伴关系合作期望相对不变，即合作意愿、合作基础、合作稳定性这三个要素相对处于稳定的位置或有较小幅度的变化。在框架图内表示为，三角形 $S\Delta_{LMP_1}$ 空间的相对位置无明显变化，即平面 LMP_1 与 x 轴、y 轴、z 轴的交点位置不变或者变化幅度较小。

情形 L1 相对变化的要素：相对变化的要素为经济交换关系、社会交换关系和网络交换关系。在框架图内则表示为点 x_0、点 y_0、点 z_0 分别沿 x 轴、y 轴、z 轴向相同方向运动，且点 x_0、点 y_0、点 z_0 分别运动到点 x_1、点 y_1、点 z_1。

情形 L1 均衡过程：在框架图内 N_{RE}（自然性质资源）、S_{RE}（社会性质资源）、E_I（制度环境因素）、E_T（任务环境因素）对劳资伙伴关系整体框架冲击较小或组织有较强地驾驭环境和资源的能力，即 N_{RE}（自然性质资源）、S_{RE}（社会性质资源）、E_I（制度环境因素）、E_T（任务环境因素）对 x 轴、y 轴、z 轴冲击较小，且空间直角坐标系 xyz 未发生形变。此时，劳资伙伴关系合作期望中的合作意愿、合作基础、合作稳定性这三个要素并未发生明显改变，即平面 LMP_1 与 x 轴、y 轴、z 轴的交点位置未发生变化，且三角形 $S\Delta_{LMP_1}$ 的形状和空间相对位置也无明显变化。这种情况下，为实现劳资伙伴关系的发展，组织会调整相关劳资政策，刺激劳资伙伴间实际交换关系发生改变，在此影响下，劳资伙伴间的经济交换关系、社会交换关系和网络交换关系发生调整和改变，即点 x_0、点 y_0、点 z_0 分别沿 x 轴、y 轴、z 轴向相同方向运动，点 x_0、点 y_0、点 z_0 分别运动到点 x_1、点 y_1、点 z_1，正方体 $x_0 y_0 z_0$ 变为正方体 $x_1 y_1 z_1$。在点 x_0、点 y_0、点 z_0 调整到点 x_1、点 y_1、点 z_1 的过程中，正方体 $x_1 y_1 z_1$ 与三角形 $S\Delta_{LMP_1}$ 相交，切面为三角形 $S\Delta_{SE_0}$，此时三角形 $S\Delta_{SE_0}$ 为整个系统的动态均衡解。[①]

二、情形 L2：合作期望变化而交换关系相对固定的条件下的均衡（弱环境与低资源依赖）

情形 L2 的环境条件：组织外部环境（任务环境和制度环境）相对简单稳定，且组织对外部资源（自然性质资源或社会性质资源）依赖程度较低，环境要素和资源的数量与质量对劳资伙伴关系系统产生的影响相对较小；或者指组织或劳资伙伴对外部环境具有较强的驾驭能力，能够及时修正环境对自身产生的不利影响，且核心生产要素资源都在组织的控制之中。

在劳资伙伴关系动态模型中进行分析，x 轴、y 轴、z 轴处于相对正交的状

---

① 三角形 $S\Delta_{SE_0}$ 的面积不是固定的，而是由正方体 $x_1 y_1 z_1$ 与三角形 $S\Delta_{LMP_1}$ 的具体位置来决定的。因为正方体 $x_1 y_1 z_1$ 与三角形 $S\Delta_{LMP_1}$ 在不断运动调整，所以切面三角形 $S\Delta_{SE_0}$ 的空间位置和面积也处在不断变化的过程中。

态，即 x 轴上的任一点在其他两坐标轴上除原点外均无投影，同理可得 y 轴与 z 轴的情况。N_{RE}（自然性质资源）、S_{RE}（社会性质资源）、E_I（制度环境因素）、E_T（任务环境因素）对原点冲击较小。总之，组织劳资伙伴关系框架处于弱环境和低资源依赖的外部条件下，如图 6 – 7 所示。

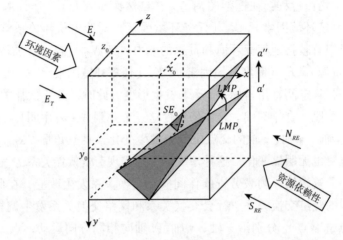

图 6 – 7　合作期望变化而交换关系相对固定条件下的均衡（弱环境与低资源依赖）

注：x 轴为合作意愿维，y 轴为合作基础维，z 轴为合作稳定性维；N_{RE} 为自然性质资源，S_{RE} 为社会性质资源；E_I 为制度环境因素，E_T 为任务环境因素；LMP_0 是时间为 t_0 状态下的劳资伙伴关系期望，LMP_1 是时间为 t_1 状态下的劳资伙伴关系期望。

　　情形 L2 相对固定（稳定）的要素：相对固定要素为经济交换关系、社会交换关系和网络交换关系。在框架图内表示为点 x_0、点 y_0、点 z_0 的位置相对固定，且由这三个点所构成的正方体 $x_0y_0z_0$ 发生极小的形变或不发生形变。

　　情形 L2 相对变化的要素：相对变化要素为劳资伙伴关系合作期望。在模型中主要探讨的是劳资伙伴关系的动态演化过程，并寻找劳资伙伴关系在组织中的均衡状态，也就是通过分析交换关系与合作期望的位置变化来寻找劳资伙伴关系均衡解的过程。在框架图中表示为，寻找正方体 $x_0y_0z_0$ 与平面 LMP_1 相交的平面 SE_0 的过程。由于框架只是分析正方体 $x_0y_0z_0$ 与平面 LMP_1 相对位置且正方体 $x_0y_0z_0$ 相对不变，且无论三个平面 LMP_1 与 x 轴、y 轴、z 轴三个交点如何变化，平面 LMP_1 的变化相对于正方体 $x_0y_0z_0$ 来说也只有两种情况，一种情况是同向运动，一种是相反运动。为此，就可忽略三角形 $S\Delta_{LMP_1}$ 在 x 轴、y 轴、z 轴的交点不同方向的位置变化对平面 LMP_1 运动变化的影响。

　　情形 L2 均衡过程：在框架图内 N_{RE}（自然性质资源）、S_{RE}（社会性质资源）、E_I（制度环境因素）、E_T（任务环境因素）并不能使 x 轴、y 轴、z 轴的位置发生改变，也就是环境和资源因素对整个劳资伙伴关系系统造成较小的扰动。而此时，组织可维持劳资伙伴间交换关系的稳定，即维持劳资伙伴间现有的经济交换关系、社会交换关系和网络交换关系的稳定状态。通过修改或重新制订劳资伙伴关系政策和制度来调整劳资伙伴关系合作要素，采用管理手段和方法使合作意愿、合作基础、合作稳定性达到新阶段的平衡，即点 x_0、点 y_0、点 z_0 的位置保持不变，同时正方体 $x_0 y_0 z_0$ 维持原有的空间位置和形态，通过调整平面 LMP_0 与 x 轴、y 轴、z 轴的交点，如图 6 - 7 所示，由点 a' 到点 a''，三角形 $S\Delta_{LMP_0}$ 运动到三角形 $S\Delta_{LMP_1}$。三角形 $S\Delta_{LMP_0}$ 的空间位置的改变使得三角形 $S\Delta_{LMP_1}$ 与正方体 $x_0 y_0 z_0$ 相交，切面为三角形 $S\Delta_{SE_0}$，而此时三角形 $S\Delta_{SE_0}$ 为整个系统的动态均衡解。

三、情形 L3：交换关系与合作期望均变化的条件下的均衡（弱环境与低资源依赖）

情形 L3 的环境条件：组织外部环境（任务环境和制度环境）相对简单稳定，且组织对外部资源（自然性质资源或社会性质资源）依赖程度较低，环境要素和资源的数量与质量对劳资伙伴关系系统产生的影响相对较小；或者指组织或劳资伙伴对外部环境具有较强的驾驭能力，能够及时修正环境对自身产生的不利影响，且核心的生产要素资源都在组织的控制之中。

在劳资伙伴关系动态模型中进行分析，x 轴、y 轴、z 轴处于相对正交的状态，即 x 轴上的任一点在其他两坐标轴除原点外均无投影，同理可得 y 轴与 z 轴。N_{RE}（自然性质资源）、S_{RE}（社会性质资源）、E_I（制度环境因素）、E_T（任务环境因素）对原点冲击较小。总之，组织劳资伙伴关系框架处于弱环境和低资源依赖的外部条件下，如图 6 - 8 所示。

情形 L3 相对固定（稳定）的要素：合作意愿、合作基础、合作稳定性这三个维度框架相对固定，即 x 轴、y 轴、z 轴维持相对正交的状态，空间直角坐标系 xyz 未发生形变。

情形 L3 相对变化的要素：从交换关系来看，相对变化的要素为经济交换关系、社会交换关系和网络交换关系。在框架图内表示为，点 x_0、点 y_0、点 z_0 分别沿 x 轴、y 轴、z 轴变动。从劳资伙伴关系合作期望来看，相对变化要素为合作意愿、合作基础、合作稳定性这三个要素。在框架图内则表示为，平面 LMP_1 与 x 轴、y 轴、z 轴的交点处于不断的运动变化中。如情形 L2 相对变化

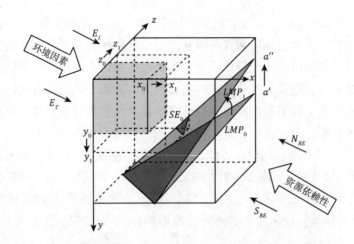

图 6 - 8　交换关系与合作期望均变化条件下的均衡（弱环境与低资源依赖）

注：x 轴为合作意愿维，y 轴为合作基础维，z 轴为合作稳定性维；N_{RE} 为自然性质资源，S_{RE} 为社会性质资源；E_I 为制度环境因素，E_T 为任务环境因素；LMP_0 是时间为 t_0 状态下的劳资伙伴关系期望，LMP_1 是时间为 t_1 状态下的劳资伙伴关系期望。

的要素所分析的那样，为了便于分析，在这里则简化为其中某一点的运动变化，如图 6 - 8 所示，由点 a' 变为点 a''。

情形 L3　均衡过程：组织外部 N_{RE}（自然性质资源）、S_{RE}（社会性质资源）、E_I（制度环境因素）、E_T（任务环境因素）对组织内劳资伙伴关系系统影响较小，或者组织对环境和资源具有较强的控制能力，能驾驭环境和资源中的不确定因素，并能将其不利影响降到最低水平。此时组织内部有意或无意想打破既有的平衡状态，劳资伙伴间也有意或无意地推动现有劳资政策的改变，而整个系统中的两大要素都处于不断调整当中，即交换关系中的经济交换关系、社会交换关系、网络交换关系与劳资伙伴关系合作期望中的合作意愿、合作基础、合作稳定性都在不断地运动变化。经济交换关系、社会交换关系、网络交换关系、合作意愿、合作基础、合作稳定性等要素的变化增加了整个系统的复杂性，然而不管交换关系要素和合作意愿要素如何调整变化，劳资伙伴关系要想达到新的均衡状态，从总体视角来看无非就是归类为两种情境，一种是交换关系与合作期望同向运动，另一种是交换关系与合作期望向相反的方向运动。第一种，点 a' 到点 a''，则三角形 $S\Delta_{LMP_0}$ 运动到三角形 $S\Delta_{LMP_1}$；点 x_0、点 y_0、点 z_0 分别运动到点 x_1、点 y_1、点 z_1，则正方体 $x_0y_0z_0$ 变为正方体 $x_1y_1z_1$。当三角形 $S\Delta_{LMP_0}$ 运动到三角形 $S\Delta_{LMP_1}$，且正方体 $x_0y_0z_0$ 变为正方体 $x_1y_1z_1$，则正方体 $x_1y_1z_1$ 与三角形 $S\Delta_{LMP_1}$ 相交，切面为三角形 $S\Delta_{SE_0}$，为此时三角形 $S\Delta_{SE_0}$

为动态均衡解。当交换关系与合作期望向相反的方向运动时，交换关系与合作期望并不相交，即正方体 $x_1 y_1 z_1$ 与三角形 $S\Delta_{LMP_1}$ 无切面。

第三节　强环境与较高资源依赖条件下劳资伙伴关系的演化与均衡

强环境与高资源依赖是指组织所处环境波动较大、不稳定，而且影响组织劳资伙伴关系的环境因素众多且复杂，外部压力对组织产生的影响较大；或者指组织控制环境的能力较弱且对环境变化的敏感性不高，组织对外部自然性质资源和社会性质资源具有较高的依赖性。在劳资伙伴关系动态模型中进行分析，外部资源中的 N_{RE}（自然性质资源）、S_{RE}（社会性质资源）与外部环境中的 E_I（制度环境因素）、E_T（任务环境因素）对组织劳资伙伴关系冲击或影响较大，表现在图中为 x 轴、y 轴、z 轴是非正交的状态，即 x 轴、y 轴、z 轴两两的空间夹角并非为直角，使得 x 轴、y 轴、z 轴处于非正交的状态，即过 x 轴上的一点 x_0 做平面 yz（y 轴与 z 轴构成的平面）的垂线，使得点 x_0 在平面 yz 上有一垂点 x_1，同理可得 y 轴与 z 轴的垂点。任意坐标轴上的一点都可以在其他两坐标轴所形成的平面上形成投影，如图 6 – 9 所示。由于受到外力的影响，此时空间直角坐标系也转变为空间斜坐标系。

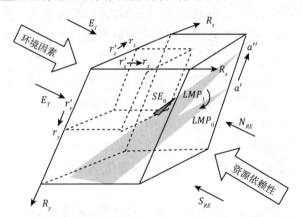

图 6 – 9　强环境与较高资源依赖条件下劳资伙伴关系的均衡过程

注：R_x 为合作意愿维，R_y 为合作基础维，R_z 为合作稳定性维；N_{RE} 为自然性质资源，S_{RE} 为社会性质资源；E_I 为制度环境因素，E_T 为任务环境因素；LMP_0 是时间为 t_0 状态下的劳资伙伴关系期望，LMP_1 是时间为 t_1 状态下的劳资伙伴关系期望。

外部环境和资源的强大压力会对组织内劳资伙伴关系要素造成冲击和影响，例如政府劳资政策的调整或现有劳动法律的修改都会影响组织内劳资伙伴间的合作意愿、合作基础及合作的稳定性。如果组织外部劳动法律取消或不允许劳务派遣等用工形式的存在，那么组织就会选择辞退或突击转聘。此时组织将承受内部劳资冲突关系调整的巨大压力，而且组织也会通过变革劳资伙伴间的交换关系来应对环境和资源对劳资伙伴关系的不利影响。在劳资伙伴关系动态模型中进行分析，外部环境和资源压力大时需要重新梳理交换关系或者调整劳资合作期望，也可能同时改变交换关系和劳资合作期望的情境，由此劳资伙伴关系动态分析模型在强环境与高资源依赖条件下就会有三种演化情形，即交换关系变化而合作期望相对固定条件下的均衡（情形 H1）、合作期望变化而交换关系相对固定条件下的均衡（情形 H2）、交换关系与合作期望均变化条件下的均衡（情形 H3）。

一、情形 H1：交换关系变化而合作期望相对固定条件下的均衡（强环境与较高资源依赖）

情形 H1 的环境条件：组织外部的任务环境和制度环境相对复杂且经常变化，组织需要从外部汲取大量资源，组织对外部资源依赖程度较高，环境要素和资源的数量与质量对劳资伙伴关系系统产生的影响相对较大；或者指组织对外部环境的驾驭能力较弱，只能采取一些消极或相对被动的方式来应对环境压力对系统造成的冲击，在核心的生产要素资源方面，组织的控制也处于相对弱势地位。

放在劳资伙伴关系动态模型中进行分析，在外部条件和力量 N_{RE}（自然性质资源）、S_{RE}（社会性质资源）、E_I（制度环境因素）、E_T（任务环境因素）等因素作用下，使得 x 轴、y 轴、z 轴在一定程度上发生变形，处于一种非正交的状态，此时坐标轴由空间直角坐标系变为空间斜坐标系 $R_x R_y R_z$。总之，组织劳资伙伴关系框架处于强环境和高资源依赖的外部条件下，如图 6 – 10所示。

情形 H1 相对固定（稳定）的要素：相对固定的要素为劳资伙伴关系合作期望。虽然组织外部环境压力较大且组织对资源依赖程度较较高，但是由于合作意愿、合作基础、合作稳定性这三个要素处于相对稳定的状态，组织应对环境压力和资源压力更可能采取默许或忽视的策略手段，因此框架中的劳资伙伴关系合作期望相对位置并未发生明显变化。在框架图内则表示为，三角形

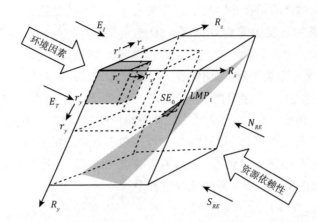

图 6 – 10　交换关系变化而合作期望相对固定条件下的均衡（强环境与较高资源依赖）

注：R_x 为合作意愿维，R_y 为合作基础维，R_z 为合作稳定性维；N_{RE} 为自然性质资源，S_{RE} 为社会性质资源；E_I 为制度环境因素，E_T 为任务环境因素；LMP_1 为时间为 T_1 状态下的劳资伙伴关系期望。

$S\Delta_{LMP_1}$ 空间相对位置无明显变化，即平面 LMP_1 与 R_x 轴、R_y 轴、R_z 轴的交点位置不变或者变化幅度较小。

情形 H1 相对变化的要素：相对变化的要素为三种交换关系。一方面，外部环境压力的增大和对资源依赖程度的加深迫使劳资伙伴间的经济交换关系、社会交换关系和网络交换关系发生改变；另一方面，组织预知到环境压力而提前调整劳资伙伴间的三种交换关系，以增强组织弹性。在框架图内则表示为，点 r_x、点 r_y、点 r_z 沿 R_x 轴、R_y 轴、R_z 轴方向变动到点 r'_x、点 r'_y、点 r'_z。

情形 H1 均衡过程：在框架图内，N_{RE}（自然性质资源）、S_{RE}（社会性质资源）、E_I（制度环境因素）、E_T（任务环境因素）对劳资伙伴关系框架整体冲击较大或组织对环境和资源的强驾驭能力有弱，即 N_{RE}（自然性质资源）、S_{RE}（社会性质资源）、E_I（制度环境因素）、E_T（任务环境因素）对 x 轴、y 轴、z 轴冲击较大，且空间直角坐标系 xyz 变为空间斜坐标系 $R_x R_y R_z$，而此时 x 轴、y 轴、z 轴变为 R_x 轴、R_y 轴、R_z 轴。但组织为缓解环境和资源对组织造成的冲击，采取制订新的相关政策或重新修订劳资伙伴关系制度。而劳资伙伴关系合作期望中的合作意愿、合作基础、合作稳定性这三个要素并未发生明显改变，即平面 LMP_1 与 R_x 轴、R_y 轴、R_z 轴的交点位置未发生变化，且三角形 $S\Delta_{LMP_1}$ 的形状和空间相对位置也无明显变化。此时，为降低环境对组织造成的冲击和不利影响，组织希望通过调整相关劳资政策剌来达到激劳资伙伴间实际交换关系改变的目的，在此影响下，劳资伙伴间的经济交换关系、社会交换关系和网络交换关系发生调整和改变，即点 r_x、点 r_y、点 r_z 分别沿 R_x 轴、R_y 轴、R_z 轴向相同方向运动，点 r_x、点 r_y、点 r_z 分别运动到点 r'_x、点 r'_y、点 r'_z，平行四面体 $r_x r_y r_z$ 变为平行四面体 $r'_x r'_y r'_z$。在点 r_x、点 r_y、点 r_z 调整到点 r'_x、点 r'_y、点 r'_z 的过程中，平行四面体 $r'_x r'_y r'_z$ 与三角形 $S\triangle_{LMP_1}$ 相交，切面为三角形 $S\triangle_{SE_0}$，此时三角形 $S\triangle_{SE_0}$ 为整个系统的动态均衡解。（注：三角形 $S\triangle_{SE_0}$ 的面积不是固定的，而是由平行四面体 $r'_x r'_y r'_z$ 与三角形 $S\triangle_{LMP_1}$ 的具体位置来决定的。因为平行四面体 $r'_x r'_y r'_z$ 与三角形 $S\triangle_{LMP_1}$ 在不断运动调整，所以切面三角形 $S\triangle_{SE_0}$ 的空间位置和面积也处在不断变化的过程中。）

二、情形 H2：合作期望变化而交换关系相对固定条件下的均衡（强环境与较高资源依赖）

情形 H2 的环境条件：组织外部的任务环境和制度环境相对复杂且经常变化，需要从外部汲取大量资源，组织对外部资源依赖程性较高，环境要素和资源的数量与质量对劳资伙伴关系系统产生的影响相对较大；或者指组织对外部环境的驾驭能力较弱，只能采取一些消极或相对被动的方式来应对环境压力对系统造成冲击，对核心的生产要素、资源等方面组织的控制也处于相对弱势的地位。

利用劳资伙伴关系动态模型进行分析，在外部条件和力量 N_{RE}（自然性质资源）、S_{RE}（社会性质资源）、E_I（制度环境因素）、E_T（任务环境因素）等因素作用下，使得 x 轴、y 轴、z 轴发生一定程度的变形，处于一种非正交的状态，此时坐标轴由空间直角坐标系变为空间斜坐标系 $R_x R_y R_z$。总之，组织劳资伙伴关系框架处于强环境和高资源依赖的外部条件下，如图 6-11 所示。

情形 H2 相对固定（稳定）要素：相对固定的要素为三种交换关系（经济交换关系、社会交换关系和网络交换关系）。外部因素的冲击并未造成三种交换关系的相对位置发生明显的变化。在框架图内则表示为，点 r_x、点 r_y、点 r_z 并无明显的位置改变，即平行四面体 $r_x r_y r_z$ 无明显的形变发生。

情形 H2 相对变化的要素：相对变化的要素为劳资伙伴关系合作期望。组织外部环境压力较大且组织对资源依赖程度较较高，使得劳资伙伴关系系统框架发生形变。为了保持组织内部伙伴关系的稳定，组织利用自身的弹性，不断调整劳资伙伴关系以适应环境变化对系统造成的冲击，所以合作意愿、合作基础、合作稳定性这三个要素相对处于不断调整的状态中。在框架图内则表示

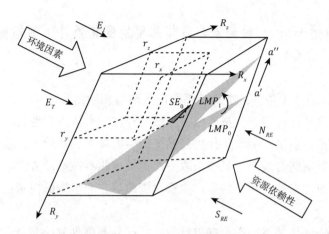

图 6 - 11　合作期望变化而交换关系相对固定条件下的均衡（强环境与较高资源依赖）

注：R_x 为合作意愿维，R_y 为合作基础维，R_z 为合作稳定性维；N_{RE} 为自然性质资源，S_{RE} 为社会性质资源；E_I 为制度环境因素，E_T 为任务环境因素；LMP_0 是时间为 t_0 状态下的劳资伙伴关系期望，LMP_1 是时间为 t_1 状态下的劳资伙伴关系期望。

为，三角形 $S\Delta_{LMP_1}$ 不断调整变化，即通过平面 LMP_1 与 R_x 轴、R_y 轴、R_z 轴的交点位置的改变进而调整三角形 $S\Delta_{LMP_1}$ 的空间位置，与平行四面体 $r_x r_y r_z$ 同向或相反运动。

情形 H2 均衡过程：在框架图内环境和资源因素对整个劳资伙伴关系系统造成较大的扰动，N_{RE}（自然性质资源）、S_{RE}（社会性质资源）、E_I（制度环境因素）、E_T（任务环境因素）使 x 轴、y 轴、z 轴的位置发生改变，即 x 轴、y 轴、z 轴变为 R_x 轴、R_y 轴、R_z 轴。而此时，组织通过维持劳资伙伴间交换关系的稳定来减轻环境和资源对组织的影响，即维持组织中劳资伙伴间经济交换关系、社会交换关系和网络交换关系的稳定状态。通过修改或重新制定管理制度使合作意愿、合作基础、合作稳定性达到符合组织期望的状态，进而使整个劳资伙伴关系合作期望维持在一个新的相对稳定的位置。即点 r_x、点 r_y、点 r_z 的位置保持不变，同时平行四面体 $r_x r_y r_z$ 维持原有的空间位置和形态，通过调整平面 LMP_0 与 R_x 轴、R_y 轴、R_z 轴的交点，如图 6 - 11 所示，由点 a' 到点 a''，三角形 $S\Delta_{LMP_0}$ 运动到三角形 $S\Delta_{LMP_1}$。三角形 $S\Delta_{LMP_0}$ 的空间位置的改变使得三角形 $S\Delta_{LMP_1}$ 与平行四面体 $r_x r_y r_z$ 相交，切面为三角形 $S\Delta_{SE_0}$，而此时三角形 $S\Delta_{SE_0}$ 则为整个系统的动态均衡解。

三、情形 H3：交换关系与合作期望均变化条件下的均衡（强环境与较高资源依赖）

情形 H3 的环境条件：组织外部的任务环境和制度环境相对复杂且经常变化，而且需要从外部汲取大量资源，组织对外部资源依赖程性较高，环境要素和资源的数量与质量对劳资伙伴关系系统产生的影响相对较大；或者指组织对外部环境的驾驭能力较弱，只能采取一些消极或相对被动的方式来应对环境压力对系统造成冲击，在核心的生产要素、资源等方面组织的控制也处于较为弱势的地位。

利用劳资伙伴关系动态模型进行分析，在外部条件和力量 N_{RE}（自然性质资源）、S_{RE}（社会性质资源）、E_I（制度环境因素）、E_T（任务环境因素）等因素作用下，使得 x 轴、y 轴、z 轴发生一定程度的变形，处于一种非正交的状态，此时坐标轴由空间直角坐标系变为空间斜坐标系 $R_x R_y R_z$。总之，组织劳资伙伴关系框架处于强环境和高资源依赖的外部条件下，如图 6 – 12 所示。

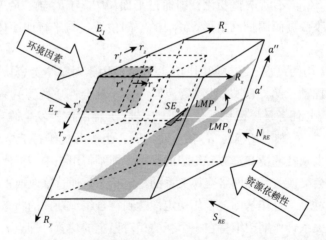

图 6 – 12　交换关系与合作期望均变化条件下的均衡（强环境与较高资源依赖）

注：R_x 为合作意愿维，R_y 为合作基础维，R_z 为合作稳定性维；N_{RE} 为自然性质资源，S_{RE} 为社会性质资源；E_I 为制度环境因素，E_T 为任务环境因素；LMP_0 是时间为 t_0 状态下的劳资伙伴关系期望，LMP_1 是时间为 t_1 状态下的劳资伙伴关系期望。

情形 H3 相对固定（稳定）的要素：无相对固定的要素。

情形 H3 相对变化的要素：变化要素为交换关系和劳资伙伴关系合作期望。外部环境和资源的压力打破了交换关系和劳资伙伴关系合作期望原有的平衡状态，从交换关系的要素来看，经济交换关系、社会交换关系和网络交换关系就会随之重新调整，在框架图内则表示为，点 r_x、点 r_y、点 r_z 沿 R_x 轴、R_y 轴、R_z 轴方向变动到点 r'_x、点 r'_y、点 r'_z。从劳资伙伴关系合作期望来看，合作意愿、合作基础、合作稳定性为了达到新的平衡状态而不断调整维度点位，在框架图内则表示为，即平面 LMP_1 与 R_x 轴、R_y 轴、R_z 轴的交点位置沿 R_x 轴、R_y 轴、R_z 轴移动。

情形 H3 均衡过程：组织对环境和资源控制能力较弱，或者组织外部 N_{RE}（自然性质资源）、S_{RE}（社会性质资源）、E_I（制度环境因素）、E_T（任务环境因素）对组织内劳资伙伴关系系统影响较大，组织不能有效驾驭环境和资源中的不确定因素。此时组织内部劳资伙伴想打破既有的平衡状态，通过推动现有劳资政策的改变，达到降低环境对自身不利影响的目的。此时组织的调整变化分为两个方面。

一方面，是组织被动的变革与调整。环境和资源对整体框架的冲击打破了原有的平衡状态，使组织内交换关系要素与合作期望要素变动到新的位置。例如，点 a' 到点 a''，点 x_0、点 y_0、点 z_0 分别运动到点 x_1、点 y_1、点 z_1。交换关系要素正方体 $x_0 y_0 z_0$ 也被动调整为正方体 $x_1 y_1 z_1$；三角形 $S\Delta_{LMP_0}$ 被动调整到三角形 $S\Delta_{LMP_1}$。

另一方面，是组织的主动变革。组织同时推动交换关系与劳资伙伴关系合作期望的变革，然而通过变革经济交换关系、社会交换关系、网络交换关系、合作意愿、合作基础、合作稳定性等要素的代价是，增加了整个系统的复杂性，即组织主动调整点 a' 到点 a''，点 x_0、点 y_0、点 z_0 分别运动到点 x_1、点 y_1、点 z_1。

虽然环境和资源对组织冲击力较大，且不管交换关系和合作意愿怎样变化调整，系统要想达到新的均衡状态，从总体视角来看无非归类为两种情境，一种是交换关系与合作期望同向运动，另一种是交换关系与合作期望向相反的方向运动。第一种，点 a' 到点 a''，则三角形 $S\Delta_{LMP_0}$ 运动到三角形 $S\Delta_{LMP_1}$；点 x_0、点 y_0、点 z_0 分别运动到点 x_1、点 y_1、点 z_1，则正方体 $x_0 y_0 z_0$ 变为正方体 $x_1 y_1 z_1$。当三角形 $S\Delta_{LMP_0}$ 运动到三角形 $S\Delta_{LMP_1}$，且正方体 $x_0 y_0 z_0$ 变为正方体 $x_1 y_1 z_1$，则正方体 $x_1 y_1 z_1$ 与三角形 $S\Delta_{LMP_1}$ 相交，切面为三角形 $S\Delta_{SE_0}$，为此时三角形 $S\Delta_{SE_0}$ 为动态均衡解。当交换关系与合作期望向相反的方向运动时，交换关系与合作期望并不相交，即正方体 $x_1 y_1 z_1$ 与三角形 $S\Delta_{LMP_1}$ 无切面。

第七章
劳资伙伴关系所赖以存在的劳资关系管理实践

　　劳资冲突形式和劳资冲突水平的不断变化不仅引起了理论界的关注，管理者也更加重视组织中劳资关系运行状态的检测和控制。越来越多的实践管理者希望在组织内构建起和谐的劳资关系，并在组织的不同层面将相关劳资理论研究成果应用到企业管理实践中。本书在前面的章节中分析了环境和资源等对劳资各方交换关系的扰动和交换理论视角下劳资伙伴关系的动态演化与均衡过程，本章将以上述理论框架为基础审视实践中的劳资合作及劳资伙伴关系运行状态，总结各国企业在该领域中的经验和模式，为探索适合中国企业组织发展的劳资伙伴关系模式提供可借鉴的经验。

第一节　劳资伙伴关系所赖以存在的几种劳资关系运行模式

　　任何一种劳资伙伴关系都有其赖以存在的劳资关系运行模式，各国各地区劳资关系运行模式各不相同，甚至一个地区中的不同企业组织也具有截然不同的劳资关系运行模式。不同模式的劳资关系体系孕育出不同类型的劳资伙伴关系，尽管这些劳资伙伴关系有着共同的特征，如共享权力和利益、风险共担、尊重伙伴关系中各主体的目标和价值等，但在具体运行程序等方面又存在较大差异。这里将通过对几个典型国家的劳资关系运行模式介绍，来分析和比较劳资伙伴关系的差异及实践经验。

　　各个国家和地区经济社会发展处于不同的阶段，政治制度、法律环境和文化习俗也存在差异，因而不同国家和地区劳资关系也具有不同的特征。虽然学者们对不同国家和地区劳资关系体系的分类略有差异，但较为普遍认可的两种分类是"英美"模式与"莱茵"模式，即将不同国家的劳资关系分为个人主义导向的"英美"模式和集体主义导向的"德日"模式。这两种劳资关系模式在工会、薪酬和工作实践等方面存在很大区别。

一、劳资关系运行的"英美"模式

（一）美国

影响美国劳资关系运行的因素有很多，但美国劳资关系首先受到其政治经济环境的深刻影响。美国资本主义制度的建立深受西欧国家，尤其是英国影响，建国后建立了资本主义"三权分立"的总统制国家，并以民主、开放的社会制度自称。《独立宣言》《权利法案》和《联邦宪法》是美国法律中分量最重的三部法律，堪称美国国家建立的法律基石，这些法律均体现了个人主义原则。① 美国《联邦宪法》的序言中写道："宪法的目标是建立一个更完美的合众国，要实现建立正义、维持国内治安、建设国防、提高民众幸福感以及人民长久的幸福。"② 美国在法律层面上为处于社会较低阶层的工人通过付出努力而增加自身收入、提高生活水平提供了可能性。

美国经济在第一次世界大战后得到了高速发展，并保持了长时间的繁荣。虽然经济发展过程中受到几次经济危机的影响，但这并没从根本上影响美国经济在促进社会发展和提供就业岗位方面所做的贡献。高度发达的经济使工人维持了较高的收入和相对体面的生活，因而通常情况下美国大多数工会进行的斗争目标是增加工人的福利和维护工人的权益。大环境的基本稳定为美国保持相对友好的劳资关系提供了一个良好氛围。

从另一层面来说，美国文化相对自由开放，具有较强的包容性，各种理论、学说、观点与主张在较为开放的社会环境中自由碰撞，相互交融和渗透，在此过程中吸纳其他国家和地区中观点与主张的精华。"美国梦"是美国人努力奋斗积极拼搏精神的写照，其对组织中劳资关系运行状态的影响也是较为明显的，工人的努力和付出在一定程度上是被认可和尊重的。

美国劳资关系体系中包括有工会组织的劳资关系系统和不具有工会组织的

---

① 端木义万. 美国社会文化透视［M］. 南京：南京大学出版社，1999.
② 何勤华. 美国法律发达史［M］. 上海：上海人民出版社，1998.

劳资关系系统。具有工会部门的企业或组织的劳资关系通常比较规范而且正式，一旦发生劳资冲突很多时候比较公开化。在非工会系统中，企业管理层通过对就业制度和工作条件进行调节来加强管理和控制，而劳动市场和劳动法律法规等因素影响着企业管理层施加的管控。除此之外，管理者希望避免工会化。这些原因导致企业管理层通常会为工提供比工会所要求的工作条件更好，并且薪酬待遇更高。①

美国企业员工的工作条件和工作标准等内容由雇主及雇主联盟、劳方及工会以及起到制度规则和裁判员角色的政府组成。美国劳动市场的特点之一是在具有非工会组织中工作的劳动者要多于在具有工会组织中工作的劳动者，美国政府对劳资关系的干涉基本上是围绕着就业条件、劳资关系处理的法律程序和制度规范来开展的。美国政治经济法律环境的导向作用和非工会系统活跃的现状，表现为美国企业具有较强的控制权，而企业所处的环境又是一个弱环境。美国自由开放，追求权利与公平，雇员趋于向待遇公平的企业流动，间接促使企业对资源具有较强的依赖性。这些因素促使了美国企业倾向于通过内部劳动力市场来解决劳资关系问题，大部分企业也会主动给予雇员提供充足的薪酬、福利等物质报酬，以匹配雇员的付出和努力。因此企业和雇员之间所进行的经济交换是相对通畅的。受美国自由、开放、包容文化氛围的影响，美国企业内的员工对外来文化及价值观具有较强的容忍度和较高的接受能力，员工往往会在具有多元文化价值观的公司工作，员工对企业薪酬水平的关注程度要高于文化价值的差异程度，劳资双方的合作是在经济交换关系对等的情况下建立的。由此可见，美国员工与企业之间的劳资关系整体上处于合作型劳资关系状态。

（二）英国

自由资本主义思想对英国的影响广泛而深刻，这一思想渗透到英国政治、经济、文化和社会关系的方方面面。较之世界其他国家和地区，英国政府对企业内部劳资关系介入并不深入，部分原因是英国政府在劳资关系问题上一贯奉行不干涉原则，所以英国政府在企业内部劳资关系处理上一直以来基本上是奉行自愿主义传统，劳资双方通过协商或其他途径解决劳资纠纷或劳资争议。英国是不成文法国家，在英国，诸如工会成立的法定程序、工会代表权、集体谈判形式和罢工等，均没有明确的法律规定，这导致其处理劳资关系的法律基础

---

① Wheeler H N, McClendon J A. Employment relations in the United States [A]. Bamber G J, Lansbury R D. International & comparative employment relations [C]. London：SAGE Publications，1998.

并不完善。英国劳资冲突频发，部分原因可以归结于其劳资关系方面的法律不健全。

作为工业革命的发源地，英国资本主义经济发展水平曾一度领先世界。19世纪末由于技术的逐渐衰落，英国经济开始落后于美国等其他国家。但相对来说英国经济发展程度仍然可以支撑其国内工作岗位的需求水平，以及满足员工物质财富的需要。法律制度的弱约束力和政府干涉力度的不足从侧面反映出英国企业在处理劳资问题时，拥有较强的主动权，因而可以说英国的企业面临的组织环境是弱环境。作为岛国，其人力资源和自然资源相对内陆国家和地区来说较为匮乏，企业对资源的依赖性较强。

弱环境和较强的资源依赖性，促使英国企业倾向于依靠自身力量解决劳资关系。虽然英国和美国的企业都处于弱环境中且法律相对健全，对劳资关系原则性的规定很明确，但英国则在劳资关系方面的法律约束力相对较低。在英国，劳资双方在集体谈判或劳资纠纷等情况下，都是通过直接对话的形式来解决劳资争议的，而且企业往往拥有充足的财富支撑员工的诉求，匹配员工的劳动付出。在自由、平等的文化氛围中，劳资对抗在英国是员工用来获得薪酬福利和捍卫自己行为方式的手段之一，是调整经济交换关系和社会交换关系"冰山模型"水面以上内容的需要。由此可见，英国的劳资冲突是为了解决问题，大多数属于非对抗性冲突。

二、劳资关系运行的"莱茵"模式

（一）德国

不同于英国的自由主义传统，德国是有着悠久合作主义传统的国家。"二战"后，德国实行私有制，强调自由竞争，倡导大力发展市场经济，与此同时实行政府宏观调控，弥补市场调节的盲目性，建立和推广社会保障制度，解决经济发展中的公平和效率问题，保证经济社会秩序的稳定。[①] 合作主义传统在德国劳资关系领域的具体表现则是劳资共决制，劳资共决制倡导通过友好对话来协调双方的权利义务纠纷，从而解决劳资双方彼此间的利益冲突，劳资共决制本质上来说是员工对企业决策过程的法定参与。广义的劳资共决是指员工

---

① 谢汪送. 社会市场经济：德国模式的解读与借鉴 [J]. 经济社会体制比较，2007（2）：70 - 74.

直接参与企业、经济以及社会等领域决策的制度性安排；而狭义的劳资共决则指劳资间的对等共决，换而言之，共决员工在企业的决策中拥有平等的权利。①

从20世纪初到20世纪70年代末，从《为祖国志愿服务法》到《雇员参与共决法》，德国用了60年左右的时间逐步完善和调整有关劳资关系的法律法规，这为劳资共决制的施行奠定了法律基础。在实行劳资共决制的德国，其劳资关系呈现以下特点。

1. 在行业层面进行的集体谈判较为广泛。据有关统计显示，在德国劳资双方的集体协议覆盖约50%的德国企业和75%的雇员，这些集体协议大部分是在行业层次签订的。

2. 工厂层面的共同决策较为频繁。工厂层面的共同决策主要表现为普通工人组成的工厂委员会和有工人代表参加的监事会，工厂委员会制度和监事会制度是德国工会的一个很好的补充。在资本主义国家里面，德国的劳资关系一直以来比较稳定，大规模劳资冲突很少发生，整体上维持了和谐的劳资关系。

3. 充分的沟通和协调。德国在解决劳资关系问题时，劳资双方以解决问题为导向，在互相理解的基础上协商解决，体现出较显著的公平性。

劳资关系法律法规的健全以及劳资共决制的实行，为德国企业创造了一个稳定的环境，说明德国企业面临的是一个弱环境。这种弱环境决定德国企业和工人在协商劳资关系时沟通比较充分，工人不仅可以获得企业愿意提供的且自己满意的薪酬、福利等报酬，劳资双方往往还能就工人具体行为方式达成一致，同时工人能够受到尊重，工作成果获得认可。由此可见，德国企业和工人之间的经济交换是对等和顺利的，社会交换"冰山模型"水面以上部分也是对等的。总体上来看，德国企业劳资关系处于高水平的合作型劳资关系状态。

（二）瑞典

瑞典的劳资共享模式最为显著的两大特征是高稳定和高共享，这种劳资关系模式吸引了众多劳资关系领域研究者的关注。瑞典共享型劳资关系的萌芽始于两次世界大战之间，于20世纪40年代中期到20世纪70年代中期逐渐初具成型，从20世纪70年代中期到2008年金融危机期间开始稳定调整，而2008年至今则出现了一些新的变化。在劳资关系形成和稳定的过程中，瑞典逐步确

---

① Grosser D. Der Staat In Der Wirtschaft Der Bundesrepublik Herausgegeben［M］. Vs Verlag Fur Sozialwissenschaften, 1985.

立以市场调节为基础，政府干预经济相结合的经济调控模式。这种调控经济的模式契合了瑞典以私有制为主的混合所有制结构，政府制定高税率合理调节收入差距。在符合国情和经济发展规律的政策指导下，瑞典的经济不断发展并取得了一定的成就，这为劳资共享模式奠定了坚实的物质基础。

瑞典的企业比欧洲其他国家的企业更加关注员工过去的表现，在通常情况下不会轻易开除老员工，比较看重员工对组织的长期承诺。[1] 瑞典文化倡导促进个人发展，如果员工的工作行为方式与工作安排发生冲突时，企业往往会通过调整工作方式而不是强制改变员工的行为方式，充分尊重员工的行为习惯和行为方式。员工个人的思想观念和价值追求可以充分融合，员工和企业管理者在行为准则、企业发展愿景和价值观方面往往具有高度一致的认同感。这种文化氛围为劳资共享提供了文化基础，瑞典的劳资共享模式有两大支撑为基础：一是企业层面的集体谈判；二是社会层面的公共政策。企业层面的集体谈判制度促使雇主和工会在劳资关系方面密切协商，高度合作。政府出台的高税收政策为实行高养老福利制度、积极失业救济制度和完善工伤保护制度等社会福利保障制度提供了充足的财政资源，促进工会与政府的合作。此外，当企业经营效益出现恶化时，维系劳资双方利益共享的经济基础就会受到冲击，而此时政府通过高税收获得的大量财政资金来进行调控，维护利益共享的劳资关系模式。

从 20 世纪 30 年代初开始，瑞典不断修正和完善劳资关系的法律法规，为瑞典实行共享的劳资关系模式提供了法律基础。瑞典稳定的经济发展状况，健全的法律体系，政府的经济干预行为，为瑞典企业发展提供了一个相对稳定和谐的外部环境，因而是一种典型的弱环境。瑞典劳资共享制度的实行离不开健全的社会保障制度，离不开政府的宏观政策，从另一方面说明瑞典企业属于高资源依赖。瑞典企业面临的弱环境和高资源依赖状况为其实行劳资共享制度提供了有利的氛围，而劳资共享模式促进了劳资双方之间经济交换关系的对等和稳定。在劳资共享制和瑞典文化对个人价值追求尊重的基础上，员工和企业往往能够为了一致的目标和价值观而努力，这保证了劳资双方社会交换关系的顺利进行。综合瑞典整体劳资关系情况，其劳资关系属于伙伴型劳资关系。

① Turner H C, Trompenaars F. The Seven Cultures of Capitalism: Value Systems for Creating Wealth in the United States, Japan, Germany, France, Britain, Sweden, and the Netherlands [M]. New York; London; Toronto: Currency-Doubleday, 1993.

三、日本

日本历史上深受中国传统儒家思想、佛教以及道教的深刻影响，在吸收中国部分思想的基础上，逐步形成效忠天皇、忠诚大和民族的思想。同时，日本一直崇尚武士道精神，提倡正直、诚实、勇敢的品格和忠君爱国的文化思想。这种思想背景和政治体制，塑造了日本人单一的思想观念和价值观。这种较为单一的价值取向，为日本比较和谐的劳资关系奠定了思想基础。

1945 年日本战败并正式投降，战争的失败波及政治、经济领域。战后日本的经济秩序处于混乱状态，经济增长乏力，通货膨胀严重，工矿业产量严重下滑，粮食等农产品匮乏，日本经济几乎走到了崩溃的边缘。受此影响，从战争失败到 20 世纪 50 年代中期，日本劳资冲突处于激烈期。50 年代中期到 70 年代初期，日本经济高速发展，同时期日本企业中的劳资冲突得到大大缓和，劳资关系得到了一定程度的改善。70 年代中期至今，日本经济一直保持着较高的发展水平，为日本劳资关系的和谐奠定了经济基础。20 世纪初，日本开始在劳资关系方面进行立法，至今日本已构建了劳资关系、劳资标准、劳动安全卫生保障、女工保护、社会保障等门类齐全的劳资关系法律法规。日本劳资法律门类齐全且不断得到补充和完善，与此同时政府强化法律的执行过程，这为其构建和谐的劳资关系奠定了完善的法律基础。

日本企业注重培养工人的敬业精神，实行终身雇佣制，只要工人不违法乱纪，不严重违背企业制度，工人一般可以干到退休。企业提倡工人敬业的同时，注重关心工人的生活和家庭，努力建立起工人爱厂如家的感情，在日本企业中，管理者的一项重要任务就是要与工人建立并维持友好的关系，培养亲密的感情，① 日本企业这种情感关怀的管理模式对提高工人工作满意度和组织忠诚度、构建和谐的劳资关系起到了积极的作用。

日本劳资关系法律制度的完备，以及政府的积极引导为企业提供了较为平稳的发展环境，环境对企业发展约束力较弱，有利于企业专注内部发展。经济的高度发达和法律体系的健全，避免了劳资双方在薪酬等物质报酬上的大规模分歧，双方对等的经济交换关系得以顺利实现。日本价值追求的相对单一和企业对工人的人文关怀，使得工人和企业的观念及价值观相互较为认同，双方之间的社会交换比较频繁和对等。在网络交换关系发挥作用的基础上，日本劳资

---

① 张新平，杨旭. 世纪末的余响：世界政治经济年报 [M]. 兰州：兰州大学出版社，2000.

双方经济交换关系和社会交换关系非常顺畅，这些都促进了日本伙伴型劳资关系的形成和发展。

四、澳大利亚

1901 年澳大利亚结束了英国的殖民统治，成为独立的联邦制国家。澳大利亚政府、议会和司法机构独立性都较强，各自行使其职权，内部合法的大小政党多达几十个，成为澳大利亚保持政治民主化的重要力量。较高程度的民主体制保证了政府行使权力的公正性，这为澳大利亚政府部门处理劳资关系建立了良好的政治基础。澳大利亚地域辽阔，矿产资源丰富，国家独立后积极发展工矿业，促进了经济发展和国民生活水平的提高。澳大利亚平原较多，自然条件良好，农牧业发达，农产品出口成为政府和国民一个重要的财源。20 世纪 70 年代以来，政府积极调整产业结构，旅游业和服务业得到了迅速发展，同时近年来，科技产业发展也取得了显著成绩。目前澳大利亚是南半球经济最发达的国家，人均国内生产总值位居世界前列，远高于英美等发达国家。高度发达的经济和充足的财富为澳大利亚建立良性的劳资关系提供了充足的物质基础。

澳大利亚土著文化崇尚合作与分工，英国的个人主义、自由主义文化价值观对澳大利亚的合作文化产生了冲击。随着各国移民的增多，澳大利亚逐渐形成了多元化文化融合的体制。目前很难用一种价值模式来定义澳大利亚的文化，但是如同美国一样，澳大利亚文化也具有较高程度的开放性和包容性，这种开放和包容深刻影响着国内的劳资关系。澳大利亚拥有健全的福利体系，从儿童福利到老年人福利，从失业者福利到残疾人福利和医疗福利，澳大利亚政府投入了巨大的精力和资金。高水平的福利体系降低了澳大利亚工人与企业发生劳资冲突的概率，为构建良好的劳资关系提供了重要保障。虽然澳大利亚福利水平高，福利体系完善，但是政府并未放松对劳资关系的管理，澳大利亚拥有健全的劳资法律，完善的劳资关系处理体系。劳资处理体系包括健全的集体谈判机制，企业层面的协商机制，法院强制执行制度等。澳大利亚劳资关系采取一次调节、两次仲裁终局制度，并且工会和雇主组织都能在劳资关系中发挥积极作用。多元有效的劳资关系处理机制为澳大利亚保持良好的劳资关系秩序发挥了安全阀作用。

澳大利亚政治的民主化，健全的劳资关系立法及处理机制和平稳的经济为澳大利亚企业创造了一个稳定的外部环境，因此澳大利亚企业面临着弱环境。

这种环境降低了澳大利亚企业经营中面临的风险，增强了企业发展过程中预测的准确性，也使得企业处理劳资关系问题时有规可依。国家经济的发达和企业经营的平稳使得企业和工人之间经济交换关系对等且通畅。多元包容的文化氛围和发达的福利体系促使劳资双方更容易相互理解，允许双方和而不同关系状态的存在，社会交换关系在劳资双方之间不那么敏感。总体上来看，澳大利亚劳资关系处于高水平的合作型劳资关系状态。

五、拉美国家

20 世纪 70 年代末 80 年代初，拉美的民主政治制度得到了持续发展，行政机构、立法机构和司法机构之间的关系向制衡的方向发展，立法机构和司法机构在国家政权中的地位和影响力提升。20 世纪 90 年代拉美国家广泛开展政治体制改革，不断完善政治体制。进入 21 世纪，拉美国家政党制度完善方面取得了明显成效，政党更加注重代表和维护民众的利益，民众基础更为稳固，社会影响力更大，在国家政治生活中发挥的作用越来越大。近五十年来，拉美政治民主化、现代化程度显著提高，但是政治体制机制仍然存在很大缺陷。拉美约有 20 个国家实行总统制，是世界上实行总统制最集中的地区，由于缺乏有效的分歧协商和处理机制，作为政府首脑的总统和立法机构，常常因为矛盾而使得政府和议会陷入冲突。目前拉美国家整体上政府部门的权力要大于立法和司法部门的权力，立法和司法部门还无法对政府进行有效的监督和约束，司法机构不能够完全自主地开展工作。[①] 拉美民主化程度仍然较低，大部分国家公民的自由权并未被政府充分尊重，即使有些拉美国家承认了公民的个人自由权，在实践层面并没有充分的措施和制度保障。总体来看，拉美的政治权力集中在上层社会少数人手中，普通公民没有影响政治决策的权利和机会，官员行使权力的制度约束比较少，很多制度沦为上层权力掌控者获取利益的工具。这种政治局面使得拉美各个国家处理劳资关系时疲于应付，措施有限且力度不大。

第二次世界大战结束后，拉美国家纷纷采取进口替代模式发展工业化，进口替代由快速消费品到耐用消费品，由工业半成品到机器设备，逐步形成完整的工业体系，进口替代模式也成熟起来。从 20 世纪 40 年代中期到 20 世纪 80

---

① 袁东振. 拉美国家治理的经验与困境：政治发展的视角 [J]. 拉丁美洲研究，2015，37（1）：16 - 22.

年代初期，拉美国家凭借进口替代模式大大推动了经济的发展进程，就业岗位增加，工人收入水平显著提高。但是 20 世纪 70 年代经济危机严重打击了拉美经济，20 世纪 80 年代拉美国家出现严重的债务危机，此后拉美经济便开始了曲折进程。2014 年以来，拉美经济整体增长乏力，通货膨胀压力较大，就业形势恶化，就业质量降低，工人收入下降严重。严峻的就业形势和工人收入的降低，使得拉美劳资关系基础变得脆弱。

地理大发现以后，拉美土著文化开始受到冲击，经济长时期被殖民统治之后，拉美文化开始带有西方资本主义国家的烙印。目前，拉美人崇尚欧美文化的现象较为普遍，欧美自由主义和个人主义价值观在拉美人心中根深蒂固。拉美受长期历史文化和殖民统治影响，拉美人倾向于安于现状，有轻视劳动的传统，注重现实的享受。因此，拉美工人在企业中比较难以建立起对组织的忠诚度，较少表现出组织公民行为，出现劳资冲突的概率较大。拉美国家在劳动立法方面做出了一些努力，出台了工资保护、劳动安全和集体谈判等法律制度，但是法律实际执行情况不够理想，有法不依的现象较为严重。21 世纪初拉美国家新自由主义的结构改革严重威胁了工人的权利，工人的很多权利受到削弱甚至剥夺。工人权利保护不理想的现状大大增加了拉美劳资关系的风险。

拉美政治、经济和法律执行状况表明在拉美国家，企业面临的经济环境是复杂多变的，企业预测和掌控环境能力较为有限，往往面对的是强环境。长期处在拉美政治经济环境中的企业，对社会资源和自然资源出现问题时的应对能力较强，属于低资源依赖。强环境和低资源依赖的状况使得工人在劳资关系中处于不利地位。由于企业未来发展前景不明朗，不得不尽量较少开支，压低人工成本，实际上造成企业和工人之间的经济交换不对等。个人主义的盛行、工人组织忠诚度较低，使双方之间的社会交换关系得不到重视，起不到维系相互关系的作用。一旦工人的付出得不到相应物质回报，便会发生劳资冲突。而且这种劳资冲突虽然属于非对抗性冲突，但往往会因为政府作用和工会作用发挥不充分而升级为对抗性的恶性冲突。

六、赞比亚

赞比亚于 1968 年脱离英国的殖民统治，成为独立的国家。赞比亚矿产丰富，独立前以铜矿开采为主，经济体系单一。国家独立后赞比亚巩固了矿产业，同时又发展了纺织业。独立后政府推行"赞比亚人本主义"理念，利用矿业带来的巨额收益发展教育、医疗事业，同时大大提高工人的福利，工人的满意度大幅提高。但是由于交通不发达，赞比亚矿业物流成本居高不下，再加上技术落后等原因，赞比亚纺织业原材料成本增加。受20世纪70年代经济危机的影响，国际铜价价格下跌，纺织业也遭受重创，赞比亚单一的经济体制受到巨大冲击。随后，国际债务飙升，加之国内私有化浪潮的影响，赞比亚政府在内外交困的情形下放弃了纺织业，选择保护铜矿业。"赞比亚人本主义"理念受挫，新自由主义使得众多工人失去了优越的生活，大量工人下岗，甚至连基本的抚恤金都没保障。没有下岗的工人中，很多转化为临时用工和劳务派遣工。

赞比亚物力、财力匮乏，技术落后，随着赞比亚私有化浪潮的发展，一些跨国公司大量进入赞比亚铜矿等行业并拥有控股权，因此外资企业与当地工人之间的劳资关系左右着赞比亚劳资关系的整体状态。由于文化的差异，跨国企业的管理理念和管理制度不能很好地被当地工人接受。比如中国企业在管理中倡导严谨、吃苦耐劳、组织忠诚度，当地工人却具有自由闲散的习惯，谈不上组织忠诚度，更不具备一致的价值认同，只是为了获取报酬进行工作。外资企业管理者和当地工人语言不通，无法进行充分的沟通和相互协商，工作中容易产生矛盾，而且矛盾容易升级。出于国内政治考虑，赞比亚政府在协调外资企业和工人之间的关系时，很多时候作用发挥不够充分和及时，甚至有时候政府作为协调者的角色也是缺失的。与此同时，有些政治势力有目的地进行误导和宣传，甚至煽动当地工人对所在外资企业的对抗情绪。这种政治因素使得劳资关系复杂化。加之外资企业在当地的正面宣传和引导不足，也容易引起当地群众的误解。

赞比亚经济落后，国内矿业受国际波动影响大的状况及各方政治势力的角逐，使得其经济政治情况复杂化，这实际上是一种强环境，对于外资企业来说只能被动应对这种复杂多变的环境。外资企业进入赞比亚，很大程度上依赖当地矿产、原材料和当地政府、工人等各种自然资源和社会资源，使外资企业形成了高资源依赖。强环境和高资源依赖的现状增加了赞比亚劳资关系的不确定性和脆弱性。由于文化、价值观及语言存在巨大差异，赞比亚的外资企业与当地工人之间只可能基于经济交换关系进行合作，很难建立社会交换关系。价值观的差异和各方政治势力的渲染，很容易使当地工人产生排斥和对抗心理，一旦沟通不畅，经济交换关系不对等、不顺畅，就会发生恶性劳资冲突，以发泄内心不满和攻击企业为主，这种劳资冲突往往是破坏性、对抗性的。

由以上的分析不难发现，劳资关系深受多方面因素的影响，不同政治经济发展阶段的国家和地区，其劳资关系状态处于不同的阶段，甚至同一政治经济发展阶段的国家和地区，由于关键的政治经济因素或文化、风俗习惯的不同，劳资关系状态也存在差异。总体来看，赞比亚属于对抗性劳资关系，拉美属于非对抗性劳资关系但容易升级为对抗性劳资关系，英国属于非对抗性劳资关系但很多冲突属于建设性冲突，美国属于合作型劳资关系，德国和澳大利亚属于高水平合作型劳资关系，瑞典和日本属于伙伴型劳资关系。对决定以上国家劳资关系状态的因素进行深入分析，有利于为我国解决劳资冲突提供经验，对我国构建高水平合作型劳资关系和伙伴型劳资关系、实现我国劳资关系良性的动态演化具有重要意义。

第二节　我国劳资关系的演进及和谐劳动关系的构建

从改革开放开始至今，我国学术领域和实践领域对组织中劳资关系变化发展状态的关注已有 40 年。40 年来，通过对劳资关系理论和实践的深入探索和剖析，相关研究人员针对组织中劳资关系存在的问题提出了许多应对的方法和建议，同时在管理实践过程中组织管理者也归纳总结了一些处理实际问题的方式方法，这一切为我国处理新时期劳资关系转型问题奠定了理论和实践基础。2004 年，中国共产党十六届四中全会做出了"构建社会主义和谐社会"的重大决定，强调协调社会各阶层、各系统之间的利益关系，使广大人民群众共享改革发展的成果，更好地实现和维护社会的公平正义。2006 年 10 月党的十六届六中全会进一步指出，"必须理顺分配关系，着力提高低收入者收入水平"，明确把"构建和谐劳动关系"作为构建社会主义和谐社会的一项重要任务。此后，党的十八大和十八届三中、四中、五中、六中全会对构建社会主义和谐劳动关系提出了明确要求，习近平总书记、李克强总理对构建社会主义和谐劳动关系多次作出具体指示和批示，要求各级党委和政府要进一步提高认识、强化责任，把构建和谐劳动关系作为一项重要而紧迫的政治任务抓实抓好。2015年 3 月，党中央、国务院专门印发了《关于构建和谐劳动关系的意见》的通知，指出"在新的历史条件下，努力构建中国特色和谐劳动关系，是加强和创新社会管理、保障和改善民生的重要内容，是建设社会主义和谐社会的重要基础，是经济持续健康发展的重要保证，是增强党的执政基础、巩固党的执政地位的必然要求"。2017 年 10 月，习近平总书记在党的十九大报告中又明确指出，"完善政府、工会、企业共同参与的协商协调机制，构建和谐劳动关系"。作为求真务实的党，党中央对劳资关系的高度重视既说明了我国对劳资关系健康发展的重视，也反映出当前我国的劳资关系问题不容忽视。

一、改革开放以来我国劳资关系的演化

改革开放拉开了我国经济体制改革的序幕，在坚持社会主义制度的根本前提下，逐步调整生产关系中不适应生产力发展的因素，不断解放和发展生产力，实现社会主义制度的自我完善和发展。随着我国经济体制改革的不断推进，劳资关系管理领域的变革也在持续探索和跟进，40年来我国劳资关系经历了不平凡的演变过程，大致分为以下三个阶段。

（一）社会主义市场经济萌芽阶段（1978～1991年）

1978年中共十一届三中全会做出"把党和国家的工作重心转移到经济建设上来，实行改革开放的伟大决策"的决定，标志着我国开始由计划经济向市场经济转变的进程。经济体制改革首先从农村开始，主要包括五方面措施：基层组织方面，由人民公社转变为乡镇，由生产大队转变为行政村；经济管理方面，由统购派购制度转变为市场机制；经营管理方面，由高度集中统一转变为自负盈亏的按户经营；分配方式方面，由平均分配转变为按劳分配；产业结构方面，由单一农业结构转变为多元化结构，大力发展乡镇企业。这五方面措施确保了家庭联产承包责任制的顺利推行，为发展乡镇企业和非农产业提供了制度保障并准备了人力和物质条件。农村经济体制改革的顺利推行，也为城市经济体制改革的实施奠定了基础。城市经济体制改革主要包括四方面措施：（1）管理体制上，把高度集中的管理体制转变为以间接管理为主、宏观调控的管理体制；（2）所有制方面，把单一的制经济转变为以公有制为主体的多种所有制经济；（3）分配方式方面，把高度集中和平均主义转变为以按劳分配为主、多种分配方式并存的分配制度；（4）产权制度方面，实行以股份制为主要形式的现代企业制度。农村和城市经济体制改革的实施和完成，调动了广大农民和工人的积极性，夯实了企业发展的物质基础，增加了企业发展的动力，推动了国家经济的发展。

在此期间，为了适应经济体制改革的需要，更好地推动工农业的发展，我国政府开始对原计划经济体制下的国有企业用工制度进行改革。经过政府多方面调研，历经多次研究，1986年国家颁布了《国营企业实行劳动合同暂行规定》，新制度的出台催生了"国营合同工"这一新的用工形式，形成了国有企业双轨制用工制度。"国营合同工"的出现使得工人可以根据技能、特长、工

作条件和工作待遇自由选择企业，提高了工人劳动的自由性。"用工双轨制"的出现扩大了国有企业选人用人的范围，方便国有企业根据自身经营管理需要选择所需的工人，增加了用人的灵活性。与此同时，工人的工资和奖金同企业的经济效益挂钩，工人工资总额与企业经济效益按比例浮动，使企业内部形成一定的竞争氛围，增强了企业生产经营的活力。1988 年 10 月中华全国总工会在北京召开第十一次全国代表大会，此次大会确定了中国工会的"维护、建设、参与、教育"等四项职能，为工会开展活动提供了指南，有利于我国劳资关系步入正轨。

总体来看，改革开放后的十多年里国有企业用工制度的初步改革和允许非公有制经济的发展，以及工会的逐步恢复，为劳资关系的发展奠定了基础。由于这一阶段仍然以国有企业为主，劳动力流动不频繁，规模不大，劳资关系问题并不突出。这一时期，在"按劳分配、多劳多得"政策的引导下，工人工作积极性都比较高。国有企业按照规定向工人发放薪酬等物质待遇，劳资双方之间经济交换关系对等且顺畅，企业和工人之间是稳定的合作型劳资关系。

（二）社会主义市场经济初步建立阶段（1992～2002 年）

1992 年中国共产党第十四次全国代表大会明确提出"我国经济体制改革的目标是建立社会主义市场经济体制"，由此我国经济体制改革有了更加明确的方向。中国共产党十四届三中全会通过《关于建立社会主义市场经济体制若干问题的决议》（以下简称《决议》），强调以经济建设为中心，改革开放、经济发展和社会稳定相互促进，相互统一。这十年间经济快速、稳定的发展为我国这段时期保持总体上稳定、和谐的劳资关系奠定了坚实的经济基础。1993 年 11 月，中国共产党十四届三中全会指出，"尊重群众首创精神，重视群众切身利益""尊重群众意愿，把群众的积极性引导好、保护好、发挥好"。1997 年 9 月，中国共产党第十五次全国代表大会提出"允许和鼓励资本、技术等生产要素参与收益分配，把按劳分配和按生产要素分配结合起来"，提倡"效率优先，兼顾公平"。党和政府的这种政策导向调动了劳动者积极性，不仅有助于保持经济体制改革平稳推进，在发展经济的同时也有利于维护劳动者的利益。

2001 年我国成功加入世界贸易组织，经济体制改革不断取得进展的同时，我国党和政府在劳资关系立法方面的探索也从未停滞。在《国营企业实行劳动合同暂行规定》试行成熟的基础上，1992 年，我国颁布《关于扩大试行全员劳动合同制的通知》，这标志着我国开始全面实行劳动合同制，进一步规范劳资关系。1993 年，劳动部颁布了包括《劳动争议仲裁委员会办案规则》《劳动争议仲裁委员会组织规则》《企业劳动争议调解委员会组织及工作规则》等在内的一系列规章制度。1995 年我国正式施行《中华人民共和国劳动法》（以下简称《劳动法》），《劳动法》明文规定所有建立劳动关系的情形都必须签订劳动合同，特别提出维护劳动者的合法权益，至此我国在规范劳资关系方面迈出了重大的一步。在政策的引导下，政府和企业更加关注包括工人在内的广大人民群众的利益，这对缓和劳资关系起到了一定作用。

我国政府努力推动劳资关系发展的同时，工会这一时期在曲折中也得到了发展。1992 年我国出台了《工会法》，对工会的成立及活动方式方法作了基本规定，明确了工会工作的原则是维护工人和群众的合法权益。2001 年，新修订的《工会法》明确指出工会的基本职责是维护职工的合法权益，并规定了基层工会维护职工合法权益的两个主要机制——平等协商集体合同制度和职代会，通过这两个机制保证促进民主决策、民主管理和民主监督。

这一时期党和政府鼓励非公有制经济发展的政策大大促进了非公有制经济的发展。1992 年以后农村劳动力大量向城市流动，1992 年农村流动劳动力超过 4000 万人，1993 年达到了 6200 万人，1994 年初达到了 7000 万人，此后农村劳动力以加速形式流入城市。由此可见，经济的发展和人员流动政策的放宽大大活跃了中国劳动力市场，提高了资源配置效率，从而促进经济进一步发展。但是，工人数量的增加，流动的频繁，民营企业用工的不规范，也增加了我国劳资关系问题的压力；国有企业分配制度、用工制度和实行"减员增效、下岗分流、规范破产、鼓励兼并"体制机制的改革，导致一些工人收入下降甚至分流下岗；外资经济的发展使我国劳资关系更加复杂。这些因素增加了我国同时劳资关系的不稳定性。受国企改革影响，1993～1999 年我国基层工会数和工会会员数量同时下降，1999～2002 年情况得到扭转。由于农民工维权意识增强，而企业在处理劳资关系时方式方法不成熟，工会自身原因协调不及时、作用发挥不充分，加上相关法律法规不完善，这一时期的劳资冲突多数为解决问题导向，属于非对抗性冲突，劳资关系整体上还是和谐的。

（三）社会主义市场经济完善阶段（2003 年以来）

2002 年 11 月，中国共产党第十六次全国代表大会指出，"初次分配注重效率，发挥市场的作用，鼓励一部分人通过诚实劳动、合法经营先富起来。再分配注重公平，加强政府对收入分配的调节职能，调节差距过大的收入"，把收入和分配的关系进一步明确化。2004 年，中国共产党十六届四中全会提出了"构建社会主义和谐社会"的理念。此后，党和政府采取各种措施实施和谐社会的构建工作，其中一项重要工作是采取有力措施化解社会转型期的突出矛盾和问题，通过政府的力量解决弱势群体问题，维护包括农民工在内的弱势群体的利益，实现社会公正。2007 年 10 月，中国共产党第十七次全国代表大会指出"初次分配与再次分配都要处理好效率与公平的关系，再次分配要更加注重公平"，这实际上把公平提高到了一个新的高度。党的三次重要的会议都把公平作为重要强调的内容，这表明党对包括工人在内的广大人民群众利益的高度关注和切实维护。随着 2006 年 10 月中国共产党十六届六中全会把"实施积极的就业政策，发展和谐劳动关系"作为构建社会主义和谐社会的一项内容后，"发展和谐劳动关系"上升到国家目标层面。此后，胡锦涛、温家宝、习近平、李克强等党和国家领导同志先后在不同场合多次强调构建和谐劳动关系的重要性。党和政府的重视及制度规定为我国构建和谐劳资关系、维护工人利益、促进社会公平提供了政策基础和良好的社会氛围。

在劳动法律法规方面，2002 年以来，我国规范劳动关系的法律法规得到了极大完善，2004 年颁布的《工伤保险条例》对维护工伤工人的合法权益起到了重要作用，2005 年颁布的《劳动保障监察条例》促进了企业对劳动保障法律的遵守，2007 年《中华人民共和国劳动合同法》、《就业促进法》和《劳动争议调解仲裁法》的出台对维护和谐劳资关系起到了法律保障作用，2008 年的《企业职工带薪年休假实施办法》《中华人民共和国劳动合同法实施条例》的实施等都对维护工人权益起到了积极作用。目前我国在劳动关系法律法规的制度建设一直在持续加强，我国劳资法律法规不断完善的同时也在与时俱进，根据经济社会发展实际不断修订完善，这对科学合理界定劳资双方的权利义务关系、构建和谐劳资关系、提高我国处理劳资关系的法制化水方有着深远的影响。

党和政府除了在经济社会和法制建设方面采取措施促进社会利益的均衡，还在思想观方面引导包括工人在内的广大人民群众和各种社会组织树立积极向上的价值追求。2006 年 3 月，胡锦涛同志提出了包括"以辛勤劳动为荣、以好逸恶劳为耻，以团结互助为荣、以损人利己为耻，以诚实守信为荣、以见利忘义为耻，以遵纪守法为荣、以违法乱纪为耻"等内容在内的社会主义荣辱观，在全社会营造勤劳、诚实、团结、守法的氛围，以社会主义荣辱观引领包括工人和广大企业管理者在内的社会大众的思想观念，这对在思想领域调节劳资关系、缓和劳资矛盾起到积极作用。2006 年 10 月，中国共产党十六届六中全会提出"建设社会主义核心价值体系"的战略任务，此后，党的十七大和十七届六中全会相继强调社会主义核心价值体系，并作出安排部署。2012年11月，中国共产党第十七次全国代表大会明确指出社会主义核心价值观的内容，即：富强、民主、文明、和谐，自由、平等、公正、法治，爱国、敬业、诚信、友善。

2017年10月，习近平同志在党的十九大报告中再次强调"要培育和践行社会主义核心价值观"。党和政府对培育社会主义核心价值观的重视以及采取的一系列措施，使得这一价值观念深入到包括工人和企业管理者在内的广大社会经济建设参与者的内心。这种价值观的培育和塑造，有利于工人和企业在精神层面达成一致，对缓和劳资关系，促进劳资和谐起到积极作用。

2002年以后，在华外资企业工会建设和大量农民工加入工会呈现愈加显著的态势。2003年中华全国总工会召开第十四届全国代表大会，明确工会的中心任务是工会组织与会员发展，这对提高我国企业的工会化水平、进一步维护工人合法权益有着显著意义。2004年12月，中华全国总工会十四届二次执委会突出强调基层工会维权要到位，发挥作用要明显，工作要积极活跃，增强工人的信赖感。随后中华全国总工会采取有效措施积极敦促麦当劳、三星、沃尔玛等在华大型外资企业带头组建工会，至此，在华外资企业工会组织建设取得了重大突破。大型外资企业设立工会还起到了良好的带动和示范效应，从这以后在华外资企业纷纷组建工会，有效保障了在外资企业工作的工人权益。处理劳资关系的三方协商机制这一时期得到显著发展，劳动和社会保障部、中华全国总工会、中国企业联合会/中国企业家协会建立了国家层面的三方协商机制，随后各省市县及县以下单位相继成立三方协商机制，三方协商机制体系的形成和完善为处理劳资争议、化解劳资风险提供了机制保障。

随着社会主义市场经济的不断发展，我国在劳资关系管理方面的法律法规逐步科学完善，政府积累的管理经验日渐丰富，工会组织逐渐健全，劳资争议处理机制也更加灵活且富有弹性，这些都为协调劳资关系提供了坚实的基础。但是，也要看到一些不稳定因素，比如国企改革操作过程中发生触及工人利益的情况；民营企业劳资关系管理意识不强，管理水平有待提高；外资企业就业人数增多，由于文化、管理理念的不同，外资企业在操作中不规范行为时有发生。与此同时，我国劳动者的文化水平和维权意识不断提高。这些因素叠加导致组织中发生劳资冲突的可能性增加，劳资关系管理的压力在增大。2005年以后，我国劳资冲突事件比以前明显增多，这些劳资冲突事件严重影响了社会的和谐稳定，对我国构建和谐劳资关系添加了不稳定因素。

总体来看，我国国有企业工资和福利待遇相对较好，劳资双方之间建立起对等的经济交换关系。国企职工组织忠诚度较高，与企业有着一致的价值追求，相互之间有着较频繁的社会交换行为。民营企业大都能支付工人可接受的劳动报酬，双方经济交换关系比较顺畅，企业和工人大都是短期倾向，没有建立起相对稳定的社会交换关系。外资企业中，薪酬高、福利好，经济交换对等且顺畅，但是由于思想观念的差异，没有充分建立起顺畅的社会交换关系。从工人和企业的权力—依赖关系看，我国国有企业中职工的环境地位要相对好于民营企业和外资企业工人的环境地位。综合以上要素，我国整体处于合作型劳资关系状态，但是由于处在社会转型和各种矛盾叠加时期，非对抗性劳资冲突较为明显，须警惕非对抗性冲突向对抗性冲突转化。

二、我国当前劳资关系面临的问题

经济社会领域改革中出现的一些问题很容易传导到劳资关系领域，导致劳资冲突的发生。世界银行把人均 GDP 在 3856～11905 美元定义为中等偏上收入国家，而我国在 2010 年人均 GDP 已经达到 4400 美元，按照世界银行的标准我国已经位于中等偏上收入国家之列，有学者认为我国已经进入利益日益分化的阶段，进入了劳资冲突高发期和深层次矛盾的凸显期。[①] 有关统计显示，中国工人罢工增长率是最高的，因此，不断完善我国劳资关系处理机制，在解决旧问题的同时，密切关注并及时处理我国当前劳资关系出现的新情况、新问题，对践行广大人民群众共享改革发展成果的理念、构建和谐劳资关系具有显著意义。

（一）直接原因

赫茨伯格（Herzberg, F., 1959）等人在研究员工工作满意度时提出了著名的双因素理论。[②] 双因素是指对员工绩效产生影响的保健因素和激励因素，其中保健因素如果得不到满足会使员工产生不满情绪，其内容包括薪酬、福利、工作环境、劳动安全保护、工作规范等制度规定、人际关系、惩罚措施等；激励因素如果得到满足，则能使员工产生积极的工作态度，其内容包含成

---

① 何勤. 群体性劳资冲突事件的演化及应对 ［M］. 北京：社会科学文献出版社，2014.

② Herzberg F, Mausner B, Snyderman B B. The Motivation to Work（2nd ed）［M］. New York：John Wiley，1959.

就感、上级或组织的认可、工作本身的意义、责任和晋升等。根据双因素理论，在企业中保健因素的缺乏会使员工产生不满，而激励因素的缺乏只会引起没有满意的情绪体验，而不会促使员工不满情绪的产生。通过对以往劳资冲突事件的总结分析发现，我国企业组织内部劳资冲突诱发的主要因素往往可以归结于保健因素没有得到有效的满足，进而劳资双方间产生了不对等的经济交换关系，由于引发民营企业、外资企业和国有企业劳资冲突具体原因不同，现分别阐述如下。

1. 引发民营企业劳资冲突的直接原因。

（1）薪酬福利等待遇较低，工资水平有时得不到保障。民营企业的迅速发展为我国经济建设和解决就业做出了重要贡献，我国作为拥有 13 亿多人口的大国，劳动力资源非常丰富，有关统计显示 2017 年我国工人总数超过 3.9 亿，在很多省区，农民工成为产业工人的主体，越来越多的农民工进入民营企业工作。与此同时，据有关统计显示，因薪酬待遇等问题引起的劳资冲突大多发生于民营企业。一些民营企业在人力、财力、物力及技术等方面会与国有企业和外资企业存在较大差距，为了在激烈的市场竞争中赢得竞争优势，最大限度地压缩成本成为民营企业管理者的首要选择，以获得最大化利润，谋求企业发展壮大。部分民营企业管理者还存在经营管理的短视行为，在经营没有相对困难的情况下，不断降低人工成本，以期最大化其利润。在各种内外部因素的影响下，有些民营企业甚至会选择当地最低工资标准来作为其工资基准，导致员工的劳动付出与工资收入严重失调。由于工资水平较低，员工往往会通过频繁加班来获取更多的劳动收入以维持其基本生活水平，部分企业的加班费有时远低于法定水平。此外，部分民营企业以各种借口克扣农民工工资，拖延工资发放的事情也会时有发生。2017 年 12 月底，最高人民法院发出关于切实做好2018 年春节前拖欠农民工工资纠纷案件审判执行工作的紧急通知，要求各级人民法院把治欠保支工作作为春节前的重要民生工作抓好，确保让广大农民工拿到工资返乡过年。① 由此可见，拖欠农民工工资现象依然很严重。工人的付出得不到充足、及时的回报，劳资双方之间不能建立起对等、顺畅的经济交换关系，很容易引起依靠工资养家糊口的工人的不满，进而发生劳资冲突。

（2）劳动时间过长，强度过大。部分民营企业规定的基本劳动时间超过 8

---

① 陈思. 最高人民法院发出紧急通知 要求做好 2018 年春节前拖欠农民工工资纠纷案件审判执行工作［EB/OL］. https：//www. chinacourt. org/article/detail/2017/12/id/3141647. shtml. 2017 - 12 - 28/2018 - 3 - 2.

个小时，许多员工每天工作超过 12 个小时，并且许多民营企业规定每个月只休息一天，不仅违反了《劳动法》关于工作时间和休息休假的规定，而且超出标准工作时间的部分往往都没有任何加班费或补贴。江浙一带衣服、鞋帽等民营企业，由于生产季节性强、临时性任务多，工人超出企业规定的工作时间额外"加班"现象十分严重。2016 年年底一项针对沿海某市民营企业的调查显示，有近 78% 的工人被迫每天工作 8 小时以上，约 56% 的工人一周工作 7 天。与此同时，民营企业体力工作和动作重复性工作较多，容易导致疲劳，加重了员工的心理和生理负荷。在这样的工作负荷下，员工很容易产生工作倦怠感，导致劳资冲突和劳动事故的概率大大增加。

（3）忽视对员工的劳动保护。我国《劳动法》明确规定："用人单位必须严格执行国家劳动安全卫生规程和标准，必须为劳动者提供符合国家规定的劳动安全卫生条件和必要的劳动防护用品，对从事有职业危害作业的劳动者应当定期进行健康检查。"① 但现实状况是尘肺病农民工事件不绝于耳，小煤矿事故时有发生。据不完全统计，2017 年深圳市建设工程安全事故死亡人数超过 20 人，且多为民营企业工人。2017 年全国共发生 10 起化工和危化品较大以上事故，导致 41 人死亡，其中较大事故 9 起、死亡 31 人，同比增加 2 起、8 人，分别上升 28.6%、34.8%，② 涉事企业大部分为民营企业。事故发生后，时常发生医疗费用和赔偿费用等纠纷，甚至发生恶性冲突。这些本可避免的事故和纠纷大多是因为没有执行劳动安全卫生标准、忽视对工人的劳动保护引起的。

（4）劳动合同签订率低，合同履行不规范。我国很多民营企业不按《劳动法》规定与农民签订劳动合同，部分企业则采取口头协议等方式，进行入职登记。即使部分企业签订了劳动合同，劳动合同大多规定一些表面性的问题，不涉及实质性内容，双方权利义务关系非常模糊。2015 年年底，陕西省总工会对农民工基本权益实现状况的调研结果显示，陕西全省农民工劳动合同签订率不到 17%，并且解除合同具有十分强的随意性，有的甚至以"违反规定""工作失误"为借口开除工人，解除合同后不按合同约定进行经济补偿。③ 劳动合同的缺失和不规范导致众多尘肺病人难以有效维权的状况，众多劳资纠纷得不到合理、有效解决。

2. 外资企业劳资冲突的直接原因主要是由苛刻的制度和歧视原因造成的。

---

① 黄越钦. 劳动法新论 [M]. 中国政法大学出版社，2003.
② 赵原. 2016 年全国危化品事故双降 [J]. 江苏氯碱，2017（1）：31.
③ 张斌. 陕西农民工基本权益实现状况的调研报告 [J]. 工运研究，2015（22）：10-14.

外资企业在薪酬福利等方面的规定容易引起工人的不公平感，让工人觉得双方经济交换关系是失衡的，这种感觉一旦产生很容易发生劳资冲突。同时外资企业高强度的工作和严厉的规章制度容易引起工人的工作倦怠感，增加劳资冲突的风险。

3. 国有企业劳资冲突的直接原因。

我国国企劳资关系整体上是呈现良性的状态，但是国企劳资冲突随着国企改革开展和逐步深化而呈现加剧的态势。1992 年以后的国企改革主要以建立现代企业制度为目标，2000 年前后国有企业为了减员增效导致一部分国有企业工人分流下岗，由于去向和待遇问题发生了一些劳资冲突。最近几年国企改革向纵深方向发展，兼并重组、股份制改革成为重点。在兼并重组和股份制改革过程中，出现了一些问题，比如，改制分流方案没有及时跟工人沟通，改制方案和步骤不够公开透明；改制企业步伐过快，急于减轻负担，给工人造成心里恐慌；改制企业资产被低估，甚至出现内部交易现象；对工人工资和社会保险关系接续的保障程度等。因此，国有企业当前劳资冲突的直接原因是部分工人经济利益受到了冲击。

（二）深层次原因

1. 引发民营企业劳资冲突深层次原因。

（1）相关法律法规不健全，民营企业 20 世纪 90 年代以来迅速发展，吸纳众多劳动者，农民工成为其用工主体，但是与民营企业发展相配套的法律法规没有得到及时完善和更新，一些法律可操作性不强，部分地方存在"盲区"，在一定程度上滞后于企业和工人发展的实际需要，给劳资冲突爆发埋下了制度隐患。

（2）监管机制不完善，民营企业在处理和工人之间的关系时，对权利要求过多，对义务履行过少，双方形成了一种相对不平等的权利义务关系，而且劳资双方私下达成的协议很多是有悖法律规定的。另外有些协议一直在执行，较少受到有关部门的监管和惩罚，即使部分情况得到了相应的惩罚，其惩治力度程度也相对较轻，起不到震慑的作用。如何完善组织中劳资关系监管机制，加强监管和惩处力度，成为改变民营企业中劳资关系的关键手段。

（3）民营企业经营者和工人法律法规意识较为淡薄，很多违法违纪的规定之所在企业中产生并得到执行，部分源于民营企业劳资双方法律意识淡薄，有些民营企业经营者没有认识到违反法律法规的严重后果。同时有些工人也不懂得用法律武器切实维护自身合法权益，有时一旦发生劳资纠纷，双方往往会选择以较为激烈的形式进行对抗。

（4）三方协商机制不完善，在三方协商机制中，政府（劳动行政部门为代表）、工会（以工会组织或相关劳动群体组织为代表）和企业（以企业或雇主组织为代表）职责划分不够清晰，有时三个主体无法及时有效地参与三方协商。政府相关的劳动行政部门在三方协商中只能对最低工资、劳动安全保护等法定"底线型"问题起作用，协调其他问题时在三方协商主体中还未能充分发挥其主持人的作用。当劳资冲突真正发生时，三方协商机制发挥的作用还比较有限。此外，在工人薪酬待遇、劳动安全保护等问题上，工会和雇主组织缺乏经常性独立沟通、协商的平台，限制了工会的作用，弱化了工会对企业的监督和管理参与。

2. 引起外资企业劳资冲突深层次原因。

在我国改革开放发展社会主义市场经济的背景下，为了引进资金、先进技术与管理制度，国家制定相应的优惠政策，吸引大量外资企业进入中国。在一段时期内，外资企业在税收和扩大生产经营等方面都享有政策优势，与之相比，内资企业则不能享受外资企业相应的政策和税收优惠。由于外资企业用工制度的特殊性与部分监管的缺失，导致外资企业在处理劳资关系时出现了一些不规范的行为，没有严格遵守劳动法律法规，部分外资企业还存在薪酬、福利、待遇等制度上的歧视行为，进而引发了劳资冲突和对抗。

3. 引发国有企业劳资冲突深层次原因。

（1）传统观念根深蒂固。国有企业职工认为国有企业在国家政策和资源储备上都具有天然的优势，其运行机制和管理模式相对稳定，企业抗风险能力强，极少会因为经营不善而破产重组。但随着国企改革的进一步深化，原有的利益格局和稳定状态被打破，国企职工在一定程度上未做好相应的准备来应对这突如其来的变化，变化超出职工的心理承受底线，部分国企职工还面临着被裁撤的风险，进而劳资纠纷和劳资冲突程度也会相应增加。

（2）体制原因。以前国有企业产权关系不明晰，很多国企改制时存在复杂的劳资关系问题，管理层为了避免意外发生，多采取不公开不透明的操作，职工知情权和参与权被剥夺，职工一旦发觉便有可能引发群体性劳资冲突。

（3）历史遗留问题。改制的国有企业往往有很重的负担，有些国有企业在改制的过程中急于求成，没有解决好职工的社会性保障和安置再就业等问题，没有解决好职工的基本权益保障问题，导致一些恶性群体性事件的发生。

三、我国和谐劳资关系的构建

民营企业、外资企业和国有企业存在的劳资问题各有其特征，相应的解决方式和解决问题的难度也不尽相同。解决好这三类企业的劳资关系问题在一定程度上决定了我国构建和谐劳资关系的成败。我国在构建和谐劳资关系的过程中，可以在对自身存在的劳资关系问题深入剖析的基础上，合理参考、借鉴其他国家和地区已有的劳资关系治理成功经验，减少在解决问题过程中出现的摩擦与冲突，加快实现构建和谐劳资关系的目标。

我国劳资关系治理情况目前总体处于合作型劳资关系状态，但是合作中也充满着非对抗性劳资冲突等不稳定因素，部分甚至有恶化的危险，因而和谐劳资关系的构建分为三步。

第一步，消除不稳定因素。

（1）健全劳动法律法规，减少法律滞后性和法律盲区对解决劳资关系问题所产生的不利影响，为依法进行劳资关系管理奠定基础。在劳动法制建设上可以合理吸收其他国家的管理经验，实现管控和高效的有机结合，涉及原则的问题要明确具体，而在企业管理上出现的具体实践问题则交给工会和雇主组织来进行协商解决。

（2）建立健全监管机制。加强对民营企业、外资企业和国有企业在遵守劳动法律法规方面的监管，对违法违规行为一视同仁，严厉惩处，实现对违法违规行为的零容忍。法律法规执行上，可以从其他国家劳资管理实践中汲取经验。

（3）完善三方协商机制。明确政府管理部门在处理劳资关系问题上的角色定位，对需要市场化协商的事项，支持工会与企业（雇主组织）自由协商、独立发挥作用，扩大员工知情权和民主参与权。在健全三方协商机制过程中可以合理参考德国"劳资共决制"和瑞典"劳资共享制"。

（4）加强对劳动法律法规的宣传和培训。鼓励企业、工会组织和员工学习有关劳动法律的基本常识和应用，在企业也管理实践中形成崇尚法律、遵守法律、用法律维护自身合法权益的氛围。此外，在经济发展的同时，更加关注社会公平等问题，处理好社会分配效率。在其他市场经济发展相对成熟的国家，员工的工资总额占国民生产总值的比例相对较高，我国员工的工资总额占国民生产总值的比例则相对较低，而且还有逐年下降的趋势。这些方面则需要采取措施，着力解决这一问题，为解决在企业管理过程中出现的劳资关系问题，构建和谐劳资关系提供物质基础。

第二步，在减少非对抗性劳资冲突的基础上，向构建高水平合作型劳资关系的目标迈进。降低非对抗性劳资冲突可以从侧面反映出工人的薪酬、福利、劳动安全、卫生等基本条件得到了保障，劳资双方可以在经济交换关系顺利建立的基础上开展合作，但这种合作只是初级的合作水平。构建高水平的合作型劳资伙伴关系，就要使员工处于被激励状态，使员工感受到工作的意义、责任和成就，让员工感到受到尊重，让员工拥有一定的工作自主性并认可工人的行为。这就需要鼓励企业提高管理现代化水平，鼓励企业扩大员工在日常工作中的知情权和参与权，充分认可和尊重员工的创造性，劳资双方建立起一定的社会交换关系。

第三步，在建立起高水平的合作型劳资关系的基础上，加强企业与员工之间的思想观念交流和价值观认同，建立起更加稳定和持久的伙伴型劳资关系。我国政府倡导社会主义核心价值观建设，社会各界和广大人民群众都在加强社会主义核心价值观学习。企业要把自身发展的愿景和价值追求纳入到社会主义核心价值观之中，与国家整体追求相一致，增强工人的价值认同感，让员工感受到企业的价值追求符合自己的理想信念和价值观，劳资双方的价值认同是完全建立社会交换关系的关键。在对等的社会交换关系中，劳资双方在物质利益追求、精神追求方面高度契合，成为命运共同体，这样伙伴型劳资关系便建立起来了。

第八章
结论与展望

国外对劳资伙伴关系的研究兴起于 20 世纪 80 年代末 90 年代初，不同学者的具体研究内容和视角存在差异，主要问题大体集中在劳资伙伴关系的基本概念、基本特征、劳资伙伴关系与劳资合作关系的区别、劳资伙伴关系的合作架构及合作机制等几个方面。学者们研究方法多种多样，很多研究应用了田野调查和数据分析等方法，使研究结论更符合企业的管理实践。国内部分学者从劳资关系、合作伙伴关系和劳资伙伴关系等不同层面探讨伙伴关系的发展环境、特点及趋势等。由于不同的文化、制度、体制等因素的影响，不同国家和地区在实践过程中也形成了不同模式的劳资伙伴关系模式。

尽管学者们在劳资伙伴关系研究方面取得了丰富的成果，但研究成果中也存在一些偏差和分歧，如社会伙伴关系与劳资伙伴关系在概念和内涵上混用的问题。以往研究也忽视了时间维度在劳资伙伴关系形成和演进过程中的作用。虽然本书在劳资伙伴关系基本概念界定和劳资伙伴关系演进过程等方面进行了简要分析与探索，但是在研究的可量化性、研究范围广泛性、研究情景化等方面还是存在一些不足之处。本章在总结全书的研究结论和贡献时也分析了该研究的不足之处，并阐述了对未来劳资伙伴关系研究发展趋势的一些看法。

第一节　研究结论

一、研究结果

本书在回顾劳资合作及劳资伙伴理论相关文献的基础上，首先对组织中劳资各方的交换形态与交换关系、环境和资源因素对劳资各方交换关系的扰动过程进行了剖析；其次将交换关系、环境与资源因素、组织形态等要素纳入模型框架，构建了劳资伙伴关系分析模型；最后通过对模型推演验证了不同情形下劳资伙伴关系均衡解的六种演进状态。本书的剖析与讨论都是围绕以上内容展开的，研究结果体现在如下几个方面。

（一）资源和环境会使劳动者个体与劳动者群体产生分化

从特点与作用方式的角度划分，组织环境可分为制度环境（institutional environment）与任务环境（task environment），其中制度环境中包含法律法规、制度规范、政府干预、默会规范等影响因素，而任务环境则包含市场、资源、竞争程度、利益相关者等影响因素。[①] 我国幅员辽阔，不同地区劳资关系面临的环境影响强度和具体影响因素是不同的，政府产业扶植政策的转变、协调劳资关系法律法规的调整成为企业劳资伙伴建立与运作中不可忽视的影响因素。如今组织面临着复杂且不稳定环境因素的影响，正式的雇佣关系（standard employment relationship）正在被兼职工作（part-time work）、固定期限合同工作（fixed-term contracts）、临时代理工作（temp-agency work）、自我雇佣（self-employment）等非正式雇佣方式所替代，雇佣多元化与多元化雇佣成为组织应对环境压力所采取的一种重要策略。然而这种非正式雇佣方式也产生了一些问题，如工作不安全感、老年贫困等一系列问题。[②]

从劳动者角度来看，组织能否为劳动者个体创造出一种公平、公正的发展机会，能否采用相应的激励机制来鼓励劳动者在新的劳资伙伴关系中实现自己的工作价值和人生价值，都成为关注的焦点。与此同时，组织中劳资伙伴间进行着大量的交换行为，交换标的既有经济性的又有社会性的，交换网络形态及结构也是复杂的。交换行为的多样性与交换网络的复杂性使得劳资伙伴关系所面临的不确定性进一步增大，而且传统静态劳资管理模式或劳资合作模式在新的环境形势下不足之处愈加明显，因此，如何在动态交换系统下构建企业劳资伙伴关系分析模型成为一个关键的问题。

（二）合作群体间存在着动机不同的广泛而复杂的交换关系

群体或个体之间可能会发生不同类型的交换关系，如经济性的或社会性

---

① Oliver C. The influence of institutional and task environment relationships on organizational performance: the Canadian construction industry [J]. Journal of Management Studies, 1997, 34 (1): 99 – 124.

② Schmid G. Non-standard employment in Europe: Its development and consequences for the European employment strategy [J]. German Policy Studies/politikfeldanalyse, 2011, 7 (1): 171 – 210.

的交换关系。而交换过程中，交换双方也是要付出一定代价的，如投资性代价、直接性代价和机会性代价。[①] 组织中的成员或群体在交换关系网络中所处的位置与交换关系网络结构会使成员或群体交换的资源或权力产生差异，因此组织中成员在合作的过程中会涉及经济交换、社会交换与网络交换。交换关系发生时，并不仅仅呈现出单一的交换类型，往往不同的交换类型同时存在。

传统的经济交换理论认为，组织中的经济交换时常迫使组织成员在自利与合作之间进行选择，如果不能兼顾，组织决策的潜在假设也通常建立在牺牲成员个人利益来实现公共利益的基础上。德斯特诺等人（Desteno，D.，2010）的研究结果表明，社会情感能使组织成员以牺牲个人利益为代价进行经济交换，甚至发生合作行为，[②] 因此合作群体间存在着广泛而复杂的交换关系。

组织内交换双方通过合作，能从交换过程中获得一定的社会报酬，如资源、资金、社会情感、社会赞赏等。这些通过交换获得的社会报酬分为内在性报酬（资源、资金等）与外在性报酬（社会情感、社会赞赏等），不同的交换报酬会刺激组织成员在交换过程中持有不同的期望或偏好。布劳（1986）指出三种交换期望决定了组织成员的最终决策，并影响着组织成员对社会报酬的反应，这三种期望包括一般期望、特殊期望和比较期望。一般期望指在组织合作过程中对能够获得的总收益的期待，其中总收益包括物质报酬和社会情感；特殊期望指在预期的交换过程中从其他成员处获得一定的特殊回报，并且衡量这种回报量级的期待；比较期望指在与其他成员进行交换的过程中，除去付出的交换成本后对能够获得的实际利益的期待，利益越多参与者参与交换行为的可能性就会越高。[③] 不同交换期望影响着合作成员在交换过程中的决策，因此不同交换关系的基本动机是不同的。

（三）组织能在某些条件下寻找到劳资伙伴关系动态均衡解

如果劳动力市场或资本市场并不总是完全的，那么市场反馈回路中所传递的信息也不一定是完整、及时的。在竞争日趋激烈的市场中，部分资源特别是

① Roloff M E. Interpersonal Communication: The Social Exchange Approach [M]. Beverly Hills, CA: Sage Publications, 1981.

② Desteno D, Bartlett M Y, Baumann J, et al. Gratitude as moral sentiment: Emotion – guided cooperation in economic exchange. [J]. Emotion, 2010, 10 (2): 289 – 293.

③ Blau P M. Exchange And Power In Social Life (2nd) [M]. Piscataway, NJ: Transaction Publishers, 1986.

物质资也是稀缺的。而不同组织或同一组织在不同发展阶段，及时获取完整信息或稀缺资源的能力是不同的。因此，组织需根据自身能力和需求来控制信息传递的渠道或调节资源的使用程度。为减弱环境和资源的冲击，组织会主动调整人员数量、结构等因素，随之组织的架构和合作关系也会发生改变。

虽然个体游离出组织边界对组织结构的稳定性和已建立的正式、非正式合作规则的影响不大，但大量的组织成员更替或长期的代际更迭却使得组织成员的个人偏好或价值理念逐渐发生改变。当新成员的群体权力随着时间的推移而足够强大，且其群体所持有的偏好或价值观不同于旧有成员所持有的偏好或价值观时，会促使合作群体各方的合作意愿、合作稳定性发生改变，而且当一方能感知到通过修订原有的交换契约或协定能改变自身处境时，该方人员就会有重新签订契约或协议的动力，进而采取相应的行动。①

由于组织内的交换关系、劳资伙伴关系合作期望等要素也会随着外部因素的改变而发生调整，为此本书以环境与资源因素为基础，构建劳资伙伴关系框架作为分析模型，以劳资伙伴关系面临的压力、包含的交换关系及劳资伙伴关系合作期望模型的变化程度作为划分依据，进而将劳资伙伴关系均衡解的运动与变化情况共分为六种情形来逐一阐释。

虽然环境、资源等要素的变化是多样的，但如果控制了一定的条件，按照要素演进的规律研究要素的变化，那么通过调节某些变量的位置来寻找劳资伙伴关系均衡解也就成为了可能。因此，本书跨越以往静态视角的分析习惯，从动态视角寻找并分析劳资伙伴关系的均衡解。

二、研 究 贡 献

劳资伙伴关系是一种特殊的劳资合作形式，但这种形式的合作并不是意味着各方主体之间不存在矛盾与斗争。伙伴关系是各方在不损害第三方利益的前提下，以共同目标为基础建立的良性冲突与谈判机制。在该机制下，劳资间通过动态的博弈达成均衡条件，最终共同努力实现组织目标和组织绩效。总的来看，本书主要聚焦劳资伙伴关系理论中三个方面的问题。

---

① North D C. Institutions, institutional change, and economic performance ［M］. Cambridge University Press, UK, 1990.

（一）突出劳资伙伴关系理论研究的时效性与地域性

劳资伙伴关系的时效性是指随着时间的变化，影响劳资伙伴关系的各要素会在性质和特点上产生差异。具体来说，劳资伙伴关系的时效性取决于组织中人力资源的时效性和组织决策的时效性。组织中人力资源的时效性源于人是有生命周期的，员工的工作效率与工作意愿也是随着时间的变化而改变，不同时代或时期的人具有不同的性格特征和时代特点，组织中人员的更迭使得组织中人员的价值观和思维方式不断变化，群体合理的合作方式与合作内容也随着组织中人员价值观和思维方式的变化而不断变化。这些变化体现在劳资伙伴关系框架模型中，就是劳资伙伴关系均衡条件的调整使得耦合的时点偏离原有位置，暗示组织政策也需随之调整。组织决策的时效性通常体现在劳资合作者以劳资合作委员会的形式进行沟通与决策的过程中，管理决策的作用效果也是在某一时间段内有效，即决策的质量与效果很大程度受制于这种时效性。

劳资伙伴关系理论不仅具有时效性，也具有地域性。地域性可从网络结构和要素构成两个方面分析，一是不同地域组织内的关系网络结构是不同的，即组织内要素联结通道或构成方式的差异造成网络结构的不同，不同的结构一般在劳资伙伴关系运行模式上存在差异，劳资伙伴关系运行模式也会受劳资关系网络中要素流动方向的影响；另一方面是要素的构成不同，在人口因素上，不同地域人力资源的素质、效能、流动性等条件都是不同的，而且不同地域所蕴含资源的丰富程度也是不同的，人口因素和资源丰富程度的差异导致组织内劳资关系网络中的要素构成具有地域性。本书在构建组织内劳资伙伴关系模式分析体系时，充分考虑了劳资伙伴关系理论的时效性与地域性，突出了环境因素和资源因素等要素对组织劳资伙伴关系均衡状态带来的外部压力情况。本书通过对经济交换关系、社会交换关系和网络交换关系等的剖析，间接阐释了组织中人员的时效性和地域性。为了更好地阐释劳资伙伴关系理论的演化，并突出劳资伙伴关系理论的时效性和地域性，本书从分析框架中提取出六种演变情景，并针对不同情景提出了不同的管理实践建议。

（二）用交换关系理论来剖析劳资伙伴关系的运动发展

组织中资源、资金、权力等要素都是有限的，合作各方群体基于自身的利益或需求相互交换资源、资金、信息、情感、权力等要素。交换行为的发生使不同群体间产生交换关系，但交换关系因交换标的不同而不同。交换主体、交换标的物、交换原则、交换场所的不同决定了合作群体间产生不同的交换关系，如经济交换关系、社会交换关系、网络交换关系等交换关系。法律法规、组织制度、信任机制、交换双方在组织中的地位、力量、交换标的稀缺性等因素都是影响交换行为是否发生、能否顺利进行的关键因素，如果这些因素整体朝负方向发展，那么就增加了交换关系产生的不确定性。多因素影响交换行为从侧面可以反映出交换关系具有动态变化的特征，但这种特征不是无规律的随机变化，只要把握影响交换行为产生的关键因素，就能探寻组织中交换关系演化的本质规律。为此本书将组织群体间发生的经济交换关系、社会交换关系与网络交换关系纳入到劳资伙伴关系分析模型中，并从动态视角来衡量组织内交换关系在不同时期下性态值的差异与变化，突出了交换关系的动态变化特征，同时通过框图模型的形变强调环境因素对合作群体间整体交换关系的影响。

（三）运用系统动力学方法分析劳资伙伴关系的动态演化过程

早期劳资合作关系的研究往往从比较视角、静态视角和行业（或产业）视角来展开，部分研究者从比较视角出发开展劳资合作关系研究，他们聚焦于不同国家或地区劳资关系的异同点，剔除默会规范、法律制度差异等因素，通过比较不同国家或地区的劳资合作状态、劳资政策、劳资间冲突或矛盾，提炼劳资合作实践中的共性，从而实现劳资管理政策跨组织、跨地区甚至跨国界的迁移。另一部分学者从静态角度分析劳资合作的运作体制和机理，通过研究工会参与率、员工参与率、差错率、满意度水平、绩效产出水平等有关静态指标来衡量企业当前劳资关系的状态、性质及稳定程度，提出有针对性的解决方案和管理政策，实现劳资各方均衡、稳定地发展。也有不少学者从产业（或行业）视角研究劳资关系，他们从把重点中观层面上，着重分析产业发展的特征和水平，从而进一步探析产业内部劳资关系的特征与性态。

由于信息互联网时代人员、资源、资本等生产要素的流动比率持续加速，组织面临的不确定性增大，经营风险水平明显上升，劳动群体的稳定性逐步降低，雇员的流动速度明显提高，多元化雇佣和雇佣多元化成为新时代组织所面临的新常态。因此，应该从动态的、系统的视角来进行观察和分析劳资伙伴关系，针对相关问题找出相应的解决对策和方法，这也符合用权变思维来解决管理实践问题的管理学思想。基于此，本书采用动态视角系统动力学的方法研究劳资伙伴关系的动态演进过程，丰富了劳资伙伴关系的理论体系和研究方法。

第二节　研究的不足

一、缺少相关的量化研究

由于劳资伙伴关系核心维度的构成比较复杂，且提取相关变量的难度较大，学者们对劳资伙伴关系模型基础变量组成的认知没有达成一致意见。

一方面，劳资伙伴关系系统中变量构成及变量间的关系复杂，整个劳资系统也处于不断变化中，同时组织内劳资伙伴关系成员间的网络节点和反馈渠道呈现非线性的结构特点，这些因素导致劳资伙伴关系的量化研究工作较难开展。

另一方面，因为地域、国别差异，不同组织的劳资治理结构是有很大差异，以往初期的劳资伙伴关系研究也总是聚焦于对组织劳资管理实践的概括和分析，地域差异的存在导致研究者的相关研究成果难以迁移到其他国家和地区，这给劳资伙伴关系理论的推广带来一定程度的困难。

鉴于此，本研究仅限于对劳资伙伴关系的概念归集、变量分析、模型构建、情景推演这四个方面，情景推演中也仅用图形图示的方式来分析在不同控制条件下，组织内劳资伙伴关系的均衡状态，并未将其转化为具体的数学方程来推演确切的数学均衡解。

在国内外劳资关系的研究领域，目前国内外部分学者已经开始了劳资伙伴关系的量化研究，取得了初步的研究成果。未来的劳资伙伴关系研究如果能够基于大量的企业管理实践，分析提炼相关变量并收集丰富的数据，量化研究将会取得更显著的成果。

二、将劳资伙伴关系的研究局限于组织或企业内部

一个组织的结构代表着其内部是分工协作的方式，组织构成的聚散状态也会随着环境的变化而发生不同程度的改变，尤其是大型跨区域组织的框架更为复杂，大型组织和跨国企业会触及不同的产业且分布在不同国家和地区，组织的地理位置也不是聚集于同一地域，单一模式的劳资伙伴关系系统肯定难以适应纷繁复杂的组织结构。因此，在不同产业系统下对多元化组织劳资伙伴关系的分析将成为未来劳资伙伴关系的一个研究方向，而本书没有基于跨国家、跨

地区、跨产业背景下组织的劳资关系进行研究，希望未来的研究者更多的关注这些问题。

虽然劳资伙伴关系的参与主体是雇主、雇员和工会，但伙伴关系所涉及的利益相关者的行为方式也会对组织内部劳资伙伴关系产生影响，[1] 如股东、政府、外部销售渠道等。由此，劳资伙伴关系研究也不应局限于企业内部，而本书为了简化系统分析过程，没有将相关的利益相关者加入到伙伴关系系统分析中，仅将劳资伙伴关系研究聚焦于企业内部的劳资伙伴关系分析上，希望后续的研究者能在这方面进行补充和完善。

三、缺少对中国企业组织管理实践等的情景化研究

中国计划经济向市场经济过渡的过程中，组织内劳资关系也随着劳动力市场的调整而发生变化，劳资关系在较短的历史时期内产生了巨变。国外组织或企业在劳动关系调整、劳资合作协调机制和劳资伙伴关系构建等方面有着大量的实践经验和理论研究，这些实践和研究为我国建立新型的劳资伙伴关系提供了丰富的实践资料和经验借鉴。目前，我国在劳动管理体制和劳资关系协调机制等方面还有待完善，劳资合作及劳资伙伴关系都处于探索阶段，尚未形成有突出特色和影响力的运行模式。

弗雷格（Frege, C., 2013）指出不同制度的发展不是偶然的，可以追溯到不同国家的传统，进而这也催生出不同的研究方法（methods）、研究范例（paradigms）和研究理论（theories）。[2] 我国劳资伙伴关系研究应基于本土企业管理实践和范式，借鉴吸收已有的研究成果，同时注意克服"水土不服"等问题，构建适用于国内企业劳资伙伴关系的管理方法、范式和研究理论，进而推动组织实践的发展。王（Wang, L.）和凯斯（Kess, P.）也指出，中国企业尤其是中国的跨国企业往往只通过市场渠道建立伙伴关系，[3] 在组织内部建立伙伴关系的国内企业还比较少。本书对国内企业组织仍然涉及较少，一方面

---

① Deakin S, Koukiadaki A. Governance processes, labor-management partnership and employee voice in the construction of Heathrow Terminal 5 [J]. Industrial Law Journal, 2009, 38 (4): 365 – 389.

② Frege C. Comparative Perspectives in Employment Relations Research [J]. Industrielle Beziehungen, 2013, 20 (4): 285 – 303.

③ Wang L, Kess P. Partnering motives and partner selection: Case studies of Finnish distributor relationships in China [J]. International Journal of Physical Distribution and Logistics Management, 2006, 36 (36): 466 – 478.

是囿于国内劳资伙伴关系的相关研究较少，已有研究大多聚焦于对国外研究成果的归纳总结，针对中国企业特点的量化研究和维度分析更加稀少；另一方面，我国幅员辽阔，不同地域差异明显，为分析、概括并提炼适应国内企业组织的劳资伙伴关系模型带来了一定的困难。

第三节　未来研究展望

一、跨区域研究与跨层研究

地域环境、劳动力市场的构成条件、组织的社会地位、组织建立与运行合法性及组织社会声誉的变化都会促使不同地域组织的结构产生细微差异，加之组织性质的不同，组织内工会构成的形式与运作机制也会有差异，[①] 这些细微的差异影响了组织内劳资关系的运行与变化。寇肯和阿德勒等（2008）考察跨区域组织劳资伙伴关系的内涵及特征，并分析了多重雇主与多重工会间通过基于利益的集体谈判机制（interest-based bargaining）构建劳资伙伴关系的过程，[②] 而迪肯和川崎（2009）研究了特大型长期工程项目中构建不同层级的劳资伙伴关系，同时分析了不同层级劳资伙伴关系的特点及层级间沟通机制的融合过程。[③] 因此，在规模较大的企业或组织内研究劳资伙伴关系时，除了要研究单一组织内部管理者、工会会员及雇员代表之间伙伴关系建设与维系，同时也应该探索同一组织内部不同地区或不同层级管理者、工会及雇员的伙伴关系建立与维护，[④] 跨区域的研究结果能增加劳资伙伴关系理论的迁移性和可操

① Zhu Y, Warner M, Feng T. Employment relations "with Chinese characteristics": The role of trade unions in China [J]. General Information, 2011, 150 (1 - 2): 127 - 143.

② Kochan T A, Adler P S, Mckersie R B, et al. The potential and precariousness of partnership: the case of the Kaiser Permanente labor management partnership [J]. Industrial Relations, 2008, 47 (1): 36 - 65. Mckersie R B, Sharpe T, Kochan T A, et al. Bargaining theory meets interest-based negotiations: a case study [J]. Industrial Relations, 2008, 47 (1): 66 - 96. Eaton A E, Rubinstein S A, Kochan T A. Balancing acts: dynamics of a union coalition in a labor management partnership [J]. Industrial Relations, 2008, 47 (1): 10 - 35. Kochan T A. Introduction to a Symposium on the Kaiser Permanente Labor Management Partnership [J]. Industrial Relations, 2008, 47 (1): 1 - 9.

③ Deakin S, Koukiadaki A. Governance processes, labor-management partnership and employee voice in the construction of Heathrow Terminal 5 [J]. Industrial Law Journal, 2009, 38 (4): 365 - 389.

④ Mckersie R B, Sharpe T, Kochan T A, et al. Bargaining theory meets interest-based negotiations: a case study [J]. Industrial Relations, 2008, 47 (1): 66 - 96.

作性。

组织内劳资伙伴关系研究也会涉及个体层面、群体层面与组织层面，而影响劳资伙伴关系的变量也会涉及有关个体层面的变量、组织层面的变量与组织层面的变量，且层级间的变量也会互相影响。库克（1990）认为在长期视角下，企业的规模也会影响劳资伙伴关系，[1] 为此劳资伙伴关系的研究也可以某一时间点为基准进行横截面的相关研究，分析层级间变量的影响关系，探索劳资伙伴关系的空间结构状态。

二、跨期研究

杜宾斯（Dobbins, A.）和冈尼尔（Gunnigle, P.）认为，对组织内劳资伙伴关系建立与维持的研究不仅仅需要关注劳资伙伴关系的建设成本，更应关注建立劳资伙伴关系后合作群体由于建立劳资伙伴关系而带来的组织产出的改善与品质的提高。[2] 从组织产出结果改善的角度来研究劳资伙伴关系影响机制，研究者应以长期持续跟踪为基准进行实践研究。因此，劳资伙伴关系的研究不仅要以时间节点为基准进行横截面研究，分析组织内不同层级间、不同地域劳资伙伴关系的特征和运行规律，还要以某一地域上某一组织的某一层级为研究基点，分析不同时间状态下组织内劳资伙伴关系的演变过程，开展劳资伙伴关系的跨期研究。

构成组织劳资伙伴关系各要素的状态、节点位置、要素流动的方向与结构的不同决定着劳资伙伴关系的性态，随着时间的推移和变化。即使同一地域同一层级上，要素的状态、节点位置、流动方向与结构也会发生改变，进而组织原有构成的均衡关系被打破，合作群体所建立的劳资伙伴关系也会随之变化，为此就有开展劳资伙伴关系跨期研究的必要性。劳资伙伴关系的实践研究也应以时间为尺度关注企业战略的稳定性、劳资状况的变动以及管理继任等问题。[3] 库克在研究企业长期劳资合作关系特点时，发现随着研究周期的延长，一些在短期不显著的变量逐渐显现出对劳资关系的影响能力。[4] 因

---

① Cooke W N. Factors influencing the effect of joint union-management programs on employee-supervisor relations [J]. Industrial and Labor Relations Review, 1990, 43 (5): 587 – 603.

②③ Dobbins A, Gunnigle P. Can voluntary workplace partnership deliver sustainable mutual gains? [J]. Social Science Electronic Publishing, 2009, 47 (3): 546 – 570.

④ Cooke W N. Factors influencing the effect of joint union-management programs on employee-supervisor relations [J]. Industrial and Labor Relations Review, 1990, 43 (5): 587 – 603.

此，对劳资伙伴关系的研究周期也应由短期向长期转变，研究工作不仅仅需要从企业内部不同层面进行（跨层研究），也应该从企业纵向发展的角度来研究劳资伙伴关系的建立与维持（跨期研究）。

三、情景化研究

劳资伙伴关系实践中，既有用国家层面立法自上而下来推动的，也有雇主、雇员与工会组织在产业关系调整时通过企业自身变革自下而上来推动的。回顾既有的劳资伙伴关系研究，不难看出很多研究成果与实践经验对于我国构建新型合作劳动关系具有借鉴意义。地域的差异意味着组织内部有着不同的利益、目标、态度和意见，激发行为主体采取不同的行动（Sheldon，P.，Sanders，K.，2016）。

在中国人力资源管理的环境因素中，地域差异使得组织雇佣关系更加多元化，而且带来更多的冲突关系，[①] 这些差异与冲突需要研究者在研究中更加关注劳资伙伴关系的情景化，即不同国家和地区根据实际状况采取不同的思路和方式来分析组织劳资伙伴关系。不同国家的组织雇佣关系与产业制度是不同的，因此在劳资伙伴关系理论在移植的过程中，要更加关注如何使本国企业的劳资伙伴关系实践适应当地特殊的雇佣关系模式与制度环境，这也是今后研究者应该关注的问题。中国个体合同的效用、工会与集体合同的效用程度，也是有别于西方传统劳资关系中的效用程度。[②] 一些研究者重温以文化为中心的研究范式，重新审视中国文化的内涵、规范和偏好，[③] 并以新的文化理念和思维来阐释中国的劳资伙伴关系实践。其中，姚（Yao，Y.）和钟（Zhong，N.）的研究发现国家的工会化水平程度对雇员的工资与福利水平有着显著影响，[④]但巴德和池（Chi，W.）等人的研究指出中国的工会密度不会影响劳动者的工资水平，但会对劳动生产率和劳动产出这两个变量产生一定的影响。[⑤]

① Sheldon P, Sanders K. Contextualizing HRM in China: difference within the country [J]. International Journal of Human Resource Management, 2016, 27 (18): 1 –17.

②④ Yao Y, Zhong N. Unions and workers' welfare in Chinese firms [J]. Journal of Labor Economics, 2013, 31 (3): 633 –667.

③ Sheldon P, Sanders K. Contextualizing HRM in China: difference within the country [J]. International Journal of Human Resource Management, 2016, 27 (18): 1 –17.

⑤ Budd J W, Chi W, Wang Y, et al. What do unions in a workers' paradise do? Provincial-level evidence on wages, employment, productivity, and economic output in China [J]. Journal of Labor Research, 2012, 35 (1): 185 –204.

　　上述研究都说明中国企业内部的雇佣关系有很多的独特性与复杂性，劳资伙伴关系的研究者在研究组织内部劳资合作关系及劳资伙伴关系时应多关注我国雇佣关系的特点、工会的特点、雇佣方式的变化。对劳资环境独特性的研究也是基于中国情境下劳资伙伴关系研究的方向之一，希望以后能加强对中国本土企业、国内重点产业的劳资伙伴关系方面研究，在劳资伙伴关系情境化研究方面做出更多的贡献。

参考文献

［1］Acemoglu D. Technical Change, Inequality, and the Labor Market ［J］. Journal of Economic Literature, 2002, 40 (1): 7 - 72.

［2］Adshead M. Multi-level Governance and Social Partnership: Two Sides of the Same Coin? ［J］. Journal of Beijing Administrative College, 2007 (4): 108 - 112.

［3］Alderfer C P. An empirical test of a new theory of human needs ［J］. Organizational Behavior & Human Performance, 1969, 4 (2): 142 - 175.

［4］Aldrich H, Herker D. Boundary Spanning Roles and Organization Structure ［J］. Academy of Management Review, 1977, 2 (2): 217 - 230.

［5］Ali D, Paul B, Raymond A. Industrial relations climate: Testing a construct ［J］. Journal of Occupational Psychology, 1989, 62 (1): 21 - 32.

［6］Allen M R, Ericksen J, Collins C J. Human Resource Management, Employee Exchange Relationships, and Performance in Small Businesses ［J］. Human Resource Management, 2013, 52 (2): 153 - 173.

［7］Amason A C. Distinguishing the Effects of Functional and Dysfunctional Conflict on Strategic Decision Making: Resolving a Paradox for Top Management Teams ［J］. Academy of Management Journal, 1996, 39 (1): 123 - 148.

［8］Andersen T M, Svarer M. The Role of Workfare in Striking a Balance between Incentives and Insurance in the Labour Market ［J］. Economica, 2014, 81 (321): 86 - 116.

［9］Angle H L, Perry J L. Dual Commitment and Labor-Management Relationship Climates ［J］. Academy of Management Journal, 1986, 29 (1): 31 - 50.

［10］Arthur W B. Increasing returns and path dependence in the economy ［M］. Ann Arbor : University of Michigan Press, 1994.

［11］Auyang S Y. Foundations of Complex-system Theories In Economics, Evolutionary Biology, and Statistical Physics ［M］. Cambridge, UK: Cambridge

University Press, 1998.

[12] Avery G C. Leadership for sustainable futures: achieving success in a competitive world [M]. Cheltenham, UK: Edward Elgar Publishing, 2005.

[13] Axelrod B R. The Evolution of Cooperation [M]. New York: Basic Books, 1984.

[14] Backes-Gellner U, Tuor S N. Avoiding labor shortages by employer signaling: on the importance of good work climate and labor relations [J]. Industrial and Labor Relations Review, 2010, 63 (2): 271 – 286.

[15] Badigannavar V, Kelly J. Labor-management partnership in the non-union retail sector [J]. The international Journal of Human Resource Management, 2005, 16 (8): 1529 – 1544.

[16] Balser D B. Worker Behavior on the Job: A Multi-Methods Study of Labor Cooperation with Management [J]. Journal of Labor Research, 2012, 33 (3): 388 – 413.

[17] Bamber G J, Lansbury R D, Wailes N, et al. International and comparative employment relations: globalisation and change (6th) [M]. Beverly Hills, CA: Sage Publications, 2015.

[18] Bamber G J, Lansbury R D. Labor-Management Relations and Technological Change: Some International Comparisons between Australia and Britain [J]. Labor Law Journal, 1983, 83 (8): 510 – 523.

[19] Barrett R. Factors affecting perceptions of a workplace industrial relations climate [J]. International Journal of Employment Studies, 1995, 3 (2): 77 – 90.

[20] Bechter B, Brandl B. Measurement and analysis of industrial relations aggregates: What is the relevant unit of analysis in comparative research? [J]. European Political Science, 2015, 14 (4): 422 – 438.

[21] Bendersky C. Organizational dispute resolution systems: A complementarities model [J]. Academy of Management Review, 2003, 28 (4): 643 – 656.

[22] Bignoux S. Short-term strategic alliances: a social exchange perspective [J]. Management Decision, 2006, 44 (5): 615 – 627.

[23] Black B. Comparative industrial relations theory: the role of national culture [J]. International Journal of Human Resource Management, 2005, 16 (7): 1137 – 1158.

[24] Blau P M. Exchange And Power In Social Life (2nd) [M]. Piscataway,

NJ: Transaction Publishers, 1986.

[25] Bohlander G W, Campbell M H. Forging a labor-management partnership: the Magma Copper experience [J]. Labor Studies Journal, 1994, 18 (4): 3 - 20.

[26] Bosch G, Lehndorff S, Rubery J. European employment models in flux: a comparison of institutional change in nine European countries [M]. Basingstoke, UK: Palgrave Macmillan, 2009.

[27] Boyd B. Comparative industrial relations theory: the role of national culture [J]. International Journal of Human Resource Management, 2005, 16 (7): 1137 - 1158.

[28] Budd J W, Chi W, Wang Y, et al. What do unions in a workers' paradise do? Provincial-level evidence on wages, employment, productivity, and economic output in China [J]. Journal of Labor Research, 2012, 35 (1): 185 - 204.

[29] Budd J W. Labor Relations: Striking a Balance (4th) [M]. Columbus, OH: McGraw-Hill Education, 2012.

[30] Budd J W. Labor Relations: Striking a Balance 5th Edition [M]. Columbus, US: McGraw-Hill Education, 2017.

[31] Chamberlain N W, Kuhn J W. Collective bargaining [M]. New York: McGraw-Hill Book Co, 1951.

[32] Chan K C, Hui S I. The Development of Collective Bargaining in China: From "Collective Bargaining by Riot" to "Party State-led Wage Bargaining" [J]. China Quarterly, 2013, 216 (3): 221 - 242.

[33] Chen F. Between the state and labour: The conflict of Chinese Trade Unions' double identity in market reform [J]. China Quarterly, 2003, 176 (12): 1006 - 1028.

[34] Cobb J A. How firms shape income inequality: Stakeholder power, executive decision-making, and the structuring of employment relationships [J]. Academy of Management Review, 2016, 41 (2): 324 - 348.

[35] Cohen-Charash Y, Spector P E. The role of justice in organizations: A meta-analysis. [J]. Organizational Behavior & Human Decision Processes, 2001, 86 (2): 278 - 321.

[36] Colquitt J A. On the dimensionality of organizational justice: a construct validation of a measure [J]. Journal of Applied Psychology, 2001, 86 (3):

386 - 400.

[37] Commons J R, Perlman S, Parsons K H. economics of collective action [M]. New York: Macmillan, 1950.

[38] Cooke W N, Meyer D G. Structural and Market Predictors of Corporate Labor Relations Strategies [J]. Industrial & Labor Relations Review, 1990, 43 (2): 280 - 293.

[39] Cooke W N. Employee Participation Programs, Group-Based Incentives, and Company Performance: A Union-Nonunion Comparison [J]. Industrial and Labor Relations Review, 1994, 47 (4): 594 - 609.

[40] Cooke W N. Factors influencing the effect of joint union-management programs on employee-supervisor relations [J]. Industrial and Labor Relations Review, 1990, 43 (5): 587 - 603.

[41] Crane D P. Patterns of labor-management cooperation [J]. Employee Responsibilities & Rights Journal, 1992, 5 (4): 357 - 367.

[42] Cregan C. Does workplace industrial action increase trade union membership? An exchange relationship approach to union joining and leaving behaviour [J]. International Journal of Human Resource Management, 2013, 24 (17): 3363 - 3377.

[43] Deakin S, Koukiadaki A. Governance processes, labor-management partnership and employee voice in the construction of Heathrow Terminal 5 [J]. Industrial Law Journal, 2009, 38 (4): 365 - 389.

[44] Deery S J, Iverson R D. Labor-management cooperation: Antecedents and impact on organizational performance [J]. Industrial and Labor Relations Review, 2005, 58 (4): 588 - 609.

[45] Dess G G, Beard D W. Dimensions of Organizational Task Environment [J]. Administrative Science Quarterly, 1984, 29 (1): 52 - 73.

[46] DeSteno D, Bartlett M Y, Baumann J, et al. Gratitude as moral sentiment: emotion-guided cooperation in economic exchange [J]. Emotion, 2010, 10 (2): 289 - 93.

[47] Dilts D A. Labor-Management Cooperation: Real or Nominal Changes in Collective Bargaining? [J]. Labor Law Journal, 1993, (3): 124 - 128.

[48] DiMaggio P J, Powell W W. The Iron Cage Revisited: Institutional Isomorphism and Collective Rationality in Organizational Fields [J]. American Socio-

logical Review，1983，48（2）：147 – 160.

［49］Dobbins A，Gunnigle P. Can voluntary workplace partnership deliver sustainable mutual gains? ［J］. Social Science Electronic Publishing，2009，47（3）：546 – 570.

［50］Dobbins T，Dundon T. The Chimera of Sustainable Labour-Management Partnership ［J］. British Journal of Management，2017，28（3）：519 – 533.

［51］Dunlop J T，Industrial Relations Systems ［M］. New York：Henry Holt，1958.

［52］Eaton A E，Rubinstein S A，Kochan T A. Balancing acts：dynamics of a union coalition in a labor management partnership ［J］. Industrial Relations，2008，47（1）：10 – 35.

［53］Elster J. The Cement of Society：A Study of Social Order ［M］. Cambridge，UK：Cambridge University Press，1989.

［54］Emerson R M. Exchange Theory，Part II：Exchange Relations and Network Structures ［M］. Boston：Houghten Mifflin Company，1972.

［55］Emerson R M. Power-Dependence Relations ［J］. American sociological review，1962，（1）：32 – 39.

［56］Evans C，Harvey G，Turnbull P. When partnerships don't match-up：an evaluation of labor-management partnerships in the automotive components and civil aviation industries ［J］. Human Resource Management Journal，2012，22（1）：60 – 75.

［57］Farrell D. Exit，Voice，Loyalty，and Neglect as Responses to Job Dissatisfaction：A Multidimensional Scaling Study ［J］. Academy of Management Journal，1983，26（4）：596 – 607.

［58］Fennell M L，Alexander J A. Organizational Boundary Spanning in Institutionalized Environments ［J］. Academy of Management Journal，1987，30（3）：456 – 476.

［59］Fetchenhauer D，Flache A，Buunk A P，et al. Solidarity and Prosocial Behavior：An Integration of Sociological and Psychological Perspectives ［M］. New York：Springer，2006.

［60］Fincham R. Expert labor as a differentiated category：Power，knowledge and organization ［J］. New Technology Work and Employment，2012，27（3）：208 – 223.

［61］ FitzRoy F, Kraft K. Co-determination, Efficiency and Productivity ［J］. British Journal of Industrial Relations, 2005, 43 (2): 233 – 247.

［62］ Foa U G, Foa E B. Societal structures of the mind ［M］. Oxford, England: Charles C Thomas, 1974.

［63］ Forrester J W. System dynamics-a personal view of the first fifty years ［J］. System Dynamics Review, 2007, 23 (2 – 3): 345 – 358.

［64］ Frege C. Comparative Perspectives in Employment Relations Research ［J］. Industrielle Beziehungen, 2013, 20 (4): 285 – 303.

［65］ Geary J, Trif A. Workplace partnership and the balance of advantage: A critical case analysis ［J］. British Journal of Industrial Relations, 2011, 49 (6): 44 – 69.

［66］ Gilbert C G. Unbundling the Structure of Inertia: Resource versus Routine Rigidity ［J］. Academy of Management Journal, 2005, 48 (5): 741 – 763.

［67］ Gintis H, Bowles S, Boyd R, et al. Moral Sentiments and Material Interests ［M］. Cambridge, MA: The MIT Press, 2005.

［68］ Grosser D. Der Staat In Der Wirtschaft Der Bundesrepublik Herausgegeben ［M］. Vs Verlag Fur Sozialwissenschaften, 1985.

［69］ Guest D E, Peccei R. Partnership at work: Mutuality and the balance of advantage ［J］. British Journal of Industrial Relations, 2001, 39 (2): 207 – 236.

［70］ Gunderson M. Union-management relations in Canada (3rd) ［M］. Boston: Addison-Wesley, 1995.

［71］ Hackman J R, Oldham G R. Motivation Through the Design of Work: Test of a Theory ［J］. Organizational Behavior and Human Performance, 1976, 16 (2): 250 – 279.

［72］ Hackman J, Oldham G. The Job Diagnostic Survey: An Instrument for the Diagnosis of Jobs and the Evaluation of Job Redesign Projects ［J］. Affective Behavior, 1974, (1): 4 – 87.

［73］ Haim O. Second Nature: Economic Origins of Human Evolution ［M］. UK, Cambridge: Cambridge University Press, 2001.

［74］ Hammer T H, Stern R N. A Yo-Yo Model of Cooperation: Union Participation in Management at the Rath Packing Company ［J］. Industrial and Labor Relations Review, 1986, 39 (3): 337 – 349.

［75］ Hannan M T, Freeman J. The Population Ecology of Organizations ［J］.

American Journal of Sociology, 1977, 82 (5): 929 –964.

[76] Hardiman N. Politics and Social Partnership-Flexible Network Governance [J]. Economic and Social Review, 2006, 37 (3): 343 –374.

[77] Hausknecht J P, Trevor C O. Collective Turnover at the Group, Unit, and Organizational Levels: Evidence, Issues, and Implications [J]. Journal of Management, 2011, 37 (1): 352 –388.

[78] Henrich J, Boyd R, Bowles S, et al. Foundations of Human Sociality: Economic Experiments and Ethnographic Evidence from Fifteen Small-Scale Societies [M]. New York: Oxford University Press, 2004.

[79] Herzberg F, Mausner B, Snyderman B B. The Motivation to Work (2nd ed) [M]. New York: John Wiley, 1959.

[80] Herzberg F. Work and the Nature of Man [M]. Cleveland: World Publishing, 1966.

[81] Herzberg Frederick. The Motivation-Hygiene Concept and Problems of Manpower [J]. Personnel Administrator, 1964, 27 (1): 3 –7.

[82] Homans G C. The Humanities and the Social Sciences [J]. American Behavioral Scientist, 1961, 4 (8): 3 –6.

[83] Huang T L, Hallam A, Orazem P F, et al. Empirical Tests of Efficiency Wage Models [J]. Economica, 1998, 65 (257): 125 –143.

[84] Idowu S O. Encyclopedia of Corporate Social Responsibility [M], Berlin, Germany: Springer-Verlag Berlin Heidelberg, 2013: 2235 –2238.

[85] Inohara T. Relational Nash equilibrium and interrelationships among relational and rational equilibrium concepts [J]. Applied Mathematics and Computation, 2008, 199 (2): 704 –715.

[86] Jackson G. Stakeholders under Pressure: corporate governance and labour management in Germany and Japan [J]. Corporate Governance: An International Review, 2005, 13 (3): 419 –428.

[87] Jehn K A. A Multimethod Examination of the Benefits and Detriments of Intragroup Conflict [J]. Administrative Science Quarterly, 1995, 40 (2): 256 –282.

[88] Johnstone S, Ackers P, Wilkinson A. The British partnership phenomenon: a ten year review [J]. Human Resource Management Journal, 2009, 19 (3): 260 –279.

［89］Johnstone S, Wilkinson A, Ackers P. Applying Budd's model to partnership ［J］. Economic and Industrial Democracy, 2011, 32 (2): 307 –328.

［90］Kateryna B. The Improvement of HR-management as a Factor of Increasing of Companies' Competitiveness in the Labour Market ［J］. Studia Commercialia Bratislavensia, 2015, 8 (31): 340 –352.

［91］Kawasaki Y. One-to-many non-cooperative matching games ［J］. International Journal of Games Theory, 2013, 42 (2): 521 –539.

［92］Keçiçi D, Sema E. Forms and causes of labor disputes ［J］. Academic Journal of Business, Administration, Law and Social Sciences, 2016, 2 (2): 74 –80.

［93］Kelly D, Amburgey T L. Organizational Inertia and Momentum: A Dynamic Model of Strategic Change ［J］. Academy of Management Journal, 1991, 34 (3): 591 –612.

［94］Kelly J. Social Partnership Agreements in Britain: Labor Cooperation and Compliance ［J］. Industrial Relations A Journal of Economy & Society, 2010, 43 (1): 267 –292.

［95］King-Casas B, Tomlin D, Anen C, et al. Getting to know you: reputation and trust in a two-person economic exchange ［J］. Science, 2005, 308 (5718): 78 –83.

［96］Knight J. Institutions and Social Conflict ［M］. Cambridge, UK: Cambridge University Press, 1992.

［97］Knight J. Institutions and Social Conflict ［M］. UK: Cambridge University Press, 2009.

［98］Kobbacy K A H, Murthy D N P. Complex System Maintenance Handbook ［M］. London, UK: Springer, 2008.

［99］Kochan T A, Adler P S, Mckersie R B, et al. The potential and precariousness of partnership: the case of the Kaiser Permanente labor management partnership ［J］. Industrial Relations, 2008, 47 (1): 36 –65.

［100］Kochan T A, Dyer L. A Model of Organizational Change in the Context of Union-Management Relations ［J］. Journal of Applied Behavioral Science, 1976, 12 (1): 59 –78.

［101］Kochan T A, Katz H C, Mckersie R B. The transformation of American industrial relations ［M］. New York: Basic Books, Inc Publishers, 1985.

［102］ Kochan T A. Introduction to a Symposium on the Kaiser Permanente Labor Management Partnership ［J］. Industrial Relations, 2008, 47 (1): 1-9.

［103］ Kornhauser A, Dubin R, Ross A M. Industrial conflict ［M］. New York: Mc Graw-Hill Book, 1954.

［104］ Lakhundi S, Siddiqui R, Khan N A. Labor-Management Cooperation: Antecedents and Impact on Organizational Performance ［J］. Social Science Electronic Publishing, 2005, 58 (4): 588-609.

［105］ Leonard-Barton D. Core capabilities and core rigidities: A paradox in managing new product development ［J］. Strategic Management Journal, 1992, 13 (1): 111-125.

［106］ Lindbeck A, Snower D J. Wage Setting, Unemployment, and Insider-Outsider Relations ［J］. American Economic Review, 1986, 76 (2): 235-239.

［107］ Mackie D M, Devos T, Smith E R. Intergroup emotions: explaining offensive action tendencies in an intergroup context ［J］. Journal of Personality & Social Psychology, 2000, 79 (4): 602-16.

［108］ Madhani P M. Organizational Flexibility: Real Option Approach ［J］. SCMS Journal of Indian Management, 2013, 3 (7-9): 43-54.

［109］ Mahony D M. Making partnership work: inside the black box of labor-management participation ［J］. Journal of Collective Negotiations, 2007, 31 (3): 215-240.

［110］ Markóczy L. Multiple motives behind single acts of co-operation ［J］. International Journal of Human Resource Management, 2004, 15 (6): 1018-1039.

［111］ Maslow A H. A theory of human motivation ［J］. Psychological Review, 1943, 50 (1): 370-396.

［112］ Maslow A H. Motivation and Personality ［M］. New York: Harper & Brothers, 1954.

［113］ Masters M F, Albright R R, Eplion D. What did partnerships do? Evidence from the federal sector ［J］. Industrial and Labor Relations Review, 2006, 59 (3): 367-385.

［114］ Masters M F, Albright R R. Federal-sector labor-management relations at the crossroads: lessons from partnership ［J］. Journal of Collective Negotiations, 2003, 30 (3): 245-270.

［115］ McCartan P. Towards social partnership-or co-operative industrial relations? [J]. Irish Journal of Management, 2002, 23 (1): 53 – 70.

[116] Mckersie R B, Sharpe T, Kochan T A, et al. Bargaining theory meets interest-based negotiations: a case study [J]. Industrial Relations, 2008, 47 (1): 66 – 96.

[117] Meyer J W, Scott W R. Organizational environments: Ritual and rationality [M]. Beverly Hills, Calif: Sage Publications, 1983.

[118] Mintoff J. Rational Cooperation, Intention, and Reconsideration [J]. Ethics, 1997, 107 (4): 612 – 643.

[119] Moessinger P. The Paradox of Social Order: Linking Psychology and Sociology [M]. New York: Aldine de Gruyter, 2000.

[120] Mowday R T, Porter LW, Steers R M. Employee-organization linkages: The psychology of commitment, absenteeism, and turnover [M]. New York: Academic Press, 1982.

[121] Nasirzadeh F, Nojedehi P. Dynamic modeling of labor productivity in construction projects [J]. International Journal of Project Management, 2013, 31 (6): 903 – 911.

[122] Nishii L H. The benefits of climate for inclusion for gender-diverse groups [J]. Academy of Management Journal, 2013, 56 (6): 1754 – 1774.

[123] North D C, Wallis J J. Integrating Institutional Change and Technical Change in Economic History A Transaction Cost Approach [J]. Journal of Institutional & Theoretical Economics, 1994, 150 (4): 609 – 624.

[124] North D C. Institutions, Institutional Change and Economic Performance, by Douglass C. North [M]. Cambridge, UK: Cambridge University Press, 1990.

[125] O'Dowd J, Roche W K. Partnership structures and agendas and managers' assessments of stakeholder outcomes [J]. Industrial Relations Journal, 2009, 40 (1): 17 – 39.

[126] Oliver C. Strategic Responses to Institutional Processes [J]. Academy of Management Review, 1991, 16 (1): 145 – 179.

[127] Oliver C. The influence of institutional and task environment relationships on organizational performance: the Canadian construction industry [J]. Journal of Management Studies, 1997, 34 (1): 99 – 124.

[128] Oreffice S. Culture and Household Decision Making. Balance of Power

and Labor Supply Choices of US-Born and Foreign-Born Couples [J]. Journal of Labor Research, 2014, 35 (2): 162 - 184.

[129] Ospina S, Yaroni A. Understanding Cooperative Behavior in Labor Management Cooperation: A Theory-Building Exercise [J]. Public Administration Review, 2003, 63 (4): 455 - 471.

[130] Paulsen N, Hernes T. Managing Boundaries in Organizations: Multiple Perspectives [M]. Hampshire, UK: Palgrave Macmillan, 2003.

[131] Pfeffer J, Salancik G R. The External Control of Organizations: A Resource Dependence Perspective [J]. Stanford, California: Stanford University Press, 1978.

[132] Phipps S T A, Prieto L C. A Discovery of Early Labor Organizations and the Women who Advocated Work-Life Balance: An Ethical Perspective [J]. Journal of Business Ethics, 2014, 134 (10): 249 - 261.

[133] Plovnick M S, Chaison G N. Relationships between Concession Bargaining and Labor-Management Cooperation [J]. Academy of Management Journal, 1985, 28 (3): 697 - 704.

[134] Porter M E. Competitive strategy: techniques for analyzing industries and competitors with a new introduct [M]. New York: Free Press, 1980.

[135] Pyman A, Holland P, Teicher J, et al. Industrial Relations Climate, Employee Voice and Managerial Attitudes to Unions: An Australian Study [J]. British Journal of Industrial Relations, 2010, 48 (2): 460 - 480.

[136] Robinson S L, Bennett R J. Workplace deviance: Its definition, its manifestations, and its causes [J]. Research on negotiation in organizations, 1997, 1 (6): 3 - 27.

[137] Roche W K, Geary J F. "Collaborative Production" and the Irish Boom: Work organization, partnership and direct Involvement in Irish workplaces [J]. General Information, 2000, 31 (1): 1 - 36.

[138] Rogers D L, Whetten D A. Interorganizational coordination: Theory, research, and implementation [M]. Ames: Iowa State University Press, 1982.

[139] Rolfsen M. Transfer of labour-management partnership in multinational companies [J]. Industrial Relations Journal, 2013, 44 (3): 316 - 331.

[140] Roloff M E. Interpersonal Communication: The Social Exchange Approach [M]. Beverly Hills, CA: Sage Publications, 1981.

［141］ Roose P D. A call for research on collaboration versus traditional bargaining in labor-management relationships ［J］. International Journal of Conflict Management, 2006, 17 (4): 352 – 355.

［142］ Rubin B, Rubin R. Municipal service delivery, collective bargaining, and labor-management partnerships ［J］. Journal of Collective Negotiations in the Public Sector, 2003, 30 (2): 91 – 112.

［143］ Rubin B, Rubin R. Service Contracting and Labor-Management Partnerships: Transforming the Public Sector ［J］. Public Administration Quarterly, 2007, 31 (1/2): 192 – 217.

［144］ Rusbult C E, Farrell D, Rogers G, et al. Impact of Exchange Variables on Exit, Voice, Loyalty, and Neglect: An Integrative Model of Responses to Declining Job Satisfaction ［J］. Academy of Management Journal, 1988, 31 (3): 599 – 627.

［145］ Sabbagh C. Review Essays: Human Motives and Social Cooperation Towards Integrating Sociological, Economic and (Social) Psychological Perspectives ［J］. International Sociology, 2010, 25 (5): 639 – 653.

［146］ Schmid G. Non-standard employment in Europe: Its development and consequences for the European employment strategy ［J］. German Policy Studies/politikfeldanalyse, 2011, 7 (1): 171 – 210.

［147］ Schofield N. Anarchy, Altruism and Cooperation: A Review ［J］. Social Choice & Welfare, 1985, 2 (3): 207 – 219.

［148］ Schuster M H. Union-Management Cooperation. Structure, Process, Impact. ［M］. Kalamazoo: W. E. Upjohn Institute for Employment Research, 1984.

［149］ Schuster M H, Weidman S. Organizational Change in Union Settings: Labor-Management Partnerships: The Past and the Future ［J］. Human Resource Planning, 2006, 29 (1): 45 – 51.

［150］ Scott J. A Matter of Record: Documentary Sources in Social Research ［M］. Cambridge, UK: Polity, 1990.

［151］ Scott W R, Davis G F. Organizations and organizing: rational, natural, and open system perspectives (1st) ［M］. Upper Saddle River, NJ: Pearson Prentice Hall, 2015.

［152］ Scott W R. Institutions and organizations: ideas, interests, and identities (4th) ［M］. Thousand Oaks, CA: Sage Publications, 2013.

[153] Senge P M. The fifth discipline: the art and practice of the learning organization [M]. New York: Currency Doubledaly, 1994.

[154] Seo J, Shore L M, Rao A N, et al. Social and economic exchange in the employee - organization relationship: the moderating role of reciprocation wariness [J]. Journal of Managerial Psychology, 2009, 24 (8): 701 - 721.

[155] Shapiro C, Stiglitz J E. Equilibrium Unemployment as a Worker Discipline Device [J]. American Economic Review, 1984, 74 (3): 433 - 444.

[156] Sheldon P, Sanders K. Contextualizing HRM in China: difference within the country [J]. International Journal of Human Resource Management, 2016, 27 (18): 1 - 17.

[157] Shostak A B. Chinese Labor Unions and CyberUnionism [J]. Nature, Society and Thought. 2007, 20 (3 - 4): 431 - 437.

[158] Si S, Li Y. Human resource management practices on exit, voice, loyalty, and neglect: organizational commitment as a mediator [J]. The International Journal of Human Resource Management, 2012, 23 (8): 1705 - 1716.

[159] Silverman D. Interpreting Qualitative Data: Methods for Analyzing Talk, Text and Interaction (5 edition) [M]. London: Sage Publications Ltd, 2013.

[160] Sivalogathasan V, Hashim A. Changes in employer-employee relationship: Impact of perceived organizational support on social exchange of the outsourcing industry in SRI LANKA [J]. Skyline Business Journal, 2013/2014, 9 (1): 43 - 49.

[161] Smelser N J, Swedberg R. The Handbook of Economic Sociology (2nd) [M]. US: Princeton University Press, 2005.

[162] Smith A. An Inquiry into the Nature and Causes of the Wealth of Nations [M]. UK: Oxford University Press, 1976.

[163] Sonenshein S. How Corporations Overcome Issue Illegitimacy and Issue Equivocality to Address Social Welfare: The Role of the Social Change Agent [J]. Academy of Management Review, 2016, 41 (2): 349 - 366.

[164] Song L J, Tsui A S, Law K S. Unpacking Employee Responses to Organizational Exchange Mechanisms: The Role of Social and Economic Exchange Perceptions [J]. Journal of Management, 2009, 35 (1): 56 - 93.

[165] Sterman J D. Business dynamics: systems thinking and modeling for a complex world [M]. Boston, MA: Irwin/McGraw-Hill, 2000.

[166] Tajfel H, Turner J C. The Social Identity Theory of Inter-Group Behavior [M]. Chicago: Nelson Hall, 1986.

[167] Teece D J, Pisano G, Shuen A. Dynamic capabilities and strategic management [J]. Strategic Management Journal, 1997, 18 (7): 509 –533.

[168] Thibaut J W, Kelley H H. Power and dependence [J]. The Social Psychology of Groups, 1959, (7): 100 – 125.

[169] Thompson J D. Organizations in Action: Social Science Bases of Administrative Theory [M]. London: Routledge Taylor & Francis Group, 1967.

[170] Tjosvold D, Hui C, Yu Z. Conflict Management and Task Reflexivity for Team In-Role and Extra-Role Performance in China. [J]. International Journal of Conflict Management, 2003, 14 (2): 141 –163.

[171] Tobias R M. The future of federal government labor relations and the mutual interests of congress, the administration, and unions [J]. Journal of Labor Research, 2004, 25 (1): 19 –41.

[172] Turner H C, Trompenaars F. The Seven Cultures of Capitalism: Value Systems for Creating Wealth in the United States, Japan, Germany, France, Britain, Sweden, and the Netherlands [M]. New York; London; Toronto: Currency-Doubleday, 1993.

[173] Visser J. Union Membership Statistics in 24 Countries [J]. Monthly Labor Review, 2006, 129 (1): 38 –49.

[174] Volberda H W, Weerdt N V D, Verwaal E, et al. Contingency fit, institutional fit, and firm performance: A metafit approach to organization-environment relationships [J]. Organization Science, 2012, 23 (4): 1040 –1054.

[175] Volberda H W. Toward the Flexible Form: How to Remain Vital in Hypercompetitive Environments [J]. Organization Science, 1996, 7 (4): 359 –374.

[176] Walster E, Berscheid E, Walster G W. New directions in equity research. [J]. Journal of Personality & Social Psychology, 1973, 25 (2): 151 –176.

[177] Walton R E, Robert B M. A Behavioral Theory of Labor Negotiations: An Analysis of a Social Interaction System [M]. New York: McGraw-Hill, 1965.

[178] Wang L, Kess P. Partnering motives and partner selection: Case studies of Finnish distributor relationships in China [J]. International Journal of Physical Distribution and Logistics Management, 2006, 36 (36): 466 –478.

［179］Watling D，Snook J. Works council and trade unions：complementary or competitive? The case of SAGCo ［J］. Industrial Relations Journal，2003，34 （3）：260 – 270.

［180］Wepfer A G，Brauchli R，Jenny G J，et al. The experience of work-life balance across family-life stages in Switzerland：a cross-sectional questionnaire-based study ［J］. BMC Public Health，2015，15（1）：1 – 11.

［181］Wheeler H N，McClendon J A. Employment relations in the United States ［A］. Bamber G J，Lansbury R D. International & comparative employment relations ［C］. London：SAGE Publications，1998.

［182］Willer D，Lovaglia M J，Markovsky B N. Power and Influence：A Theoretical Bridge ［J］. Social Forces，1997，76（2）：571 – 603.

［183］Willer D. Network Exchange Theory ［M］. Westport，CT：Praeger Publishers，1999.

［184］Yao Y，Zhong N. Unions and workers' welfare in Chinese firms ［J］. Journal of Labor Economics，2013，31（3）：633 – 667.

［185］Zhang Y，Azizalaoui M A，Bertelle C，et al. Local Nash equilibrium in social networks. ［J］. Scientific Reports，2014，10（4）：6224 – 6224.

［186］Zhu Y，Warner M，Feng T. Employment relations "with Chinese characteristics"：The role of trade unions in China ［J］. General Information，2011，150（1 – 2）：127 – 143.

［187］Zuckerman B，Jefferson D. Human population and the environmental crisis ［M］. Boston Massachusetts：Jones & Bartlett Publishers，1996.

［188］常凯. 关于罢工的合法性及其法律规制 ［J］. 当代法学，2012 （5）：109 – 117.

［189］陈思. 最高人民法院发出紧急通知 要求做好 2018 年春节前拖欠农民工工资纠纷案件审判执行工作 ［EB/OL］. https：//www. chinacourt. org/article/detail/2017/12/id/3141647. shtml. 2017 – 12 – 28/2018 – 3 – 2.

［190］端木义万. 美国社会文化透视 ［M］. 南京：南京大学出版社，1999.

［191］何勤. 群体性劳资冲突事件的演化及应对 ［M］. 北京：社会科学文献出版社，2014.

［192］何勤华. 美国法律发达史 ［M］. 上海：上海人民出版社，1998.

［193］黄越钦. 劳动法新论 ［M］. 中国政法大学出版社，2003.

[194] 黎建飞. 劳动法与社会保障 [M]. 北京：中国人民大学出版社，2003.

[195] 李培林，田丰. 中国新生代农民工：社会态度和行为选择 [J]. 社会，2011，31 (3)：1 – 23.

[196] 李艳春，刘军. 网络交换中的权力：三维研究架构 [J]. 东南学术，2015，(2)：48 – 55.

[197] 梁建强. 湖北咸宁法院机关开展拖欠农民工工资纠纷案件专项执行活动 [EB/OL]. http：//www. xinhuanet. com/legal/2018 – 01/22/c_1122295723. htm. 2017 – 01 – 22/2018 – 3 – 3.

[198] 刘军，David Willer，Pamela Emanuelson. 网络结构与权力分配：要素论的解释 [J]. 社会学研究，2011，(02)：134 – 166.

[199] 刘军，Willer D，Emanuelson P. 网络结构与权力分配：要素论的解释 [J]. 社会学研究，2011，(02)：134 – 166.

[200] 刘玉新，张建卫，彭凯平. 工作家庭冲突视角下怠工行为的心理机制：工作满意度和自我决定倾向的作用 [J]. 心理与行为研究，2013，11 (5)：671 – 678.

[201] 彭娟，刘善仕，滕莉莉. 国外雇佣双方合作伙伴关系研究回顾与展望 [J]. 外国经济与管理，2012，34 (8)：50 – 56.

[202] 秦宇，郭为. 管理学文献综述类文章写作方法初探 [J]. 外国经济与管理，2011，33 (9)：59 – 64.

[203] 渠敬东，傅春晖，闻翔. 组织变革和体制治理：企业中的劳动关系 [M]. 北京：中国社会科学出版社，2015，185 – 190.

[204] 任星耀，钱丽萍. 基于制度环境和任务环境观点的厂商关系管理 [J]. 南开管理评论，2009，12 (4)：26 – 35.

[205] 孙庆民. 认知倾向的社会交换理论 [J]. 国外社会科学，2009，(2)：26 – 33.

[206] 王德才. 伙伴关系实践的结构维度及其对劳资冲突的影响——中国情境下的实证研究 [J]. 南大商学评论，2015，30 (2)：152 – 167.

[207] 王君玲. 企业劳动关系状况与组织绩效关系的实证研究 [M]. 上海：复旦大学出版社，2013，30 – 32.

[208] 王兴化，张立富. 企业多元雇佣的新制度环境分析 [J]. 北方论丛，2010 (4)：131 – 135.

[209] 王跃生. 非正式约束·经济市场化·制度变迁 [J]. 当代世界与

社会主义，1997（3）：17－22.

　[210] 席猛，赵曙明. 合作伙伴关系实践、劳动关系氛围与组织依附 [C]. 第八届（2013）中国管理学年会——组织行为与人力资源管理分会场论文集，2013.

　[211] 谢汪送. 社会市场经济：德国模式的解读与借鉴 [J]. 经济社会体制比较，2007（2）：70－74.

　[212] 袁东振. 拉美国家治理的经验与困境：政治发展的视角 [J]. 拉丁美洲研究，2015，37（1）：16－22.

　[213] 张宝生，张庆普. 基于扎根理论的隐性知识流转网成员合作意愿影响因素研究 [J]. 管理学报，2015，12（8）：1224－1229.

　[214] 张斌. 陕西农民工基本权益实现状况的调研报告 [J]. 工运研究，2015（22）：10－14.

　[215] 张立富，陈浩. 交换关系理论视角下劳资伙伴关系的动态研究 [J]. 天津大学学报（社会科学版），2017，19（2）：105－112.

　[216] 张立富，陈浩. 劳资伙伴关系的最新研究进展与趋势分析 [J]. 中国人力资源开发，2016（15）：97－102.

　[217] 张立富，王兴化. 企业雇佣关系分层、投资倾向差异及雇佣质量研究 [J]. 劳动经济评论，2014，7（2）：73－86.

　[218] 张锡梅. 系统科学方法与系统思维方式 [J]. 系统科学学报，1996（1）：53－56.

　[219] 张新平，杨旭. 世纪末的余响：世界政治经济年报 [M]. 兰州：兰州大学出版社，2000.

　[220] 赵曙明，白晓明. 企业劳资冲突的波及面差异：国际经验及启示 [J]. 改革，2012（12）：125－131.

　[221] 赵卫红，张立富，张义明. 合作型劳动关系的研究进展与启示 [J]. 中国人力资源开发，2015，（16）：92－99.

　[222] 赵原. 2016年全国危化品事故双降 [J]. 江苏氯碱，2017（1）：31－31.

后　记

　　从确定主题到本书顺利完成，许多可敬的实践者、朋友给予我们无私的帮助，特别是陈琦女士、黄芳胜先生对本书的编写提出了很多建设性意见，在这里三位作者向你们表达诚挚的谢意！经济科学出版社的崔新艳女士对本书的编辑和出版给予了极大的帮助，在此表示诚挚的感谢！

　　在本书编写过程中，无论是主题选取、写作框架论证，还是具体章节构思、素材查询，或数据查找、实地调查等，每位作者都认真负责，密切配合。本书是三位作者集体智慧的结晶，凝聚了我们的心血和汗水。由于水平有限，疏漏之处在所难免，敬请广大读者在受到启发的同时为我们提供宝贵修改意见！

作　者

2018 年 6 月 20 日